ORDINATION UND KIRCHLICHES AMT
HERAUSGEGEBEN VON REINHARD MUMM UNTER MITARBEIT
VON GERHARD KREMS

PETER BLÄSER / PETER BRUNNER / HERMANN KUNST
KARL LEHMANN / BERNHARD LOHSE

Ordination und kirchliches Amt

Veröffentlichung des Ökumenischen Arbeitskreises
evangelischer und katholischer Theologen
mit einem Vorwort von
Bischof Hermann Kunst und Hermann Kardinal Volk

HERAUSGEGEBEN VON REINHARD MUMM
UNTER MITARBEIT VON GERHARD KREMS

VERLAG BONIFACIUS-DRUCKEREI PADERBORN
LUTHER-VERLAG BIELEFELD

ISBN 3 87088 151 8 (Verlag Bonifacius-Druckerei)

ISBN 3 7858 0209 9 (Luther-Verlag)

DRUCK BONIFACIUS-DRUCKEREI PADERBORN 1976

Gewidmet

dem dankbaren Andenken von

LORENZ KARDINAL JAEGER

ALT-ERZBISCHOF VON PADERBORN

* 23. September 1892 in Halle an der Saale

† Osterdienstag, 1. April 1975, in Paderborn

und

WILHELM STÄHLIN

ALT-BISCHOF VON OLDENBURG

* 24. September 1883 in Gunzenhausen

† 16. Dezember 1975 in Prien

den Mit-Begründern und Vorsitzenden
des ökumenischen Arbeitskreises seit 1946

Bischof D. Dr. Wilhelm Stählin

Lorenz Kardinal Jaeger

INHALTSVERZEICHNIS

Vorwort 9

Bernhard Lohse
Zur Ordination in der Reformation 11

Karl Lehmann
Das theologische Verständnis der Ordination nach dem liturgischen Zeugnis der Priesterweihe 19

Peter Brunner
Beiträge zur Lehre von der Ordination unter Bezug auf die geltenden Ordinationsformulare 53

Hermann Kunst
Zur Ordination und Ordinationskritik 134

Peter Bläser
Sinn und Bedeutung der Ordination nach den in der evangelischen Kirche Deutschlands geltenden Ordinationsformularen . . . 141

Reinhard Mumm
Kurzer Bericht von der Tagung über Ordination und Amt . . 165

Anhang 168

VORWORT

Der Ökumenische Arbeitskreis evangelischer und katholischer Theologen legt mit diesem Buch zum fünften Mal gemeinsam die Ergebnisse seiner Arbeit der Öffentlichkeit vor. Dem Band „Pro Veritate" (Münster und Kassel 1963) sind Vorträge und Berichte von drei Tagungen gefolgt, die sämtlich in der Verlagsgemeinschaft F. Pustet und Vandenhoeck und Ruprecht herauskamen: „Theologie der Ehe" (1969, 2. Aufl. 1972), „Autorität in der Krise" (1970) und „Evangelisch-katholische Abendmahlsgemeinschaft?" (1971).

Mit dem für das Verhältnis der Kirchen so wichtigen Fragen des Amtes hatte sich dieser Ökumenische Arbeitskreis schon in der zurückliegenden Zeit befaßt. Er hat dieses Thema in seiner Jahrestagung 1974 von neuem aufgenommen unter dem Eindruck der Diskussion, die über die gegenseitige Anerkennung der Ämter in jüngster Zeit entstanden ist. Diese Frage hat in den letzten Jahren mehrere gemischte Kommissionen evangelischer und katholischer Theologen auf internationaler und regionaler Ebene beschäftigt. In Deutschland war eines der Ergebnisse solcher Zusammenarbeit das Memorandum der Arbeitsgemeinschaft evangelischer und katholischer Universitätsinstitute über „Reform und Anerkennung kirchlicher Ämter" (München-Mainz 1973). Einige Mitglieder unseres Ökumenischen Arbeitskreises evangelischer und katholischer Theologen waren an der Abfassung dieses Memorandums beteiligt. Andere Mitglieder aber hatten gegenüber diesem Memorandum starke Bedenken. Dies zu wissen ist wichtig, um die Referate, den zusammenfassenden Bericht und vor allem die gemeinsamen Thesen zum Thema „Amt und Ordination" recht würdigen zu können. Es war nicht selbstverständlich, sondern stellt das Ergebnis einer eindringenden theologischen Bewährung dar, daß die Thesen dieses Buches im Frühjahr 1974 in der Evangelischen Sozial-Akademie Friedewald von allen anwesenden katholischen und evangelischen Mitgliedern einstimmig angenommen werden konnten. Fragen, die unvermeidlich noch offenbleiben mußten, zumal die des Verhältnisses von Presbyterat und Episkopat, sind behandelt und weiter geklärt worden (s. S. 174).

Die hier veröffentlichten Referate sind zum Teil schriftlich vorgelegt, zum Teil mündlich erläutert worden. Sie wurden ergänzt durch ein Referat von Landesbischof Prof. D. Eduard Lohse über „Das Amt, das die Versöhnung predigt", dessen Text 1976 in einem exegetisch-theologischen Sammelwerk im Verlag Mohr-Siebeck in Tübingen veröffentlicht werden soll.

Der Ökumenische Arbeitskreis möchte mit der Veröffentlichung des wesentlichen Inhaltes seiner 35. Tagung zeigen, daß das evangelisch-katholische Gespräch fruchtbar weitergeführt wird. Meinungsverschiedenheiten und Hemmungen, die immer wieder fühlbar werden, heben die Verheißung nicht auf, die der Christenheit für ihren Weg gegeben ist.

Bonn und Mainz, Ostern 1976

Bischof D. Hermann Kunst   Hermann Kardinal Volk

Bernhard Lohse

ZUR ORDINATION IN DER REFORMATION

Bei dem knappen Überblick, den wir angesichts der zur Verfügung stehenden Zeit geben müssen, wollen wir zunächst auf Luther, sodann auf die lutherischen Bekenntnisschriften und schließlich auf Calvin eingehen.

I. Luther

Luthers Auffassung vom geistlichen Amt und von der Ordination wird, ähnlich wie in der Debatte des konfessionalistischen Luthertums im 19. Jahrhundert, auch heute noch in verschiedener Akzentuierung dargestellt. W. Brunotte (Das geistliche Amt bei Luther, 1959) betont, obwohl auch er bei Luther in den verschiedenen Auseinandersetzungen jeweils bestimmte Zuspitzungen sieht, die „Einheit in Luthers Auffassung" (S. 112ff), die er in der „Eigenständigkeit des geistlichen Amtes neben dem allgemeinen Priestertum ... in der Frühzeit ... wie in der späteren Zeit" gegeben sieht (S. 114); Luther leite die Vollmacht des Amtsträgers niemals aus dem allgemeinen Priestertum ab (ebd.). H. Lieberg (Amt und Ordination bei Luther und Melanchthon, 1962) hat diese Auffassung kritisiert (S. 5) und spricht statt dessen von einer „Zweipoligkeit" in Luthers Amtslehre (S. 235ff). Diese Zweipoligkeit bestehe darin, daß das Amt einmal aus dem allgemeinen Priestertum, sodann aus der Stiftung Christi begründet werde; jenem Gedanken entspreche die Vokation durch die Gemeinde, diesem die Ordination als Amtsübertragung (S. 235). J. Aarts (Die Lehre Martin Luthers über das Amt in der Kirche. Eine genetisch-systematische Untersuchung seiner Schriften von 1512 bis 1525, 1972) hat als erster ausführlich auch die Frühzeit Luthers untersucht, dabei den Einschnitt betont, den Luthers Ausbildung der Auffassung vom allgemeinen Priestertum bedeutet, und eine mittlere Position zu beziehen versucht: Dem allgemeinen Priestertum komme das „Zeugnis des Glaubens" (verbum internum) zu, dem Amt die „Predigt des äußeren Wortes" (verbum externum) (S. 320). Dabei dürfte es sich aber wohl um eine reichlich starke Systematisierung handeln. Jüngst hat P. Manns (Amt und Eucharistie in der Theologie Martin Luthers, in: P. Bläser, Hrsg., Amt und Eucharistie, 1973) bei seinem Versuch, einen neuen Dialog zwischen den Konfessionen über die Frage von Amt und Ordination zu ermöglichen, darauf aufmerksam gemacht, daß Luther selbst in den stürmischen Anfangsjahren der Reformation sich allen Wünschen, etwa eine Hauskommunion zu halten, widersetzt und die Feier des Abendmahls an Amt und Gemeinde gebunden hat (S. 72ff).

Es hat den Anschein, daß noch stärker, als es bisher geschehen ist, die jeweilige Situation zu bedenken ist, in welcher Luther sich zu bestimmten Fragen von Amt und Ordination geäußert hat. In den für die Ausbildung des Gegensatzes zwischen Luther und Rom entscheidenden Jahren 1517—1520 ist Luther nicht nach einem Plan vorgegangen, sondern durch den sich zuspitzenden Konflikt zu Konsequenzen gedrängt worden, die sich gewiß aus dem Ansatz seiner Theologie ergaben, die aber doch teilweise einseitig waren. Was etwa die Vorstellung vom allgemeinen Priestertum aller Getauften betrifft — bei Luther findet sich übrigens dieser Begriff als solcher anscheinend nicht, vielmehr sagt Luther, daß alle Getauften Priester sind —, so liegen die Wurzeln dieser Anschauung bei Luther in der Römerbriefvorlesung (1515/16)[1]. Aber erst 1520 wird diese Lehre von Luther in seinem „Sermon von dem Neuen Testament" ausdrücklich vertreten[2]. Ähnliches ließe sich auch für andere Aspekte von Luthers Auffassung über Amt und Ordination aufzeigen. Daraus ist zu schließen, daß zwar einerseits Luthers verschiedene Aussagen auf das ihnen zugrunde liegende, im wesentlichen zweifellos in sich geschlossene Verständnis hin zu interpretieren sind, daß aber andererseits die Gefahr einer vorschnellen Systematisierung vermieden werden muß.

Es gibt folgende deutliche Einschnitte bei Luthers Äußerungen zu Amt und Ordination:

---

[1] WA 56,251,25f (Sch.R.3,22): omne verbum, quod ex ore prelati Ecclesie procedit Vel boni et sancti viri, Christi verbum est, qui dicit: ‚Qui vos audit, me audit'.
[2] WA 6,370,7-11 So wirts klar, das nit allein der priester die meß opffert, ßondern eynis yglichen solcher eygener glaub, der ist das recht priesterlich ampt, durch wilchs Christus wirt fur gott geopffert, wilchs ampt der priester mit den euserlichen geperden der meß bedeuttet, und sein alßo alsampt gleych geystliche Priester fur gott. Seine polemische Zuspitzung erhält der Gedanke des allgemeinen Priestertums zuerst in der Schrift „An den christlichen Adel deutscher Nation" in Auseinandersetzung mit den drei „römischen Mauern", daß nämlich geistliche Gewalt über weltliche Gewalt sei, daß nur der Papst die Schrift auslegen dürfe und daß nur der Papst ein Konzil einberufen dürfe (WA 6,406,21ff). Gegen diese „Mauern" beruft Luther sich auf das allgemeine Priestertum.

1. in der Zeit von 1517—1520, bedingt dadurch, daß Luther an den kirchlichen Autoritäten irre wird, sowie durch die Ausbildung der Lehre vom allgemeinen Priestertum;

2. in den Jahren 1520—1523, bedingt durch den zugespitzten Gegensatz sowie durch Luthers Polemik gegen Priestertum und Opfergedanken;

3. in der Zeit seit 1524, bedingt durch den Gegensatz zu den sogenannten Schwärmern;

4. in der Spätzeit seit etwa 1530, in der es im inneren Bereich der Reformation zu einer ruhigeren Entwicklung kam und Luther nunmehr die Zuordnung von Amt, Ordination und Kirche hervorhob.

Ferner ist zu bedenken, daß die völlig unsichere Lage in den ersten Jahren der Reformation zu manchen ausgesprochenen Notlösungen führte. Da kein Bischof sich der Reformation anschloß, da zudem bald wesentlich weniger ordinierte Pfarrer zur Reformation übergingen, wurde die Versorgung der Gemeinden mit ordinierten Amtsträgern zu einem akuten Problem. Viele Ewägungen Luthers aus der Frühzeit der Reformation zur Frage von Amt und Ordination müssen aus dieser Not-Situation heraus verstanden werden. Seit etwa 1525, jedenfalls mit Beginn der Kirchen- und Schulvisitation, tritt die Berufung auf das Notrecht, wenn auch keineswegs ganz, zurück. Wichtig ist auch, daß die Regelung der Kirchenverfassung im lutherischen Bereich nicht nach einem festen Plan vorgenommen werden konnte, sondern auch von Zufälligkeiten abhing. Es besteht Übereinstimmung in der Forschung, daß der Gedanke einer bischöflichen Leitung der Kirche als Luthers eigentlicher Verfassungsgedanke anzusehen ist[3].

In aller Kürze lassen sich folgende Grundgedanken bei Luther herausheben:

1. Geistliches Amt und allgemeines Priestertum können in ihrem Verhältnis zueinander nicht so bestimmt werden, daß man das eine aus dem anderen ableitet. Wenn Luther davon spricht, daß alle Getauften Priester sind, verwendet er den Begriff *sacerdos*; für den ordinierten Pfarrer gebraucht er das Wort *minister*.

2. Luther bestreitet seit 1520 den sakramentalen Charakter der Ordination. Dabei leugnet er jedoch zu keiner Zeit, daß das Amt der Wortverkündigung und Sakramentsverwaltung von Christus der Kirche eingestiftet ist.

---

[3] s. B. Lohse, Das Verständnis des leitenden Amtes in lutherischen Kirchen in Deutschland von 1517 bis 1918, in: I. Asheim/V.R. Gold, Hgg., Kirchenpräsident oder Bischof? Untersuchungen zur Entwicklung und Definition des kirchenleitenden Amtes in der lutherischen Kirche, 1968, S. 56.

3. Das Amt gilt ihm in diesem Sinne als Kennzeichen der Kirche Christi[4].

4. Die Bestreitung des sakramentalen Charakters der Priesterweihe gründet sich darauf, daß nach Luthers 1520 ausgebildeter Sakramentsdefinition Wort und Zeichen zum Sakrament gehören, bei der Weihe aber das Signum fehlt. Sodann aber zielt die Bestreitung des sakramentalen Charakters der Priesterweihe auf die Leugnung eines *character indelebilis* sowie auf die Betonung des Auftrags oder der Funktion.

5. Vocatio und Ordinatio sind für Luther nicht synonym. Während Bugenhagen an sich jede Ordination in der berufenden Gemeinde vornehmen lassen wollte, setzte sich Luther dafür ein, daß die Ordination in Wittenberg als kirchlichem Mittelpunkt der Reformation stattfand, obwohl er gelegentlich äußerte, daß später die Ordination jeweils in den Gemeinden stattfinden sollte[5].

6. An der Unwiederholbarkeit der Ordination hat Luther festgehalten.

7. Was die Gabe betrifft, die in der Ordination unter Gebet und Handauflegung übertragen wird, so handelt es sich um die Gabe des Hl. Geistes als besondere Amtsausrüstung. Diese Gabe „ist nach Luther stets wirksam nur durch die tatsächlich geschehende Amtsfunktion und nur solange, als die Person tatsächlich im Amt ist"[6].

8. Luther bezeichnet es als die Aufgabe der Bischöfe, für Pfarrer zu sorgen. In seiner Schrift „Exempel, einen rechten christlichen Bischof zu weihen" (1524) sagt er, daß ein rechter christlicher Bischof die Kirche mit Gottes Wort und Sakramenten versorgen soll[7].

9. Es erscheint als eine ungerechtfertigte Verkürzung, Luthers Auffassung mit dem Schlagwort der successio fidelium wiederzugeben und diese successio fidelium der successio apostolica entgegenzusetzen.

II. Die lutherischen Bekenntnisschriften

Melanchthon stimmt mit Luther in wesentlichen Fragen des Verständnisses von Amt und Ordination überein. Immerhin ist doch bei ihm der Gedanke des allgemeinen Priestertums aller Getauften von erheblich geringerer Bedeutung als bei Luther. Um so mehr tritt das Amt hervor. Dabei denkt Melanchthon nicht sowohl daran, daß der Amtsinhaber als

---

[4] cf. z. B. WA 51,480,14-481,16.
[5] H. Lieberg, Amt und Ordination bei Luther und Melanchthon, 1962, S. 188f.
[6] H. Lieberg, ebd., S. 226.   [7] WA 53,247,2-5.

Repräsentant der gesamten Kirche handelt, vielmehr sieht Melanchthon in ihm vor allem den Vertreter des Herrn. Melanchthon versteht das geistliche Amt also ausschließlich von seiner Stiftung her.
In der Confessio Augustana (5) ist der Auftrag des geistlichen Amtes klar umschrieben. Eingeordnet zwischen die Artikel über die Rechtfertigung und über die Kirche heißt es hier: „Ut hanc fidem consequamur, institutum est ministerium docendi evangelii et porrigendi sacramenta. Nam per verbum et sacramenta tamquam per instrumenta donatur spiritus sanctus, qui fidem efficit, ubi et quando visum est Deo, in his, qui audiunt evangelium ... Damnant Anabaptistas et alios, qui sentiunt spiritum sanctum contingere hominibus sine verbo externo per ipsorum praeparationes et opera." Die Heilsnotwendigkeit des geistlichen Amtes, die der Sache nach auch von Luther zu allen Zeiten vertreten worden ist, ist hier klar zum Ausdruck gekommen, ebenso aber auch sein funktionaler Charakter.
In der Apologie (13) hat Melanchthon unter anderem die Frage erörtert, ob die Priesterweihe oder Ordination als Sakrament anzusehen sei. Zunächst ist seine Sakramentsdefinition weiter als diejenige Luthers: „Si sacramenta vocamus ritus, qui habent mandatum Dei et quibus addita est promissio gratiae, facile est iudicare, quae sint proprie sacramenta" (Apol. 13,3). Auf Grund dieser Definition werden alsdann drei eigentliche Sakramente anerkannt, nämlich Taufe, Abendmahl und Absolution (Apol. 13,4). Was das Priestertum betrifft, so betont Melanchthon, daß das Opfer Christi für die Sünden der ganzen Welt genug getan hat und daß es darum keiner weiteren Opfer bedarf. Die Menschen werden nicht wegen irgendwelcher anderen Opfer, sondern wegen des einen Opfers Christi gerechtfertigt, wenn sie nämlich glauben, daß sie durch jenes Opfer erlöst sind. Ein Opferpriestertum, vergleichbar dem levitischen, kann und darf es darum nicht mehr geben (Apol. 13,7-9). Dann allerdings erklärt Melanchthon sich mit einigen Einschränkungen doch bereit, in der Ordination ein Sakrament zu sehen: „Si autem ordo de ministerio verbi intelligatur, non gravatim vocaverimus ordinem sacramentum. Nam ministerium verbi habet mandatum Dei et habet magnificas promissiones ... Si ordo hoc modo intelligatur, neque impositionem manuum vocare sacramentum gravemur. Habet enim ecclesia mandatum de constituendis ministris, quod gratissimum esse nobis debet, quod scimus Deum approbare ministerium illud et adesse in ministerio" (Apol. 13,10-12).
Durchgesetzt hat sich freilich im Bereich des Luthertums weder die Dreizahl der Sakramente, die auch im Widerspruch zu Melanchthons

vorher vertretener Auffassung steht, noch auch die Bezeichnung der Ordination als Sakrament. Allerdings dürfte die Frage, ob die Ordination als Sakrament anzusehen ist, im Grunde nur von der Definition des Sakramentes abhängen, also letztlich eine Definitionsfrage sein. Legt man Luthers engen Sakramentsbegriff zugrunde, kann die Ordination nicht als Sakrament bezeichnet werden. Bei einem anderen, weiteren Verständnis von sacramentum dürfte dies jedoch ohne Schwierigkeiten möglich sein. Freilich lehnt auch die Apologie, obwohl sie hierauf nicht ausdrücklich eingeht, die Vorstellung eines character indelebilis ab.

In den Schmalkaldischen Artikeln findet sich ein Abschnitt „Von der Weihe und Vokation". Hier heißt es: „Wenn die Bischofe wollten rechte Bischofe sein und der Kirchen und des Evangelions sich annehmen, so mochte man das umb der Liebe und Einigkeit willen, doch nicht aus Not lassen gegeben sein, daß sie uns und unsere Prediger ordinierten und konfirmierten, doch hindangesetzt alle Larven und Gespenste unchristlichs Wesens und Gepränges. Nu sie aber nicht rechte Bischofe sind ader auch nicht sein wollen, sondern weltliche Herrn und Fursten, die weder predigen nach lehren nach täufen nach kommunicieren noch einiges Werk ader Ampt der Kirchen treiben wollen, dazu diejenigen, die solch Amt berufen treiben, verfolgen und verdammen, so muß dennoch umb ihretwillen die Kirche nicht ohn Diener bleiben[8]." Hier findet sich also noch einmal die Kritik an der damaligen Hierarchie. Im folgenden beruft Luther sich darauf, daß schon die alte Kirche die Reordination von Ketzern beim Übertritt zur katholischen Kirche abgelehnt habe, sowie darauf, daß bereits Hieronymus darauf hingewiesen habe, daß die Kirche zu Alexandrien anfangs ohne Bischöfe gewesen und von Priestern sowie Predigern „ingemein regiert" worden sei[9].

III. Calvin

Calvin hat sich mit der Frage der Ordination vor allem in seiner Institutio Religionis Christianae befaßt. In IV 3,16 der letzten Auflage geht er auf die Ordination ein, in IV 19,28 auf das Priester- oder Presbyteramt sowie auf die Frage, ob dieses als ein Sakrament anzusehen sei.

In IV 3,16 führt Calvin aus, daß der Ritus der Handauflegung auf die Apostel zurückgeht; er sei wohl schon von den Hebräern hergekommen; bei der Kindersegnung sei Jesus diesem Brauch gefolgt. „Apostoli

---

[8] Die Bekenntnisschriften der ev.-luth. Kirche, 4. Aufl. 1959, S. 457,7-458,7.
[9] Ebd. S. 458,8-15.

per manuum impositionem eum se Deo offerre significabant, quem initiabant in ministerium[10]." So seien die Hirten und Lehrer, aber auch die Diakone geweiht worden (Consecrare). Im Blick auf die Bedeutung der Ordination heißt es: „Certe utile est eiusmodi symbolo (d. h. durch die Handauflegung) cum ministerii dignitatem populo commendari, tum eum qui ordinatur admoneri, ipsum iam non esse sui iuris, sed Deo et Ecclesiae in servitutem addictum[11]." Es werde sich um kein „inane signum" handeln, wenn es wieder seinen ursprünglichen Sinn erhalte; aller abergläubische Mißbrauch müsse aber ferngehalten werden. Calvin betont weiter, daß nicht die ganze Menge, sondern nur die Hirten der Kirche (solos pastores) den Dienern (ministri) die Hand aufgelegt haben.

Was die Frage betrifft, ob die Ordination ein Sakrament sei, so ist zunächst Calvins Definition des Sakraments wichtig: „Videtur autem mihi haec simplex et propria fore definitio, si dixerimus externum esse symbolum, quo benevolentiae erga nos suae promissiones conscientiis nostris Dominus obsignat, ad sustinendam fidei nostrae imbecillitatem: et nos vicissim pietatem erga eum nostram tam coram eo et Angelis quam apud homines testamur[12]." Von daher erkennt Calvin nur Taufe und Abendmahl als von Gott gestiftete Sakramente an; darum dürfe die Kirche der Gläubigen auch kein anderes Sakrament anerkennen[13].

Trotz Calvins scharfer Kritik an dem katholischen sacramentum ordinis, das nach Calvins Vorwurf katholischerseits mit den verschiedenen Weihegraden in sieben Sakramente zerspalten werde[14], läßt Calvin in gewissem Sinne das Presbyteramt als Sakrament gelten. In IV 19,28 führt er aus, daß alle, die sich „Priester" nennen, um ein Sühnopfer darzubringen (ad offerendam placationis hostiam), Christus unrecht tun[15]. Christus sei vom Vater als Priester nach der Ordnung Melchisedeks eingesetzt worden, und zwar ohne Ende und ohne Nachfolger. Er habe einmal das Opfer der ewigen Sühne und Versöhnung (hostiam aeternae expiationis et reconciliationis) dargebracht und tritt für uns ein. „In ipso omnes sumus Sacerdotes, sed ad laudes et gratiarum actiones, ad nos denique nostraque Deo offerenda[16]." Da nach Calvins Meinung die Papisten die Einmaligkeit von Christi Sühnopfer in Frage stellen, kann das Priesteramt nicht als Sakrament bezeichnet werden. Was jedoch das wahre Presbyteramt (verum presbyterii munus) angeht, das durch Chri-

---

[10] OS 5,56,29-57,2.
[11] OS 5,57,9-12.
[12] Inst. IV 14,1; OS 5,259,2-8.
[13] Inst. IV 18,19; OS 5,433,33-35.
[14] Inst. IV 19,22.
[15] OS 5,462,20-23.
[16] OS 5,463,2f.

sti eigenes Wort empfohlen ist, so will Calvin es bereitwillig als Sakrament bezeichnen; denn da handle es sich um eine Zeremonie, die erstens aus der Schrift entnommen und zweitens von Paulus als nicht leer und überflüssig (1. Tim 4,14) bezeugt sei, sondern ein zuverlässiges Merkzeichen der geistlichen Gnade (fidele spiritualis gratiae symbolum) darstelle. Calvin fügt allerdings einschränkend hinzu, daß er das Presbyteramt deswegen nicht als Drittes in die Zahl der Sakramente eingereiht habe, weil es nicht allen Gläubigen ordnungsmäßig zukomme, also nicht allen gemein sein könne, sondern lediglich einen besonderen Gebrauch für eine bestimmte Funktion (ad certam functionem specialis ritus) darstelle. Nach einem erneuten Seitenhieb auf die Papisten schließt Calvin mit diesen Worten: „Christus hat angeordnet, daß die Männer, die sein Evangelium und seine Geheimnisse (mysteria) austeilen, ordiniert werden, nicht aber daß Opferpriester geweiht werden sollen. Er hat einen Auftrag über die Predigt des Evangeliums und das Weiden der Herde gegeben, nicht aber über die Darbringung von Opfern (Mt 28,19; Mk 16,15; Joh 21,15). Er hat die Gnadengabe des Hl. Geistes verheißen, nicht um Sühne für die Sünden zu vollziehen, sondern um die Leitung der Kirche ‚rite' auszuüben und wahrzunehmen[17]."

Von diesen Ausführungen her erscheint auch im Blick auf Calvin die Feststellung gerechtfertigt, daß die Frage, ob die Ordination als ein Sakrament anzusehen ist, im Grunde eher eine Definitionsfrage ist, daß aber hier nicht notwendig ein ausschließender Gegensatz zur katholischen Position gegeben ist. Vordringlich dürfte vielmehr im Blick sowohl auf Luther und die lutherischen Bekenntnisschriften als auch auf Calvin eine Klärung des Verständnisses des Opfers sein; eine Verständigung bei dieser Frage erscheint heute aber als durchaus nicht mehr unmöglich. Kontrovers dürfte jedoch noch das Problem eines character indelebilis für die ordinierten Amtsträger sein. Allerdings ist auch hier zu bedenken, daß die Einwände der Reformatoren nicht nur auf theologischen Gründen beruhen, sondern daneben die im 16. Jahrhundert verbreitete Vermischung von geistlichen und weltlichen Aufgaben beanstanden und sich insofern gegen einen nach Auffassung der Reformatoren ungerechtfertigten Herrschaftsanspruch richten; dieser letzte Aspekt hat durch die Entwicklung in der Neuzeit erheblich an Gewicht verloren.

---

[17] OS 5,463,16-23.

KARL LEHMANN

DAS THEOLOGISCHE VERSTÄNDNIS DER ORDINATION NACH DEM LITURGISCHEN ZEUGNIS DER PRIESTERWEIHE

I

In der fast hypertroph entwickelten Amtstheologie der letzten Jahre spielen die Lehre und die Praxis der Ordination die Rolle eines Stiefkindes. Wenn auch durch die Diskussion um die Ämteranerkennung die Fragen der Ordination in jüngster Zeit in den Vordergrund rückten[1], so bleibt es erstaunlich, daß auf katholischer Seite dabei kaum irgendwo ernsthaft der Versuch unternommen worden ist, die Liturgie der Ordinationshandlungen, also die Ordinationspraxis in diese Überlegungen einzubeziehen. Offensichtlich geht man von der stillschweigenden Voraussetzung aus, in der katholischen Kirche sei eine relativ fraglose Identifikation von Ordinationstheologie und liturgischer Praxis gegeben.

Darum ist es eine wichtige Aufgabe, zur Erhebung des dogmatischen Ordinationsverständnisses die faktisch in einer Kirche gebrauchten liturgischen Formulare heranzuziehen und auszulegen. Selbstverständlich enthalten die liturgischen Texte in ihrer Form theologische Aussagen, die von einer bestimmten dogmengeschichtlichen Konstellation geprägt sind. Doch ist das angestrebte Interpretationsverfahren nicht ungefährlich. Liturgische Handlungen dürfen nicht nach reinen „Gehalten" abgesucht und auf dogmatische Aussagen reduziert werden. Sie folgen anderen Gesetzen. Liturgische Texte und ihre praktischen Anweisungen dürfen nicht unmittelbar und instrumental zur Erhellung einer Lehre „verwertet" werden, vielmehr enthüllen sie nur dann indirekt ihre theologische Aussagekraft, wenn sie in ihrer eigenen Form und in ihrem Vollzugscharakter angenommen werden. So bleibt methodische Vorsicht geboten, wenn man die Ordinationsliturgien in Richtung von theoretischen Aussagen einer Ordinations*lehre* interpretiert. Anderseits kann die dogmatische Theologie aus einer theologischen

---

[1] Vgl. dazu *K. Lehmann*, Ämteranerkennung und Ordinationsverständnis, in: Catholica 27 (1973) 248-262; ders., Nach dem Streit um das „Ämtermemorandum". Kleine Antwort auf W. Pannenbergs Beitrag, in: Catholica 28 (1974) 157-160.

Betrachtung der Feier der Ordination nur Nutzen ziehen. Es ist von unbestreitbarem Vorteil, wenn die aus einer umfassenden kirchlichen Lebenspraxis stammenden Formulare andere Aussageweisen und Ausdrucksformen des Ordinationsgeschehens an den Tag bringen, die auf denselben Sachverhalt ein neues Licht werfen oder bisher wenig beachtete Perspektiven eröffnen[2]. Es bedeutet auch keinen Schaden, wenn die rezipierte dogmatische Lehre in ihrem Ansatz, in ihrem Umfang und mit ihrem begrifflichen Instrumentarium dadurch zunächst einmal „verunsichert" wird. Die liturgischen Texte haben in diesem Sinne gegenüber der dogmatischen Reflexion, die sich nur allzu leicht absolut setzt und sich damit exklusiv abschließt, eine wesentliche kritische Funktion.

Damit ist auch schon das Verhältnis zwischen „lex credendi" und „lex orandi" angesprochen (vgl. dazu DS 246). Die Theologie muß nach der Schrift unter den Zeugen der Überlieferung ohne Zweifel entschiedener die Handlungen und Texte der Liturgie befragen. Pius XI. sagte in einer Privataudienz: „Die Liturgie ... ist das wichtigste Organ des ordentlichen Lehramtes der Kirche ... Die Liturgie ist nicht die Lehre dieser oder jener Person, sondern die Lehre der Kirche"[3]. Freilich ist die Beziehung der Liturgie zur Theologie keine Einbahnstraße, denn zweifellos hat das Axiom „lex orandi — lex credendi" in den einzelnen Fällen einen sehr verschiedenen Sinn. Es braucht hier nicht gezeigt zu werden, daß in Zeiten dogmatischer Auseinandersetzungen von der Orthodoxie *und* von der Irrlehre die Liturgie zum Einhämmern einer bestimmten Glaubenslehre benutzt wurde (vgl. z. B. die arianischen Wirren). Es besteht auch kein Zweifel, daß mit Berufung auf dieses Gesetz auch irrige Anschauungen und sehr problematische Deutungen in die Liturgie Einlaß gefunden haben[4]. Nicht nur der Modernismus hat dieses Axiom mißdeutet. Darum wird es auch im Zusammenhang der Ordinationsproblematik notwendig sein, die eigene Ausprägung der Formel „lex orandi — lex credendi" genauer zu beobachten. Dies läßt sich freilich nur durch eine engere Kooperation zwischen der Liturgiewissenschaft und der dogmatisch-ökumenischen Theologie erreichen. Diese Aufgabe stellt aber praktisch weithin noch Neuland dar.

---

[2] Ein Beispiel für die Fruchtbarkeit der angewandten Fragestellung ist die neuere Theologie der Krankensalbung; dazu vgl. A. *Knauber*, Pastoraltheologie der Krankensalbung, in: HPTh IV, 145-178; J. *Mayer-Scheu/A. Reiner*, Heilszeichen für Kranke. Krankensalbung heute (Kevelaer ²1975.)

[3] A. *Bugnini*, Documenta pontificia ad instaurationem liturgiae spectantia (Rom 1953) 70f.; vgl. dazu auch K. *Federer*, Lex orandi — lex credendi, in: LThK² VI, 1001-1002 (Lit.).

[4] Vgl. Beispiele bei C. *Vagaggini*, Theologie der Liturgie (Einsiedeln 1959) 297-313.

II

Ausgangspunkt dieser Überlegungen muß die Reform der Ordinationsliturgie der katholischen Kirche sein. Das Vaticanum II hat in Artikel 76 der Liturgiekonstitution „Sacrosanctum Concilium" (=SC) den Auftrag gegeben: „Die Liturgie für die Erteilung der Weihen soll nach Ritus und Text überarbeitet werden". Dabei sollten die generellen Leitlinien der Liturgiereform beachtet werden: Rückkehr zu einfachen und durchsichtigen Formen, Verwendung der Muttersprache, ausgewogenes Verhältnis zwischen Wort und sakramentalen Elementen, Einräumung eines eigenen Gestaltungsraumes für die Teilkirchen (vgl. bes. SC Art. 23, 24, 34, 35, 36, 37-40). In der Tat konnte im Dezember 1968 die lateinische Fassung der neuen liturgischen Texte für die Diakonen-, Priester- und Bischofsweihe erscheinen[5]. Dieser Teil des revidierten Pontificale Romanum trat Ostern 1969 (6. 4.) in Kraft. Eine von den deutschsprachigen Bischofskonferenzen erprobte und approbierte Fassung erschien im Herbst des Jahres 1971[6]. Mit der Neufassung des Ordo wurde — von der Eucharistiefeier abgesehen — der erste größere konziliare Reformauftrag abgeschlossen.

Die Bedeutung dieser Erneuerung kann grundsätzlich kaum überschätzt werden, und es ist erstaunlich, wie wenig Echo und begleitende Reflexion sie außerhalb der Liturgiewissenschaft und der liturgischen Praxis seither gefunden hat. Faktisch war nämlich das bis 1969 gültige Ordinationsformular seit der ersten gedruckten Ausgabe des Pontificale Romanum (1485) kaum verändert worden. Auch die tridentinische Reform vom Jahre 1596 brachte — im Unterschied etwa zum Stundengebet und zum Missale — keine einschneidenden Reformen. Dasselbe gilt für die revidierten Fassungen des Pontificale Romanum der Jahre 1645, 1752 und 1889[7]. Erst in jüngster Zeit (1947, 1950, s. unten) erfolgten einige Veränderungen des Weiheritus.

[5] Die „Editio typica" erschien 1968 als Teil des „Pontificale Romanum" im Vatikan.
[6] Liber de ordinatione diaconi, presbyteri et episcopi secundum Pontificale Romanum, ex Decreti Sacrosancti Oecumenici Concilii Vaticani II instauratum, auctoritate Pauli PP. VI promulgatum, editio linguae germanicae typica a conferentiis episcopalibus regionis linguae germanicae approbata (Einsiedeln/Freiburg u. a. 1971). — In dieser Ausgabe sind zwar alle Dokumente und Rubriken in lateinischer Sprache zugänglich, leider jedoch nicht der lateinische Urtext der liturgischen Texte selbst. Eine „Volksausgabe" im Anschluß an den offiziellen Text wurde von den Liturgischen Instituten Salzburg, Trier und Zürich unter dem Titel: Die Feier der Diakonenweihe und der Priesterweihe nach dem Römischen Pontifikale (Einsiedeln/Freiburg 1971) herausgegeben. Dort sind die Rubriken ins Deutsche übersetzt.
[7] Genaueres dazu bei *B. Kleinheyer*, Die Priesterweihe im römischen Ritus. Eine liturgiehistorische Studie = TThSt 12 (Trier 1962) 217-225.

Dies überrascht um so mehr, weil die Reformbedürftigkeit der Ordinationsformulare besonders handgreiflich ist. Römische, gallikanische und germanische Überlieferungen sowie zeitbedingte Theologoumena des Mittelalters haben im Laufe einer mehr als tausendjährigen Geschichte zu einem schwer entwirrbaren Gefüge verschiedener Elemente geführt, viele Doppelungen und Überlagerungen, Verdunkelungen und Mißverständnisse verursacht. Dafür sollen zwei Beispiele als erste Hinweise dienen:
1. Seit mehr als einem Jahrtausend, nämlich seit der Kombination der altrömischen mit den altgallikanischen Weiheriten, finden sich *zwei* Konsekrationsgebete in der *einen* liturgischen Handlung[8].
2. Die einfache biblische Grundgestalt der Ordination wurde in ihrer sinnfälligen und theologischen Einheit gesprengt, indem nämlich die Handauflegung und das Weihegebet durch zwei kurze Texte (Einladung zum gemeinsamen Gebet und Schlußgebet der Litaneien) voneinander getrennt wurden, die zum Einführungsritus gehörten und mit der Ordinationshandlung im engeren Sinne nichts zu tun hatten. Zusätzliche Riten, wie die Einführung der Casel-Verleihung, der Händesalbung, der Übergabe der Instrumente haben die Grundgestalt in Unordnung gebracht und falsche Gewichtungen geschaffen, was am stärksten durch die Doppelung der Handauflegung im letzten Ritusteil zum Ausdruck kommt.
Diese verwirrende Vielfalt hat ihre Wurzeln zum Teil in ungeklärten theologischen Anschauungen, aber natürlich auch in einem unkontrollierten Wachstum der Riten selbst[9]. Doppelungen wurden als solche gar nicht mehr empfunden, wie z. B. bei den beiden Konsekrationsgebeten. Anfänglich nur praktische Vorgänge, wie z. B. die Entfaltung der Rückseite des Meßgewandes, wurden ritualisiert und mit allegorischen Deuteworten ausgestattet. Ursprüngliche Traditionen, wie z. B. die Akklamation und die Beteiligung des Volkes bei der Wahl der Kandidaten und bei der Weihe selbst, blieben nur in einer rudimentären und formellen Form bestehen. Die Geschichte der Ordinationsliturgie zeigt die merkwürdige Ambivalenz der eigentümlich bewahrenden Gangart liturgischer Entwicklung: Das starre und oft unverständige Festhalten mancher Schreiber und Kopisten liturgischer Bücher hat Elemente über eine Zeit hinweggerettet, in der nach Ausweis der Texte an dieser Stelle sich

---

[8] Einzelausführungen bei *B. Kleinheyer*, a. a. O., 94-102.
[9] Die Verwirrung läßt sich also m. E. nicht nur auf Unsicherheiten und Irrtümer der *Theologie* zurückführen, wie *E. J. Lengeling* nahelegen könnte, vgl. seinen Aufsatz: Die Theologie des Weihesakramentes nach dem Zeugnis des neuen Ritus, in: LJ 19 (1969) 142-166, bes. 148.

andere Rituselemente in den Vordergrund drängten. Dies gilt wahrscheinlich sogar für die Handauflegung selbst. Anderseits hat diese „konservative" Tendenz dazu geführt, daß einzelne Elemente ihre Funktion im Ablauf der Handlung eingebüßt haben und daß durch die erfolgten Verschiebungen erhebliche Störungen im Aufbau eingetreten sind.

Die großen Dogmen- und Liturgiehistoriker des 17. und 18. Jahrhunderts, z. B. Hugo Ménard († 1644), Johannes Morinus († 1659), Jakob Goar († 1653), Edmond Martène († 1739), haben durch ihre Kenntnis der patristischen und liturgischen Traditionen darauf hingewiesen, daß Handauflegung und Gebet die Wesenselemente der Ordination seien. Aber sie konnten sich deshalb nicht genügend durchsetzen, weil die mittelalterliche Theologie sich stärker behauptete. Diese hatte ihren kirchenamtlichen, wenn auch nicht unfehlbar definierten Niederschlag in dem sogenannten „Decretum pro Armenis" (vgl. DS 1310—1328) gefunden, das Papst Eugen IV. auf dem Konzil von Florenz 1439 promulgierte. Die Formulierungen, Exzerpte aus dem Opusculum des Thomas von Aquin „De articulis fidei et ecclesiae sacramentis", legten fest, die „Materie" der Ordination bestehe für die Priesterweihe in der Übergabe des Kelches mit Wein und der Patene mit Brot (= traditio instrumentorum), die „Form" heiße für die Priesterweihe: „Accipe potestatem offerendi sacrificium in Ecclesia pro vivis et mortuis, in nomine Patris et Filii et Spiritus Sancti" (DS 1326).

Diese Lehre von der „traditio instrumentorum" als dem Kern des Weiheritus ist nie allgemein akzeptiert worden (vgl. z. B. Alexander von Hales, vermutlich Albert der Große, Bonaventura, Petrus Soto, zwei deutsche Provinzkonzilien: Köln 1536 und Mainz 1549)[10]. Auch hat das Konzil von Trient auf jede formelle Bestimmung von Materie und Form verzichtet (obgleich sich in can. 4 der „Doctrina de Sacramento Ordinis" vom 15. 7. 1963 mißverständliche Spuren zeigen [vgl. DS 1774]). Aber noch die Mehrzahl der Theologen des 16. und 17. Jahrhunderts, vereinzelt bis in das 18. Jahrhundert hinein, sahen die Materie und die Form in der Übergabe der Instrumente mit den dabei gesprochenen Formeln. Neben anderen Meinungen, die hier nicht referiert zu werden brauchen[11], ist eine im Anschluß an Duns Scotus vertretene These erwähnenswert, wonach für die Ordination eine doppelte Form und eine doppelte Materie (Übergabe der Instrumente und letzte Handauflegung)

---

[10] Belege bei L. Ott, Das Weihesakrament = HDG IV/5 (Freiburg 1969) 92ff, 139ff.
[11] Vgl. zum gesamten Fragenkomplex ebd., 145-154.

konstitutiv seien, so z. B. Bellarmin, Vázquez[12]. Die geschichtliche Erforschung der Lehre und der Liturgie der Ordination — hauptsächlich durch Johannes Morinus (s. oben) — führte zu der klaren Erkenntnis, daß der alten und frühmittelalterlichen Kirche die Übergabe der Geräte bei den höheren Weihen unbekannt war und daß der wesentliche Weiheritus allein in der Handauflegung und im Weihegebet bestand. Seit dem 17. Jahrhundert vertraten immer mehr Theologen[13] diese Einsicht, so daß sie im 20. Jahrhundert zur herrschenden Lehrmeinung wurde. Die letzte Wende setzte vor allem durch die bahnbrechenden Forschungen des holländischen Kurienkardinals Willem van Rossum († 1932) ein, der mit seinem 1914 erstmals in Freiburg i. Br. erschienenen Werk „De essentia sacramenti ordinis" den entscheidenden Durchbruch erzielt hat. Der Kernsatz seiner historischen und systematischen Untersuchungen lautet: „In hac sola manus impositione et oratione signum sacramentale ordinis a Christo institutum et apostolica auctoritate traditum certissime inveniri: reliqua vero omnia Ecclesiae auctoritate ad solam maiorem solemnitatem esse introducta"[14]. Erst die Apostolische Konstitution „Sacramentum Ordinis" Pius' XII. vom 30. 11. 1947 hat daraus Konsequenzen gezogen und unzweideutig erklärt, daß „saltem in posterum" einzig die Handauflegung die Materie und nur die dabei bestimmenden Worte („*verba applicationem* huius materiae *determinantia*") die Form für alle sakramentalen Ordinationen sind (vgl. DS 3857—3861, bes. 3859). Zugleich wurde erklärt, daß die „traditio instrumentorum" nicht mehr zum notwendigen Wesensbestand der Ordination gehöre[15].

Wie langsam und zögernd diese Entscheidung den Ritus veränderte, geht aus einer rubrikalen Reform der Ritenkongregation[16] hervor. Dort wird nämlich verfügt, der fast 500 Jahre alte Satz im Kapitel *De ordinibus conferendis* sei zu streichen: „moneat ordinandos, quod instrumenta, in quorum traditione character imprimitur, tangant"; auch wurde bestimmt, daß in allen Rubriken nach der Handauflegung und dem Konsekrationsgebet es fortan nicht mehr „ordina*nd*i" — so hießen sie bis zur „traditio instrumentorum" —, sondern „ordina*ti*" heißen müsse.

---

[12] Vgl. ebd., 146ff.
[13] Belege und Einzelheiten ebd., 151ff.
[14] *G. M. van Rossum*, De essentia sacramenti ordinis disquisitio historico-theologica (Freiburg 1914, Rom ²1932) 222 (Zitation nach der zweiten Auflage).
[15] Wie sehr sich einzelne Vertreter der römischen Theologie mit den historischen Forschungen vertraut machten, zeigt der bedeutende dogmatische Traktat von *H. Lennerz*, De sacramento ordinis (Rom 1947, ²1953). Zum oben verhandelten Problem vgl. bes. 125ff. Daß H. Lennerz auch Einfluß auf die Apostolische Konstitution „Sacramentum Ordinis" von 1947 genommen hat, läßt sich zwar nur vermuten, liegt sich aber gleichwohl nahe.
[16] Vgl. das Dekret vom 20. 2. 1950, in: AAS 42 (1950) 448-455.

Man ahnt etwas von den leitenden theologischen Voraussetzungen im Blick auf die „Form" des Sakraments, wenn man eine weitere Verfügung zur Kenntnis nimmt, welche durch den Wechsel in der Vortragsweise die Einheit des Konsekrationsgebetes empfindlich störte: Die „verba essentialia ideoque ad valorem requisita" der sakramentalen Form seien zu sprechen und nicht zu singen. Soweit ging in Praxis und Theorie der Sakramente eine juridische und tutioristische Mentalität, die gerade dadurch natürlich wiederum Zweifel und Gewissensängste über die Gültigkeit von Weihen schuf, welche sie durch eben diese Bestimmungen verhindern wollte[17].

Als das Zweite Vatikanische Konzil die Reform der Ordinationsliturgie beschloß, war in aller Stille und in jahrzehntelanger liturgiegeschichtlicher Forschungsarbeit das Material aufbereitet worden, um die notwendige Revision auf eine verläßliche Basis zu stellen. Die kritische Edition wichtiger Sacramentare durch H. Lietzmann, L. C. Mohlberg, vor allem aber die fünfbändige Edition der römischen Ordines „Les Ordines Romani du haut moyen—âge" (Löwen 1931—1961) von M. Andrieu und die vierbändige Veröffentlichung der römischen Pontifikalien des Hochmittelalters (Le Pontifical Romain au moyen—âge, Rom 1938 bis 1941), ebenfalls durch M. Andrieu († 1956), haben in einmaliger Weise den Boden für das Reformwerk geschaffen. Die zusammenfassende Durchforschung dieser Quellen hat B. Kleinheyer unter Leitung von B. Fischer in seiner Trierer Dissertation „Die Priesterweihe im römischen Ritus" unternommen (1956), ein Werk, das zu Konzilsbeginn (1962) erschien[18] und von dem J. A. Jungmann noch im selben Jahr sagte, es sei jetzt „die zuverlässige Grundlage ..., wenn auch einmal der Ritus der Priesterweihe einer sehr notwendigen Reform unterzogen wird"[19]. Es war folgerichtig, daß B. Kleinheyer zwei Jahre später auf Anregung von J. A. Jungmann konkrete Reformüberlegungen veröffentlichte[20] und schließlich auch Sekretär jener Arbeitsgruppe wurde, die für die Revision des Pontifikale Romanum zuständig wurde. Vergleicht man die Reformvorschläge B. Kleinheyers, auf der historischen Kenntnis der Genese des Ritus beruhend, mit dem Text des Formulars von 1968, so kann man eine weitgehende Übereinstimmung und damit eine vor einem Jahrzehnt noch nicht in diesem Maße erwartbare Rezep-

---

[17] Zum oben genannten Dekret vgl. kritisch *B. Botte*, Décret de la congrégation des rites sur les ordinations, in: La Maison-Dieu Nr. 25 (1951) 134-139.
[18] Vgl. Anm. 7.
[19] So in seiner Besprechung in: ZKTh 84 (1962) 488-491, hier 491.
[20] Vgl. *B. Kleinheyer*, Überlegungen zu einer Reform des Priesterweiheritus, in: LJ 14 (1964) 201-210.

tion historisch-kritischer Ergebnisse bei der Liturgiereform feststellen. So sind — gerade unter ökumenischen Aspekten — bei dieser Erneuerung nicht nur die Einzelinhalte, sondern auch der Weg und die methodischen Mittel des Reformwerkes von besonderer Bedeutung.

Das Ergebnis der Reform[21] ist zunächst — von Einzelheiten abgesehen — eine klare Durchstrukturierung, so daß in der Vielgestaltigkeit des Ganzen wieder eine klare Einheit erkennbar wird. Alle unnötigen Doppelungen sind beseitigt; die vorbereitenden Riten und die Ritenkreise nach Handauflegung und Gebet wurden kritisch durchgeforstet und verkürzt. Durch die inhaltliche und zeitliche Straffung wird die Bedeutsamkeit der wesentlichen Handlung verstärkt, und die Mitte des sakramentalen Geschehens wird von sekundären, „ausdeutenden" Riten abgehoben. Die gesamte Handlung, zu der jetzt der volle Wortgottesdienst bis einschließlich des Evangeliums gehört und die als ganze entschiedener als bisher der Eucharistiefeier zugeordnet wird, gliedert sich in *drei* Teile: Eröffnung und Vorbereitung der Ordination, die Weihehandlung im engeren Sinne und die — nun so genannten — „ausdeutenden Riten". Die Grundsätze der konziliaren Liturgiereform wurden in hohem Maße erreicht: Beseitigung einer unverstandenen Liturgiesprache[22], eine stärkere und sachgemäße Rücksicht auf die Schrift, die Eröffnung eines Spielraumes für teilkirchliche Gestaltungsmöglichkeiten, ein ausgewogenes Gleichgewicht zwischen der sakramentalen Weihehandlung im engeren Sinn und den explikativen Riten, die am meisten Schwierigkeiten verursachten. Die Dreistufigkeit des Ordo (Diakonat, Presbyterat, Episkopat)[23], die Beschränkung der Sakramentalität auf diese Ämter-

---

[21] Vgl. B. *Kleinheyer*, Weiheliturgie in neuer Gestalt, in: LJ 18 (1968) 210-229; ders., Zur Reform der ordines maiores. Ein Nachtrag, in: LJ 19 (1969) 120-122; ders., L'ordination des prêtres, in: La Maison-Dieu Nr. 97 (1969) 95-112; ders., Zur Reform der Ordines Maiores, in LJ 19 (1969) 120-122; E. J. *Lengeling*, Die Theologie des Weihesakramentes nach dem Zeugnis des neuen Ritus, in: LJ 19 (1969) 142-166; A. *Houssiau*, La signification théologique du nouveau rituel des ordinations, in: A. Descamps (Hrsg.), Le prêtre. Foi et contestation (Gembloux/Paris 1970) 159-177, auch dt.: ders. (Hrsg.), Priester — Beruf im Widerstreit? (Innsbruck 1971) 155-173; B. *Fischer*, Das Gebet der Kirche als Wesenselement des Weihesakramentes, in: LJ 20 (1970) 166-177.

[22] Vgl. Einzelheiten bei B. *Fischer*, a. a. O., 172, 175.

[23] Leider kann hier nicht zugleich die Theologie und Liturgie der Bischofskonsekration behandelt werden. Vgl. hierzu Y. Congar (Hrsg.), Das Bischofsamt und die Weltkirche (Stuttgart 1964) (vgl. Reg. s. v. Bischof, Weihe); G. *Zichi*, Il vescovo secondo le preghiere di ordinazione nel rito Romano e nei riti orientali (Rom 1968); L. *Mortari*, Consacrazione episcopale e collegialità. La testimonianza della chiesa antica = Testi e ricerche di scienze religiose 4 (Florenz 1969); O. *Bârlea*, Die Weihe der Bischöfe, Presbyter und Diakone in vornicänischer Zeit = Societas academica Dacoromana. Acta philosophica et theologica 3 (München 1969). Dieses Thema wurde 1975 bei der folgenden Tagung des Ökumenischen Arbeitskreises katholischer und evangelischer Theologen im Gesamtthema

trias[24] (entgegen einer bis ins 19. Jahrhundert herrschenden Tradition), der Dienstcharakter des Amtes, das Verhältnis der Ordines zueinander und andere Elemente zählen zu den weiteren Klärungen und Verbesserungen des Textes. Ebenso wurde der Gemeindebezug gegenüber einer weitgehenden Klerikalisierung des Ordinationsvorgangs wieder deutlich gemacht; neben dem Bischof hat das anwesende Presbyterium an Bedeutung wieder gewonnen.

Trotz der bedeutsamen Leistung konnten aus verschiedenen Gründen 1968 nicht alle wichtigen Einzelreformen durchgeführt werden, wie in diesem Beitrag noch zu zeigen sein wird. Man darf in diesem Zusammenhang auch nicht vergessen, daß die Erneuerung des Ordo am Beginn der nachkonziliaren Revision der Sakramentsriten stand. Spätere Erfahrungen und Erkenntnisprozesse konnten darum noch nicht fruchtbar gemacht werden. Dem Vernehmen nach arbeitet eine Expertengruppe bei der römischen Gottesdienstkongregation neue Vorschläge für eine Revision aus. Mit einer baldigen offiziellen Verabschiedung dieser Anregungen ist jedoch in absehbarer Zeit noch nicht zu rechnen.

III

Es ist im Rahmen dieses Beitrags weder möglich noch notwendig, die verschlungenen Wege aufzuzeigen, wie es zur Endgestalt der traditionellen Ordinationsliturgie kam, die dann beinahe unverändert fast ein halbes Jahrtausend in Geltung war. Wenn trotzdem einige Hinweise gegeben werden[25], dann haben diese den Sinn, das breite Spektrum und

---

„Episkopat/Presbyterat" mitbehandelt. Vgl. meinen Beitrag: Das Verhältnis von Episkopat und Presbyterat nach den Grundaussagen des Zweiten Vatikanischen Konzils (erscheint demnächst).

[24] In diesem Zusammenhang muß die Neuordnung der sog. „Ordines minores" übergangen werden. Zum Ordinationsformular vgl. die „Editio typica": De institutione lectorum et acolythorum, de admissione inter candidatos ad diaconatum et presbyteratum, de sacro caelibatu amplectendo (Vatikan 1972); dt. Ausgabe: Die Beauftragung von Lektoren, Akolythen und Kommunionhelfern. Die Aufnahme unter die Kandidaten für Diakonat und Presbyterat. Das Zölibatsversprechen. In den katholischen Bistümern des deutschen Sprachgebietes, herausgegeben im Auftrag der Bischofskonferenzen Deutschlands, Österreichs und der Schweiz und der Bischöfe von Bozen-Brixen und Luxemburg (Einsiedeln/Freiburg u. a. 1974). Die Problematik der Neuordnung der „Ordines minores" kann hier nicht erörtert werden, obgleich sich darin wichtige Probleme des Ordo und der Ämterorganisation anmelden; vgl. dazu O. *Nußbaum*, Lektorat und Akolythat. Zur Neuordnung der liturgischen Laienämter = Kölner Beiträge 17 (Köln 1974) (umfangreiche Lit.).

[25] Der folgende Aufriß hält sich dabei weitgehend an die in Anm. 7 angeführte Abhandlung von B. *Kleinheyer*, ohne allerdings das dort reichlich belegte Beweismaterial anzuführen oder immer wieder darauf zu verweisen.

Ineinander kulturgeschichtlicher und theologischer Bezüge sichtbar zu machen. Das Vaticanum II hatte es sich nämlich nicht zur Aufgabe gemacht, die Reform der Liturgie durch eine vollkommene Orientierung *nur* an den Anfängen durchzuführen. Gegenüber einem solchen romantischen Archaismus war man der Auffassung, daß trotz mancher Verdunkelungen in späterer Zeit auch andere Epochen, viele Völker und verschiedene Kulturkreise einen Beitrag zum Entstehen, Wachsen und zur Bedeutungsfülle der Ordinationsliturgie geleistet haben, der nicht einfach einer Reform mit der rationalistischen Gartenschere zum Opfer fallen sollte. Einfachheit und Durchsichtigkeit verträgt sich durchaus mit geordneter Vielheit und mit innerem Reichtum. Darum ist bei aller Reform und trotz beträchtlicher Eingriffe — nun in verwandelter Form — ein „bewahrender" Zug zu erkennen. Man muß sich jedoch zugleich klar vergegenwärtigen, daß wohl noch zu keiner Zeit in der Geschichte der katholischen Ordinationsliturgie in einem solchen Ausmaß eine grundlegende Revision vorgenommen worden ist.

Die Handauflegung und der grundlegende Gedankengang des Weihegebetes sind bereits um 215 bei Hippolyt von Rom bezeugt, der auch bereits die Handauflegung durch die anwesenden Presbyter nennt. Der heutige Text des Weihegebetes, abgesehen von dem 1968 revidierten Schluß, findet sich im ältesten römischen Sakramentar, dem Leonianum. Mit zwei einleitenden Formeln stammt er wohl spätestens aus dem 6. Jahrhundert. Ab dem 8. Jahrhundert führt das Bittgebet des Volkes in Form einer Litanei auf die Weihehandlung hin. Bis zum Niedergang auch des liturgischen Lebens im sog. „saeculum obscurum" bleibt diese einfache Form maßgebend.

Um das 8. Jahrhundert wird der römische Ritus ins Frankenreich übernommen und weiterentwickelt. Im „Missale Francorum" (um die Mitte des 8. Jhs.) wird der römische Weiheritus in den bodenständigen gallischen eingeschoben. Um den Kern des römischen Ritus legen sich andere Formen: die Ansprache des Bischofs an die Gemeinde und am Ende als Anhängsel die gallikanischen Weihegebete. Schon hier zeigt sich durch die Verdoppelung ein immer wieder zu beobachtendes Phänomen: Die beiden nichtrömischen Gebete haben ihre ursprüngliche Funktion verloren und verdunkeln somit den Gang der Handlung.

Karl der Große wollte in seinen Reformbestrebungen nur den rein römischen Ritus gelten lassen. Dennoch wurde auf fränkischem Boden nach und nach der zeremonielle Teil des Ritus weiter ausgebaut. Aus irischkeltischer Überlieferung wird — auch schon im Missale Francorum belegt[26] — die Salbung der Hände eingeführt, die allmählich eine so hohe Bewertung erfährt, daß die Handauflegung daneben weder erwähnt noch als wesentlicher Kernbestand der Weiheliturgie verstanden wird[27]. Unter westgotisch-germanischem Einfluß bekommt die Bekleidung mit der Stola und der Casel den Sinn der Einsetzung in das Amt[28]. Auch hier eine bezeichnende Entwicklung: Schon in Rom ist für diese Handlung ein Vorbild gegeben, jedoch ist dieser vorbereitende Ritus eindeutig vom Kern der Weihe unterschieden[29]. Die dabei gesprochenen Formeln begnügen sich mit einer moralischen Anwendung und sind mit der Haupthandlung selbst nur lose verbunden. Zu den mittelalterlichen Einsetzungsriten gehört auch die Überreichung von Kelch und Patene, die im römisch-deutschen Pontificale der Mönche von St. Alban in Mainz um 950 bezeugt ist. Das römisch-deutsche Pontificale hat darum eine so große Bedeutung, weil alle erreichbaren Riten der Vorzeit einschließlich funktionslos gewordener Formeln darin gesammelt und aufbewahrt werden[30]. Hier findet sich auch die Begleitformel mit der einseitigen Kennzeichnung der Messe nach ihrem Bitt- und Sühnecharakter. Im gleichen Dokument wird auch eine Weiterentwicklung des Weihegebetes deutlich (Präfationston, einleitender Dialog)[31].

Dieser fränkisch-römische Mischritus gelangt wieder nach Rom und wird dort als eine wenigstens in einigen Zügen neue und fremde Form übernommen. Zwar sind die römischen Pontificalien des 12. und 13. Jahrhunderts darauf bedacht, Handauflegung und Weihegebet wieder deutlicher hervorzuheben[32], aber im wesentlichen bleibt der Ritus in dieser Form in Rom erhalten[33].

Eine letzte bedeutsame Weiterentwicklung erfolgt im Pontificale des Bischofs Guilelmus Durandus von Mende († 1296)[34], das über Avignon an den päpstlichen Hof gelangte und wegen seiner Vollständigkeit und seiner klaren Rubriken den Vorzug erhielt. Als neues Element erscheint die Ansprache des Bischofs über die Pflichten des Priesters an die Kandidaten (vor der Litanei). Die wichtigste Neuerung des Pontificale Durandi besteht jedoch darin, daß im Zusammenhang einer seit dem 12. Jahrhundert vor sich gehenden Entwicklung nach der Kommunion eine Reihe von Nachtragsriten folgen: Neben dem Credo und einem Gehorsamsversprechen — im 10. Jahrhundert noch unter den *vorbereiten-*

---

[26] Vgl. B. Kleinheyer, Die Priesterweihe im römischen Ritus, 114ff.
[27] Dazu ebd., 134-140. [28] Vgl. ebd., 126, 142, 157.
[29] Vgl. ebd., 126. [30] Näheres ebd., 164f.
[31] Vgl. ebd., 151, 169 Anm. 17. [32] Vgl. ebd., 175.
[33] Zur Konzelebration der Neugeweihten vgl. ebd., 182ff.
[34] Dazu ebd., 189, 216.

den Riten — ist diese Ritengruppe durch die Einführung einer nochmaligen Handauflegung gekennzeichnet[35].
Diese erfolgte wohl, weil die erste Handauflegung schweigend durchgeführt wurde. Auch spielt die theologische Anschauung mit, die Handauflegung müsse entsprechend der scholastischen Sakramententheologie mit imperativen Formeln verbunden sein: „Accipe Spiritum Sanctum, quorum remiseris peccata remittuntur eis et quorum retinueris retenta erunt" (Joh 20,23). In der endgültigen Fassung bezieht sich die Formel also nur auf das Amt der Sündenvergebung, sie erlangte ab dem 13. Jh. jedoch eine sehr hohe Einschätzung. Die Entwicklung dieses zweiten Ritenkreises ist „das am wenigsten erfreuliche Ereignis in der Geschichte des Priesterweiheritus"[36]. Durch die Einfügung der zweiten Handauflegung wird belegt, wie sehr die erste und entscheidende Handauflegung in ihrer Bedeutung bereits gemindert war. Manche anderen Elemente, so z. B. der epikletische Charakter des „Veni Creator" bei der Salbung, haben die zentrale Stellung von Handauflegung und Weihegebet verunklart. So ist es auch zu verstehen, daß das Konzil von Trient, obgleich es „Materie" und „Form" der Priesterweihe nicht festlegt, in can. 4 der „Doctrina de sacramento ordinis" (DS 1774) die Verteidigung der Wirksamkeit der Ordination auf die Formel „Accipe..." bezieht und in unglücklicher Weise im can. 5 (DS 1775) die Salbung als zum Kernbestand der Ordination gehörig erklärt. So wurden diese ausdeutenden Riten auch kirchenamtlich — jedoch ohne Grund — aus dem Gesamtritus herausgehoben.
Die ersten Druckausgaben des Pontificale Romanum (ab 1485) beruhen weitgehend auf der Form der Weiheliturgie, wie sie Bischof Durandus überliefert hat. Von da ab bleibt der Ritus, fast vollkommen unverändert, über 500 Jahre lang in der damaligen Form gültig. Diese Periode des Stillstands und der Rubrizistik[37] war mit dem Vaticanum II an ein Ende gekommen. Aufgabe der Reform war es, das verwirrende Spiel von Entwürfen, Vermischungen, Ergänzungen und Umdeutungen zu einer klaren und einfachen Gestalt zurückzuführen.

IV

Im folgenden soll ein schematischer Vergleich zwischen dem traditionellen römischen Ritus und dem revidierten Ordo von 1968 versucht

---

[35] Vgl. ebd., 208ff.   [36] Ebd., 227.
[37] Vgl. dazu Th. *Klauser*, Kleine Abendländische Liturgiegeschichte (Bonn 1965) 8, 117ff.

werden. Dabei können nun nach dem historischen Längsschnitt der sachliche Gang der liturgischen Handlung und das Gewicht der Änderungen besser verstanden werden. Um nicht in verwirrend viele Einzelheiten eintreten zu müssen, sei darum empfohlen, anhand der beiden Schemata (vgl. Anhang) die Entwicklung zu verfolgen. Wir wollen uns dabei auf nur wenige kommentierende *Stichworte* beschränken, zumal manches schon erläutert worden ist.

1. Eröffnung und Vorbereitung der Ordination: Gegenüber dem früheren weitgehenden Vollzug der Ordination unter Klerikern (vgl. heute noch CIC 1009 und can. 8 des tridentinischen „Decretum de reformatione cleri") wird heute schon die zeitliche Ansetzung der Weihe von einer möglichst hohen Beteiligung der Gemeinde abhängig gemacht; Einfügung der Ordination in den ganzen Wortgottesdienst mit eigenen Lesungen; keine Rückkehr zur direkten Akklamation des Volkes, aber Wegfall des Fragespiels zwischen Archidiakon und Bischof; stärkere Beteiligung des Volkes (vgl. „omnes"); klare Strukturierung der vorbereitenden Riten; Wiederherstellung der ursprünglichen Bedeutung des Bittgebetes des Volkes, wozu der Bischof einlädt und das er im Bewußtsein der alten Kirche abschließt; nur noch *eine* gemeinsame Ansprache zugleich an die Gemeinde und die Ordinandi; diese Ansprache ist aus zahlreichen Konzilstexten (LG 28, PO 2,4-6)[38] und Schrifthinweisen zusammengesetzt; der Text ist fakultativ, kann also durch eine frei gebildete Ansprache ersetzt werden. Als ein neuer Ritus wurde bei der Vorbereitung der Ordination im Anschluß an das Formular der Bischofsweihe das sog. „Examen" geschaffen: Dabei wurde das früher einzig im letzten Ritenkreis dastehende Gehorsamsversprechen unter erheblicher Erweiterung in den Vorbereitungsteil einbezogen; das entsprechende Gelöbnis gilt nun als Voraussetzung für die Ordination; besondere Kennzeichen des Gelöbnisses: Verantwortung gegenüber der Gemeinde, der Kanon der Aufgaben des Presbyters. Es folgen Gebetseinladung, Gemeindegebet und abschließendes Gebet des Bischofs. Dieses schließt die vorbereitenden Riten ab, bereitet den Weiheakt vor und leitet dazu über.

2. Die Erteilung der Ordination: Handauflegung und Weihegebet sind unmittelbar miteinander verbunden. Die Änderung des Weihegebetes am Schluß ist nicht unerheblich: Betonung des ekklesialen Charakters des priesterlichen Dienstes, ebenso Herausstellung des missionarischen

---

[38] Vgl. Einzelheiten bei E. J. *Lengeling*, a.a.O. (vgl. Anm. 21), 161, Anm. 91.

Aspektes. Dadurch kommen funktionale Elemente des Amtsverständnisses in vorsichtiger Form zur Sprache, zumal die früher stark auf die persönliche Heiligkeit und Würde des Amtes hin orientierte Sicht des Priesters zugunsten der Betrachtung seiner ekklesialen Stellung und Aufgaben zurücktritt.

Sonst blieb der Text des Weihegebetes weitgehend unverändert. Die Namen Eleazar und Ithmar — sie werden erst in der späten Priesterschrift mit Aaron in Verbindung gebracht — sind gestrichen; das unverständliche „secundis praedicationibus" wurde durch „secundis praedicatoribus"[39] ersetzt; der ursprüngliche Text wurde „ad fidem codicum" wiederhergestellt. Für das Verständnis des Weihegebetes ist jedoch die *innere* Gliederung des Ganzen wichtiger. Es besteht aus folgenden Strukturmomenten: 1. Anamnetischer Lobpreis Gottes, 2. Epikletisches Herabflehen des Geistes, 3. Bitte um die Erhaltung der empfangenen Gnade und doxologische Schlußwendungen. In den letzten Jahren wurde im Anschluß an die Untersuchung von E. Dekkers zum Sinn des Wortes „prophetia" in 1 Tim 4,4[40] die Verwandtschaft des Weihegebetes zum Stil der jüdischen Beraka aufgezeigt[41]. Die Einheit von Anamnese und Eulogia, welche besonders die Kontinuität des göttlichen Heilshandelns vom Alten Testament her zum Ausdruck bringt, macht bis zu einem gewissen Grad verständlich, warum das Weihegebet auf die alttestamentlich-sazerdotale Typik zurückgreift.

Dennoch muß man sich die Frage stellen, warum für die Ordination zum Diakon und zum Presbyter nicht ganz neue Weihegebete formuliert worden sind. Bei der Bischofskonsekration fand man in der Aufnahme des leicht überarbeiteten Weihegebetes der „Traditio apostolica" des Hippolyt eine relativ glückliche Lösung. Bei der Presbyterordination konnte man auf keinen Text ähnlichen Gewichts zurückgreifen. Hier stieß die Reform durch die Normen des Konzils auch an ihre innere Grenze (vgl. SC 23). Auch wenn man alle positiven Elemente des jetzigen Weihegebetes würdigt (Betonung des Lehr- und Hirtenamtes, Verhältnis bzw. enge Beziehung zwischen Presbyter und Bischof usw.), so bleibt angesichts des Übermaßes an alttestamentlicher Parallelisierung und der Einseitigkeit sazerdotaler Terminologie doch ein Unbe-

---

[39] Dazu B. *Botte*, Secundi meriti munus, in: Questions liturgiques et paroissiales 21 (1936) 84-88.

[40] Propheteia — Praefatio, in: Mélanges offertes à M. Christine Mohrmann (Utrecht-Anvers 1963) 190-195. Die Exegese hat diese Auslegung bisher wenig diskutiert, vgl. jedoch den Hinweis von F. *Hahn*, Der urchristliche Gottesdienst = SBS 41 (Stuttgart 1970) 73 Anm. 42.

[41] Vgl. E. J. *Lengeling*, a.a.O., 153, Anm. 55; B. *Fischer*, a.a.O., (vgl. Anm. 21) 167.

hagen. Hinzukommen exegetische Bedenken über die faktischen Funktionen der 70 Ältesten und der Söhne Aarons. Wenn man schließlich die Texte des Neuen Testaments über das kirchliche Amt und die konziliare Theologie des Presbyterats betrachtet, so liegt hier trotz aller Verbesserungen — auch durch den Mangel dieser notwendigen Entsprechungen — eine innere Unausgewogenheit vor. War die Reform des ganzen Ordinationsritus schon so einschneidend, hätte man an einer Verbesserung des zentralen Weihegebets nicht vorbeigehen dürfen. E. J. Lengeling[42] weist auf die innere Situation des zuständigen „Consilium" zur Ausführung der Liturgiereform hin: „Daß auch [außer dem bisherigen Gebet zur Bischofsweihe, Einfügung von K. L.] die Texte zur Ordination des Presbyters und des Diakons ungeeignet seien, das zu bezeichnen, was sakramental geschieht, wäre den entscheidenden Autoritäten kaum einsichtig zu machen gewesen". Eine Revision der Ordinationsliturgie wird sich also zuerst einer Neuformulierung des Weihegebets zuwenden müssen. Die Widerstände werden nicht gering sein. Man sollte jedoch in diesem Zusammenhang nicht vergessen, daß in der Frühzeit der römischen Liturgie wahrscheinlich auch beim Weihegebet eine freie Textschöpfung möglich war[43].

Insgesamt ist der epikletische Charakter des Weihegebets verdeutlicht worden. Das gesamte Weihegebet ist die „Form" der Ordination. Zwar setzt auch noch die Apostolische Konstitution „Pontificalis Romani recognito" vom 18. 6. 1968 einzelne Worte fest, die „ad naturam rei pertinent, atque adeo ut actus valeat exiguntur"[44] (nämlich: „Allmächtiger Gott, wir bitten dich: gib deinen Knechten die priesterliche Würde. Erneuere in ihnen den Geist der Heiligkeit. Gib, o Gott, daß sie festhalten an dem Amt, das sie aus deiner Hand empfangen; ihr Leben sei für alle Ansporn und Richtschnur"). Jedoch müssen diese Passagen nicht mehr (wie seit 1950, s. oben) im Sprechvortrag hervorgehoben werden. Das ganze Weihegebet kann in allen seinen Teilen entweder gesungen oder gesprochen werden. Der theologische Sinn dieses epikletischen Charakters des Weihegebetes ist später zu erörtern.

Entscheidend bei der Betrachtung der Ordinationshandlung im engeren Sinn ist die grundsätzliche Wiederherstellung der ursprünglichen Gestalt. Darin liegt trotz aller bestehenden Mängel die große Bedeutung dieses Reformwerkes.

---

[42] A.a.O. 166.
[43] Dazu B. *Kleinheyer*, Die Priesterweihe im römischen Ritus 18, 25.
[44] AAS 60 (1968) 369-373; der Text findet sich auch in: Liber de ordinatione diaconi, presbyteri et episcopi (vgl. Anm. 6) 7-11, Zitat 10.

3. *Die ausdeutenden Riten:* Der abschließende Teil des Ordinationsritus wurde am stärksten erneuert. Die einzelnen Gebete und Symbolhandlungen wurden nicht einfach weggelassen, sie wurden gestrafft und erhielten die Funktion, das schon erfolgte Grundgeschehen der Ordination in seinen verschiedenen Bedeutungsdimensionen symbolisch auszulegen. So mußte der Eindruck verhindert werden, es handle sich nochmals um einen neuen Höhepunkt der gesamten Ordinationsliturgie oder es würden durch die einzelnen Riten jeweils eigene und neue Vollmachten verliehen werden. Die neue Gestaltung dieses Teils wird — wiederum stichwortartig — in folgenden Veränderungen besonders deutlich:

— Die Gewänderübergabe erfolgt nicht durch den Bischof und ohne Deuteworte (mißverständlich ist das folgende „Veni Creator...", aber es ist nicht obligatorisch eingeführt);

— die Salbung der Hände, die nun mit Chrisam erfolgt, symbolisiert die Salbung durch den Geist im Weiheakt und bedeutet nun (vgl. die begleitenden Gebete der beiden Fassungen) keine sakralisierende Konsekration der „priesterlichen" Hände zum eucharistischen Dienst;

— der Akzent bei der Übergabe der „Instrumente" liegt nicht mehr primär bei Kelch und Patene, sondern auf den eucharistischen Gaben und im Hinweis auf die geforderte Übereinstimmung zwischen amtlichem Tun und persönlichem Lebensvollzug („Nimm hin die Gaben des Volkes für die Feier des Opfers. Bedenke, was du tust, ahme nach, was du vollziehst, und stelle dein Leben unter das Geheimnis des Kreuzes");

— nicht nur der Bischof gibt den Friedenskuß, sondern je nach den Umständen gibt der neugeweihte Presbyter die „pax" auch den anwesenden Priestern (dieser Brauch wurde aus dem ältesten römischen Ordo übernommen);

— alle anderen Riten fielen weg: besonders die mißverständlichen Formeln „Accipe Spiritum Sanctum...", die zweite Handauflegung, die Überreichung der gefalteten Casel, das Bekenntnis des Credo, die Ermahnungen;

— die verbliebenen Riten sind in ihrer früher übersteigerten Bedeutung gemindert (vgl. die Gewänderüberreichung) oder wurden wesentlich vereinfacht (vgl. z. B. die Salbung der Hände).

Das Übergewicht der Nachtragsriten wurde also im ganzen erheblich zurückgenommen. In vielen Fällen gelang es auch, ihren ursprünglichen Sinn wiederherzustellen: Die *auslegenden* Riten sollen anschaulich und symbolisch entfalten, was in Handauflegung und Weihegebet geschah. Die ausdeutenden Riten sind also nur richtig verstanden, wenn man sie als Ausklingen der zentralen Handlung, als Ausschwingen der Mitte der Ordination auffaßt und so auch gestaltet. Zugleich sind sie die Brücke zum neuen Höhepunkt, nämlich der gemeinsamen Eucharistiefeier (vgl. in diesem Zusammenhang die Bedeutung der Überreichung der Gaben als Überleitung zur Eucharistiefeier und die damit einhergehende Funktionsverschiebung der bisherigen „traditio instrumentorum"). Die Eucharistiefeier selbst wird nun nicht mehr durch eigene Ritenkreise gesprengt.

Trotz der einschneidenden Reform bleiben natürlich auch hier noch zu verbessernde Elemente. So gehört z. B. die Übergabe der Gewänder in den vorbereitenden Teil. Die sazerdotalen Aufgaben werden in den ausdeutenden Riten in einer immer noch problematischen Weise hervorgehoben, nämlich in der neuen Formel zur Salbung der Hände und durch den Psalm 110 (109) mit seiner Antiphon. Der Funktionswandel der „traditio instrumentorum" (s. oben) könnte deutlicher sichtbar gemacht werden. Das angesprochene Problem hängt wohl auch damit zusammen, daß es sehr schwer bzw. fast unmöglich war, für die Funktionen der presbyteralen Lehr- und Hirtenaufgaben geeignete Symbole zu finden. Hier müssen die drei Ordinationsstufen zum Diakon, Presbyter und Bischof in ihrer Einheit gesehen werden. Die Wortverkündigung wird z. B. in der Diakonatsweihe durch die Übergabe des Evangeliars sichtbar gemacht, die Leitungsfunktion erscheint mehr in den Riten der Bischofsweihe (vgl. die Übergabe des Hirtenstabes). Letztlich liegt hier auch eine gewisse Ungeklärtheit der Bestimmung des priesterlichen Dienstes, besonders im Blick auf den Episkopat. Im übrigen zeigt sich hier nochmals die Grenze der Reform, denn aus den Konzilsnormen (vgl. SC 23) erwuchs ihr der Maßstab, die neuen Formen sollten organisch aus den schon bestehenden Riten herauswachsen und die Reform sei so zu vollziehen, wie sich die Weiheliturgie im Lauf der Jahrhunderte entwickelt hat. Dies machte noch größere Eingriffe und umfassendere Neuschöpfungen unmöglich. Dafür hätte es allerdings auch noch keine ausreichenden Erfahrungen und keine genügend erprobten Vorschläge gegeben.

V

Wenn nun die Einheit und die Differenz dieses revidierten katholischen Ordo im Vergleich zu evangelischen Ordinationsformularen besprochen werden soll, so möchte ich mich im jetzigen Stadium der Überlegungen[45] auf folgende Probleme beschränken:

1. *Die Frage nach verschiedenen Typen von Ordinationsformularen:* F. Schulz hat in seiner jüngsten Untersuchung[46] den revidierten katholischen Ordo, einen Entwurf der evangelischen Michaelsbruderschaft (von A. Völker) und das Formular der anglikanischen Kirche als einen Typ bezeichnet und diesen die Neufassungen in den evangelischen Landeskirchen gegenübergestellt, wobei die Entwürfe der VELKD und der Arnoldshainer Konferenz[47], aber auch einiger Landeskirchen[48] gemeint sind. Es wäre zu fragen, ob diese typologische Zuordnung stimmt, ob evtl. Korrekturen angebracht werden müssen und welche theologischen Folgerungen sich aus der verschiedenen Typik ergeben.

2. *Annäherung durch Reform:* Es scheint kein Zweifel zu bestehen, daß die revidierte katholische Fassung viele evangelische Bedenken ausräumen kann und daß sie sich ihrerseits in ihrer Grundgestalt auf eine biblische Norm berufen kann. Vor allem der Wegfall der „Verleihungsformeln" kann die Verständigung fördern. Die Einwände Luthers gegen die Ordinationsintention, die sicher durch die einseitige Ausrichtung auf den Opfercharakter der Eucharistie enggeführt war, dürften — wenigstens im Kern — überwunden oder überwindbar sein,

---

[45] Dieses Referat konnte die bedeutsamen „Beiträge zur Lehre von der Ordination unter Bezug auf die geltenden Ordinationsformulare" von *P. Brunner* (vgl. in diesem Band S. 53ff.) noch nicht berücksichtigen. Schon aus Gründen der Dokumentation der Tagung sollte es auch nicht grundlegend verändert werden. Überdies hatte *P. Bläser* in seinem Referat „Sinn und Bedeutung der Ordination nach den geltenden Formularen" eine Stellungnahme zu den evangelischen Texten aus katholischer Sicht übernommen (vgl. in diesem Band S. 141ff.). Leider kamen die reformierten Ordinationsformulare während der Tagung nicht zur Sprache (vgl. unten Anm. 61, 62).

[46] *F. Schulz*, Evangelische Ordination. Zur Reform der liturgischen Ordnungen, in: Jahrbuch für Liturgik und Hymnologie 17 (1972) 1-54, bes. 20-22.

[47] Vgl. folgende Veröffentlichungen: Ordination. Gottesdienstordnung für Ordination und Einführung, vorgelegt von der Arnoldshainer Konferenz (Gütersloh 1972); Einführung. Gottesdienstordnungen für Einführung, Bevollmächtigung und Vorstellung, vorgelegt von der Arnoldshainer Konferenz (Gütersloh 1974); Amt und Ordination im Verständnis evangelischer Kirchen und ökumenischer Gespräche. Eine Dokumentation im Auftrage der Arnoldshainer Konferenz herausgegeben von *A. Burgsmüller* und *R. Frieling* (Gütersloh 1974).

[48] Vgl. Einzelheiten bei *F. Schulz*, a.a.O., 9-20.

wenn sich selbstverständlich auch noch mancher Verbesserungswunsch anmelden läßt (vgl. die oben in Teil IV vermerkten Bedenken). Auch besteht eine Übereinstimmung mit Luther, allerdings zunächst nur mit ihm und den Formularen, die ihm folgen[49]: Die Weihe wird vollzogen durch das mit Handauflegung verbundene Gebet der Kirche über dem Kandidaten, nicht durch die vom Ordinator allein gesprochene Vollzugsformel[50]. Bezieht man sich auf Luthers Einwände und seine Ordinationsliturgie zurück, dann scheinen m. E. keine grundlegenden Gegensätze zu bestehen. Dies schließt freilich Differenzpunkte verschiedener Art und nicht leicht ermeßbaren Gewichts nicht aus.

3. *Differenzpunkte:* Unterschiede von geringerer Bedeutung erklären sich vielleicht durch einen anderen Stil. Unverkennbar dominieren im ganzen evangelischerseits Elemente der Wortverkündigung und auch starke Akzente rechtlicher Art, während auf katholischer Seite das liturgische Geschehen in seiner Fülle und seinem Zeichenreichtum in den Vordergrund rückt. Größere Unterschiede sind wohl noch in folgenden Elementen zu finden:

a) Während der katholische Ritus eine Form der alten Acclamatio populi wiederherzustellen sucht und überhaupt die Beteiligung des Volkes kräftig verstärkt, fehlt nach meiner bisherigen Information diese Dimension in vielen oder den meisten evangelischen Entwürfen. Dabei darf man doch gerade ein größeres Interesse auf evangelischer Seite für diese Komponente vermuten. Will man „vocatio" und Ordination streng trennen? Wie ist in diesem Zusammenhang die enge Verbindung von Ordination und Einführung zu deuten?

b) Biblische Lesungen gibt es zwar auch im vorausgehenden Wortgottesdienst bei der katholischen Ordination[51], aber für die evangelischen Ordinationsformulare sind sie offensichtlich inhaltlich und formal-strukturell konstitutive Elemente der Ordination selbst[52]. Die Lesung der Schriftworte hat eine Funktion, die nach W. Pannenberg[53] in Richtung einer Identifikation des Amtes durch das neutestamentliche Schriftzeugnis weist. F. Schulz weist darauf hin, daß die neutestamentlichen Lesungen „in kritischem Gegenüber zu allen zeitbedingten Ver-

---

[49] Zu den frühen Differenzen und den verschiedenen Typenbildungen in der lutherischen Kirche vgl. *F. Schulz*, a.a.O., 2-9.
[50] So auch *F. Schulz*, a.a.O., 22.
[51] Die zahlreichen Wahlmöglichkeiten vgl. im Liber de ordinatione, 127ff.
[52] Vgl. die knappe grundsätzliche Charakteristik bei *F. Schulz*, a.a.O., 23f., 50.
[53] Damit nehme ich Bezug auf eine Äußerung von *W. Pannenberg* während der Diskussion des obigen Referates.

einseitigungen, Verfestigungen und Schrumpfungen auf ein funktionales Verständnis des Amtes dringen, zu dem ordiniert wird"[54]. — Diese Merkmale sind für den katholischen Theologen nicht leicht zu verstehen und nur schwer in ihrer Tragweite abzuschätzen. Die Unterschiede sind als solche sicher zunächst sekundäre Einzelheiten. Dennoch muß, solange hier Unklarheiten oder Verstehensschwierigkeiten — mindestens für einen Partner — bestehen, im Interesse der Wahrheit gefragt werden, ob sich hinter solchen Details möglicherweise eine tiefere Problematik auftut. Darum sei es erlaubt, die nötigen Fragen zu stellen[55]. Die Zitation biblischer Texte darf offenbar nicht im Sinne von „Stiftungsworten" (im Sinne der verba testamenti) interpretiert werden. Dennoch behält das Festhalten der Zitation ein eigentümliches Gewicht und vermittelt den Eindruck einer Art von isolierter „Ritualisierung" der Schriftworte. Es erweckt in gewisser Hinsicht Zustimmung, wenn der in den Worten der Schrift gesprochene Inhalt nur in seiner puren „Sachfunktion" zum Ausdruck kommt. Gleichzeitig erscheinen die Schriftworte und die Amtsverleihung in einer merkwürdig „abstrakten", generalisierenden Perspektive. Anders formuliert: Die handelnden und empfangenden Personen treten gegenüber der „hypostasierten" Verbindung Schrift — Amt fast ganz in den Hintergrund.

Werden die Fähigkeit und Befugnis des Ordinators in Zweifel gezogen, das in der Schrift Gesagte vollmächtig *handelnd* zu sagen? Warum wird auf die Präsentation konkreter Personen ein relativ geringer Wert gelegt? Hängt die unterschiedliche Stellung des personalen Elements mit der Problematik zusammen, wie beide Kirchen die fundamentale Identität des heutigen kirchlichen Amtes mit dem im Zeugnis der Schrift hinterlegten apostolischen Auftrag verifizieren? Spiegelt sich in den unterschiedlichen Strukturen und Funktionen der Schriftzitate nicht möglicherweise die Differenz im Verständnis der Apostolizität des kirchlichen Amtes wider?

Diese Fragen wollen nicht unnötige Differenzen aufbauen[56]. Werden sie

---

[54] *F. Schulz*, a.a.O., 50.
[55] Die folgenden Überlegungen sind nicht zuletzt angeregt und verdeutlicht durch *H. Dombois*, Das Recht der Gnade. Ökumenisches Kirchenrecht I (Witten 1961, ²1969) 473-627, bes. 489ff., 521ff., 548ff., hier vor allem 505ff. Zusätzliche Klärungen verdanke ich einer ausführlicheren Korrespondenz mit H. Dombois zum Thema „Lage des Ordinationsproblems" vom Februar/März 1974.
[56] Zur grundsätzlichen Position des Verfassers vgl. *K. Lehmann*, Zur Frage der ökumenischen Anerkennung der kirchlichen Ämter, in: *A. Völker* u. a., Ordination heute = Kirche zwischen Planen und Hoffen 5 (Kassel 1972) 54-77; *ders*. Ämteranerkennung und Ordinationsverständnis, in: Catholica 27 (1973) 248-262; *ders*., Streit um die ökumenische Anerkennung kirchlicher Ämter, in: Internationale katholische Zeitschrift „Communio" 2 (1973) 284-288, *ders*., Nach dem Streit

klar beantwortet, entfallen sie sofort. Anderseits muß um der Wahrheit willen und zugunsten eines wirklich gemeinsamen Einvernehmens verhindert werden, daß es gerade angesichts einer hochgradigen Einigungsmöglichkeit in der Motivation und in der Einschätzung des Stellenwertes wichtiger Elemente der Ordinationshandlung noch verborgen bleibende Unterschiede gibt. Die gestellten Fragen sind nach beiden Seiten hin offen. Sie sind, soweit ich sehe, bisher kaum aufgeworfen worden.

4. *Mögliche Einigung in der Frage nach der „Wirksamkeit" der Ordination durch Rückgriff auf die Weiheliturgie:* Die scholastische Sakramententheologie hat im Blick auf die Frage nach der „Wirksamkeit" der Ordination Mißverständnisse zwischen den Konfessionen gefördert. Zu sehr wurde das ganze Problem nur in den Perspektiven einer imperativischen, juridisch klar faßbaren Formel, einer formalen Gültigkeit und einer rechtlichen Sicherheit erörtert. So entfernte man sich — wenigstens in den Denkformen und in der Mentalität — von den anderen christlichen Kirchen. Es darf dabei nicht geleugnet werden, daß auf diesem Weg erhebliche Klärungen erfolgt sind. Nun gibt der Rückgriff auf die Liturgie und damit auf vorscholastisches Überlieferungsgut die Chance, die Frage nach der „Wirksamkeit" in anderer Weise anzugehen. In diesen Texten ist nämlich in einem eigenen Modus, von dem noch zu sprechen sein wird, und auf eine verhüllte und indirekte Weise von der „Wirksamkeit" der Ordination die Rede. Es zeigt sich, daß man katholischerseits neben der scholastischen Terminologie auch noch andere Aussageweisen hat und anerkennt. Eine Grenze wird freilich da markiert, wo man die ihrerseits mit einem gewissen Recht schwebenden Aussagen der Liturgie ihrer Verbindlichkeit entleert und in der Ordination nur einen konfirmatorisch-signifikatorischen Charakter erblickt. Hier darf an eine Warnung von H. Dombois[57] erinnert werden: „Die Verheißungen der Schrift werden voll in Anspruch genommen und der Geist mit Ernst erbeten — aber die volle Überzeugung, daß hier Vollmacht übertragen werde, das Paradox, daß dem Berufenen gegeben wird, kommt nicht zum unzweideutigen Ausdruck." Die Ordinations*liturgie* — so sehr sie in sich steht — bedarf hier einer theologischen Stütze. Ihre eigene gottesdienstliche Gestalt darf dabei nicht begrifflich-argumentativ aufgelöst werden, vielmehr muß die

---

um das „Ämtermemorandum". Kleine Antwort auf W. Pannenbergs Beitrag, in: Catholica 28 (1974) 157-160.
[57] Das Recht der Gnade I², 506.

theologische Reflexion gerade ihre Eigenart schützen. Wenn nämlich die Ordinationsliturgie in ihren Aussagen, in ihren Ausdrucks- und Vollzugsweisen „problematisiert" oder in Zweifel gezogen wird, dann kommt sie selbst in Gefahr, ein vieldeutiges Zeugnis des kirchlichen Glaubens zu werden. Darum muß in der nun eröffneten Perspektive nochmals genauer nach der eigenen Form und nach dem besonderen Modus der „Wirksamkeit" der Ordination gefragt werden.

VI

Die eben angeschnittene Frage soll durch eine weitere Analyse des Weihegebetes einer Antwort entgegengeführt werden. Zugleich stellt sich dabei indirekt das Problem, in welchem Sinn die Ordination eine gottesdienstliche Handlung darstellt. Der Rückgriff auf den epikletischen Charakter der „prex consecrationis" hat den Vorzug, daß dadurch eine andere Weise der „Wirksamkeit" der Ordination an den Tag kommt. Eine durch die scholastische Sakramententheologie bestimmte Mentalität tat sich schwer daran, die „forma" eines Sakramentes nicht in imperativischen Vollzugs- und Verleihungsformeln, sondern in einem *Gebet der Kirche*[58] mit der Bitte um Erhörung zu finden. Es konnte manchmal so aussehen, als ob der ordinierende Bischof die Gabe des Geistes aus der ihm verfügbaren und ihm immanenten Weihevollmacht mitteile und als ob dies im Sinne einer vorwiegend horizontalen Vermittlung geschehe. Ein bestimmtes Verständnis der apostolischen Sukzession konnte solche Mißverständnisse noch fördern[59]. Der Vorgang der sakramentalen Ordination ist jedoch völlig anders. Der epikletische Charakter des Weihegebetes scheint in mehreren Hinsichten — abgesehen von seiner schon früher erläuterten Struktur — theologisch bedeutsam zu sein.

Die altrömische Kyrie-Litanei, aus der die spätere Litanei mit den Heiligen-Anrufungen hervorgeht, bringt das Fürbittamt des ganzen Gottesvolkes zum Ausdruck und stellt gerade auch im Zusammenhang der

---

[58] Es ist das große Verdienst von *B. Fischer*, das Gebet der Kirche als Wesenselement des Weihesakramentes (vgl. oben Anm. 21), die Struktur und den Rang des Weihegebetes gegen alle Verdunklungen hervorgehoben zu haben. Ebenso unterstreicht *B. Fischer*, ebd. 168ff., 172f., 175ff., die aktive Beteiligung des Volkes am Ordinationsgeschehen. Weil in diesem Zusammenhang nicht ausführlicher auf diese wichtigen Zusammenhänge eingegangen werden kann, sei eindringlich auf den Beitrag von B. Fischer hingewiesen.

[59] Vgl. dazu knapp *K. Lehmann*, Zur Frage der ökumenischen Anerkennung der kirchlichen Ämter (vgl. oben Anm. 56), 64-69.

„prostratio" — noch im 19. Jahrhundert vollzog sie auch der ordinierende Papst mit — eine bewegte und eindringliche Gestalt des Gebetes dar, durch welches das ganze Volk Gottes seine Hilfsbedürftigkeit aussagt und inständig um das Erbarmen Gottes fleht[60].

Der Bischof spricht im Namen *aller* das Gebet *der Kirche* um die Herabkunft des Geistes auf die Kandidaten. Angesichts des immer wieder in der Geschichte Gottes mit den Menschen bezeugten Erbarmens (vgl. die Anamnese zu Beginn des Weihegebetes) ist die Kirche auf Grund der an sie ergangenen Verheißungen von der unerschütterlich festen Zuversicht erfüllt, daß ihr bittendes Flehen um die Sendung des Geistes vom Herrn der Kirche erhört wird. Eine falsche „Gewißheit" im Sinne einer automatischen „Sicherheit" hat hier keinen Platz. Der unbesiegliche Glaube an die zuverlässige Gewährung der göttlichen Verheißung beruht — bei aller notwendigen Ordnung des gottesdienstlichen Geschehens — nicht auf dem immanenten Funktionieren eines selbstwirksamen Ritus, sondern gründet in der Erfahrung des eigenen Ungenügens und vor allem in der gelebten Überzeugung, daß nur Gott allein der Urheber von Heil und Gnade sein kann. Die „Wirkungen" dieses Sakramentes — dies zeigen auch die Formulierungen des Weihegebetes für den Diakon und den Bischof — erscheinen dann als dankbar empfangene „Charismen" im ursprünglichen Sinn des Wortes; sie sind nicht isolierte und absolute „potestates", sondern bevollmächtigte Aufträge und Aufgaben in der Kirche.

Leider haben die gegenwärtige Dogmatik und auch der ökumenische Dialog um die Ämteranerkennung noch kaum Notiz davon genommen, daß die „Form" des Ordinationssakramentes ein epikletisches Gebet der versammelten Ekklesia ist. Die Charakterisierung des Wortelementes als „verba" — so auch in den Konzilstexten (LG 21) und noch in der Apostolischen Konstitution vom 18. 6. 1968 zur Einführung der neuen Ordinationsliturgie — ist bis zum heutigen Tag noch weitgehend und oft unbewußt an imperativischen Zusageformeln orientiert. Dabei geht es nicht nur um die formale Charakteristik als „Gebet", sondern um die Beteiligung der ganzen Kirche am Ordinationsgeschehen. Erst durch die Beachtung dieser von der Liturgiewissenschaft wiederentdeckten Struktur des Kerns der Ordinationshandlung kann ein vertieftes Verständnis des ganzen Vorgangs erfolgen. Dies gilt vor allem auch für den ökumenischen Dialog. Die Situation ist allerdings wegen der Vielgestaltigkeit

---

[60] Dazu B. *Kleinheyer*, Die Priesterweihe im römischen Ritus, 61f.; B. *Fischer*, a.a.O., 169, Anm. 11; vgl. auch B. *Kleinheyer*, Weiheliturgie in neuer Gestalt (vgl. Anm. 21), 228.

der reformatorischen Ordinationsformulare nur schwer überschaubar. Es müßten vor allem auch die reformierten Ordinationsformulare aus Vergangenheit und Gegenwart untersucht werden, die leider weniger herangezogen werden[61]. Es ist jedenfalls erstaunlich, daß das Moment des epikletischen Gebetes m. E. in manchen reformierten Ordinationsformularen deutlicher erhalten ist als in den lutherischen Texten des deutschen Sprachraumes[62]. Man kann z. B. staunen, mit welcher Unbefangenheit in den reformierten Texten das Wort „consecratio" benutzt wird[63].

Freilich muß hier an die eingangs und immer wieder erörterte Frage erinnert werden, wieweit man den liturgischen Texten — unbeschadet ihrer eigenen Gestalt — konkrete Verbindlichkeit und theologische Aussagekraft zumißt. Der Dogmatiker und Ökumeniker muß (unter Wahrung seiner kritischen Funktion auch den gewachsenen liturgischen Vollzügen gegenüber!) K. Barths Mahnung beachten, der Grundsatz „Lex orandi — lex credendi" sei eine der gescheitesten je vorgebrachten Äußerungen zur Methode der Theologie[64]. Um so mehr müßte der ökumenische Dialog versuchen, das liturgische Gut der reformatorischen Kirchen theologisch ernst zu nehmen[65]. Die ökumenischen Chancen einer Verständigung in der Amtsfrage sind dann im Blick auf nicht wenige Ordinationsformulare, gerade auch der reformierten Kirchen, wesentlich höher, als gemeinhin angenommen wird. Allerdings erheben sich auch an nicht wenige — vor allem auch an neuere und neueste — Formulare unerbittliche Fragen.

Die Epiklese der Weihepräfation ist ein unmittelbares Gebet der Gemeinde, der Ordinandi und des Bischofs, damit in diesem anaphorischen Gebet die Bitte erhört wird. Hier erhebt sich die Frage, ob an dieser

---

[61] Vgl. dazu das magistrale Werk von *J. J. von Allmen*, Le saint ministère selon la conviction et la volonté des Réformés du XVIe siècle (Neuchâtel 1968) 48f., 134ff.; *ders.*, Die Ordination in der Sicht und Praxis der reformierten Kirche, in: Theologisch-praktische Quartalschrift 118 (1970) 141-153, bes. 144f., 151ff. (deutsche Zusammenfassung der Grundideen des angezeigten Buches); *ders.*, Geistliches Amt und Laientum = Begegnung 12 (Basel 1966) 32ff.

[62] Exemplarisch vgl. *J. Baumgartner*, Ordinationsliturgie der Reformierten. Zwei Formulare der französischen Schweiz, in: Heiliger Dienst 25 (1971) 77-86 (Lit.).

[63] Zu den Belegen vgl. die in den Anm. 61 und 62 genauer zitierten Untersuchungen.

[64] Vgl. *K. Barth*, Das Geschenk der Freiheit (Zollikon 1953) 22.

[65] Wie schwer dies leider auch manchen evangelischen praktischen Theologen fällt, zeigt *L. Fendt*, Einführung in die Liturgiewissenschaft (Berlin 1958) 216ff., bes. 218. Der reformierte Theologe *R. Paquier* übergeht die Ordinationshandlungen in seinem „Traité de liturgique. Essai sur le fondement et la structure du culte" (Neuchâtel 1954). Zur Sache vgl. *F. Kalb*, Grundriß der Liturgie. Eine Einführung in die Geschichte, Grundsätze und Ordnungen des lutherischen Gottesdienstes (München 1965) 292ff.

Stelle sich ein Unterschied zu einigen evangelischen Ordinationsformularen auftut. Natürlich gibt es auch eine deprekatorische Anrufung des Heiligen Geistes und epikletische Einzelaussagen, aber warum ist das Vaterunser mit dem anschließenden Gebet das eigentliche „Weihegebet" geworden? Warum werden in vielen Formularen das Vaterunser und das Gebet eher als Zuspruch für den Ordinanden und auf die Gemeinde hin gesprochen? Wird nicht der volle Charakter der Epiklese in vielen modernen Ordinationsformularen beträchtlich abgeschwächt oder gar bewußt vermieden? Hat dies nicht Konsequenzen für den Aufbau und für die Richtung der gesamten Ordination? Haben *auch* darum die biblischen Lesungen einen solchen eigentümlichen Rang bekommen? Tritt so nicht das Handlungsmoment gegenüber dem Verkündigungscharakter zurück? Ist es dann nicht konsequent, daß auch der Stellenwert der Handauflegung abnimmt und sie zu einem zwar ehrwürdigen, aber nicht notwendigen Adiaphoron wird? Hängt es nicht damit zusammen, daß nicht wenige Ordinationsformulare mehr eine Vollstreckung und Publizierung der Erkenntnis der Berufung als eine wirksame Bitte der Kirche um die Mitteilung des Geistes zu sein scheinen? Kommt entschieden genug zum Ausdruck, daß hier wirkliche Vollmacht des Geistes vermittelt wird oder bleibt dies zweideutig? Rührt daher nicht eine tiefreichende Verunsicherung des kirchlichen Handelns[66]?

Das Weihegebet stammt aus einer Zeit, in der es noch keine Spaltung zwischen Konsekration und Epiklese gab. Hat nicht ein Teil der frühen lutherischen Ordinationsformulare an einem Punkt eingesetzt, wo diese Spaltung schon selbstverständlich war? Müßte nicht die Ordination als — allerdings unverkürztes — epikletisches Gebet der Kirche dem evangelischen Glauben näherstehen? Man ist geneigt, bis zum Erweis des Gegenteils Hans Dombois[67] zuzustimmen, wenn er schreibt: „Die Reformation hat also mit der scholastischen Ordinationslehre eine wesentlich vorscholastische Ordinationsliturgie beseitigt und ist in der eigenen Gestaltung scholastischer als diese: Die spezifischen Worte als ‚forma' sind erhalten, während nun die ‚materia' des leiblichen Handelns spiritual als nur ‚Äußeres' erscheint und umgedeutet ist." Steckt in dieser Entwicklung nicht — wenigstens anfänglich — schon eine Sprengkraft, welche die einfache biblische Verbindung von Gebet und Handauflegung im Grunde auflöst oder wenigstens gefährdet?

[66] Die eben angestellten Überlegungen stammen wiederum aus der Begegnung mit den Ausführungen von H. Dombois zur Theologie der Ordination (vgl. oben Anm. 55), welche in der Dogmatik und Ökumenik sicher noch nicht die ihnen gebührende Aufmerksamkeit gefunden haben.
[67] Recht der Gnade I², 606 (vgl. dort auch die umfassendere Begründung).

Diese Fragen — auch wenn sie da und dort falsch gestellt wären — verlangen nach Antwort. Die katholische Theologie, die nur mühsam das Weihegebet als „forma" des Ordinationssakramentes wieder zu entziffern beginnt, hat keinen Grund, sich diesen Fragen „überlegen" zu dünken. Die Besinnung auf sehr frühes Gut gemeinsamer Überlieferungen ist der Anfang einer Antwort auf die Anfragen. Der Versuchung zu einem ungeschichtlichen Archaismus muß dabei freilich von Anfang an widerstanden werden.

VII

Es muß noch ein Wort zur „Handauflegung" im Zusammenhang der Ordinationsliturgie gesagt werden. Dabei können nicht alle Fragen der aktuellen Diskussion um die Stellung der Handauflegung im theologischen Verständnis der Ordination behandelt werden[68]. Es nützt jedoch vielleicht mehr, wenn das Problem des richtigen Ansatzes zur Behandlung dieser Fragen erörtert wird.

Der katholische Theologe ist der Überzeugung, daß die Handauflegung als ein unersetzbares Zeichen der Amtsübergabe zu gelten hat. Gründe dafür sind die bis in die apostolische Zeit zurückreichende Bezeugung in der Schrift, ihre weitumfassende ökumenische Geltung als Zeichen der Einheit des kirchlichen Amtes und die auch heute noch wahrnehmbare Symbolbedeutung als Gestus und Handlung. Die Handauflegung kann unter den gegebenen Umständen und bei der fast sprichwörtlichen Armut unserer Industriewelt an ursprünglichen Zeichen und Symbolen überdies auch in ihrer Ausdruckskraft faktisch nicht ersetzt werden. Wo man darum bei der Beschreibung oder bei der Gestaltung des Ordinationsgeschehens die Handauflegung in ihrer konkreten Verbindlichkeit *grundsätzlich* abwertet (auch durch historische oder gar antiökumenische Relativierungsversuche) oder gar abschafft, wird unökumenisch gehandelt. Dies muß mit aller Deutlichkeit gesagt werden.

Dennoch ist damit nicht alles über den Stellenwert der Handauflegung gesagt. Man kann die Handauflegung auch *in einer falschen Weise* zur einzig gültigen richterlichen Instanz über die Ordination machen. Alles kommt darauf an, *wie* man von der Handauflegung spricht. Daß die Handauflegung nach Art eines formalen, selbstwirksamen und in sich geschlossenen „Ritus" gedacht wird, ist eine moderne Fehlinterpreta-

---

[68] Vgl. dazu H. *Schütte,* Amt, Ordination und Sukzession im Verständnis evangelischer und katholischer Exegeten und Dogmatiker der Gegenwart sowie in Dokumenten ökumenischer Gespräche (Düsseldorf 1974).

tion, die durch eine fast ausschließlich juridische Betrachtung der Gültigkeit des Ordinationsaktes noch zusätzlich gefördert wurde. Um hier wenigstens einige Richtungen gemeinsamen Fragens anzudeuten, sollen folgende Einzelerläuterungen der Konkretisierung dienen:

1. Nicht selten spricht man so von der Handauflegung, als ob sie das einzige Element oder für sich allein schon das vollständige Zeichen der Ordination sei[69]. Das eindrucksvolle, vom Auge erfaßbare Element der Ordinationshandlung kann offensichtlich gegenüber dem Gebet leicht einen problematischen Vorzug oder gar eine Monopolstellung gewinnen. Die Handauflegung besitzt als Gestus zwar eine gewisse Ausdrucksstärke, jedoch ist diese in ihrer Bedeutungsrichtung von sich allein her keineswegs eindeutig (vgl. allein im NT drei bis vier verschiedene Kontextfelder: Heilungen, Taufe, Ordination und vielleicht auch Wiederaufnahme von Sündern, 1 Tim 5,22a). Wo die Handauflegung vom Weihegebet getrennt und isoliert wird, ist sie ein vieldeutiger Gestus, der magische und abergläubische Begleitvorstellungen nicht ganz auszuschließen vermag. Darum bilden Handauflegung und Gebet zusammen *das* Zeichen der Ordination. Ihre Zuordnung ergibt dennoch keine Gleichwertigkeit beider Elemente. Das fürbittende und den Geist herabflehende Gebet der versammelten Ekklesia bestimmt und prägt die Grundgestalt der gesamten Ordinationshandlung.

2. Wenn die Handauflegung nicht mehr in ihrer engen Zusammengehörigkeit mit dem Weihegebet erscheint, wird es leicht verständlich, daß und warum ihre Ausdruckskraft gering wird und aus dem Gesamtgeschehen als „weniger wichtig" abgespalten werden kann. Die Handauflegung gewinnt ihren konkreten Sinn nur aus der lebendigen Einheit des gesamten liturgischen Handlungsgefüges. Wo der Handlungscharakter des Geschehens geschwächt wird und umstritten ist, wo die Ordination fast nur von einem bestimmten Wortverständnis oder einer Verkündigungsfunktion geprägt wird, kann die Handauflegung rasch als überflüssiges Relikt gelten. Dies kann nur vermieden werden, wenn liturgische Struktur und Handlungseinheit des Ganzen möglichst zur Deckung gebracht werden (dies war ja auch der Grundfehler des bis 1968 geltenden katholischen Ordinationsritus).

3. In der katholischen Ordinationsliturgie hat, auf das Ganze gesehen, wohl kaum jemals die Handauflegung gefehlt. C. Vogel, der den Sachverhalt kritisch untersuchte, spricht von der „permanence étonnante

---

[69] Belege bei *B. Fischer*, a.a.O., 172, Anm. 29.

et l'universalité de l'imposition des mains dans le rituel"[70]. B. Kleinheyer[71] hat darum gute Gründe dafür, daß das unscheinbare und selbstverständlich gewordene Zeichen zwar vollzogen, aber gelegentlich nicht erwähnt wird. Dieses Argument kann jedoch nicht universal ausgedehnt und überzogen werden. Der Quellenstand vor allem der Frühzeit (mit den Lücken) und eine erkennbare Zurückhaltung der Patrologen bei der Beurteilung des Gesamtbefundes mahnen zur Zurückhaltung gegenüber den Versuchungen, bestimmte Traditionen „immer" und „überall" feststellen zu wollen. Schwerer wiegt das Faktum, daß andere Zeichenhandlungen — vor allem die Übergabe der Instrumente und die Salbung der Hände — die Handauflegung unter Gebet aus der zentralen Position verdrängt haben[72]. In historischer Redlichkeit wird man sogar sagen müssen, daß Handauflegung und Gebet „für mehr als ein halbes Jahrtausend . . . gänzlich in den Schatten getreten" sind[73]. Man hat diese bedenklichen Gewichtsverschiebungen nicht selten verharmlost, als seien diese Riten wirklich *nur* zur feierlichen Ausgestaltung der Liturgie eingeführt worden. So schreibt noch der verdienstvolle Kardinal van Rossum[74], alle Riten außer Handauflegung und Gebet seien „ad solam maiorem solemnitatem" in den Ritus eingeführt worden. B. Kleinheyer hat mit zunehmender Deutlichkeit[75] darauf hingewiesen, daß eine solche Deutung historisch unhaltbar ist. Vielmehr wurden diese Riten übernommen, weil sie nach der Anschauung und dem kulturellen Empfinden der jeweiligen Zeit das Geschehen im Sakrament besonders symbolträchtig und verständlich machten. Offensichtlich haben Handauflegung und deutendes Wort den Epochen, die weitere Zeichen einführten, nicht genügt, um den sakramentalen Vorgang genügend deutlich auszulegen. In diesem Sinne hat man in ihnen sogar das sakramentale Element gesehen.

4. Die katholische Kirche hat also im Verlauf ihrer eigenen Geschichte der Ordination faktisch einen erheblichen Wandel des Spielraums durchgemacht, der für die Bestimmung des sakramentalen Zeichens der Kirche anheimgegeben ist. Es ist eine besondere Gunst der Geschichte,

---

[70] Chirotonie et Chirothésie. Importance et relativité du geste de l'imposition des mains dans la collation des ordres, in: Irénikon 45 (1972) 7-21, 208-238, Zitat S. 20; vgl. *ders.*, L'imposition des mains dans les rites d'ordination en Orient et en Occident, in: La Maison-Dieu, Nr. 102 (1970) 57-72 (Lit.).
[71] Die Priesterweihe im römischen Ritus, 138.
[72] Vgl. Genaueres ebd., 134-140.
[73] *B. Fischer*, a.a.O., 170.
[74] De essentia sacramenti ordinis disquisitio historico-theologica, 222.
[75] Vgl. Die Priesterweihe im römischen Ritus, 140; Überlegungen zu einer Reform des Priesterweiheritus, 206f.; L'ordination des Prêtres, 97ff. u. ö.

daß die Kirche trotz der damit gegebenen Irrungen die „Substanz"[76] des Sakramentes nicht verloren hat.

Was daraus folgt, ist nicht leicht zu ermessen. Es ist *eine* Sache, im Geschick der Zeiten und in der Ambivalenz der Geschichte solche Wege unfreiwilliger, z. T. auch unreflektierter oder wenig kontrollierter Veränderung zu gehen und zu erleiden. Es ist eine *andere* Sache, den offenbar gegebenen Spielraum so in seine Verfügung zu übernehmen, daß man dabei die biblische Gestalt der Ordination zerstört und in einem Bereich dem Willen zur Manipulation verfällt, wo einem — wenigstens im Kern der Sache — die Verfügung entzogen ist.

Dennoch zeigt sich in dieser auch von Beirrungen gezeichneten Geschichte der katholischen Ordinationsliturgie eine eigentümliche Form der Treue zum Kernbestand der Weihe. Diese Weise der Treue resultiert aus einem erheblichen geschichtlichen Wandel, aus einer eigentümlichen Unbefangenheit gegenüber den je gewachsenen Veränderungen und in alledem beinahe so etwas wie Gelassenheit; noch mehr ruht diese Treue aber in einem — wie es scheint — „naiven" Gehorsam, der trotz einschneidender funktionaler Verschiebungen, theologischer Wandlungen und einer gefährlichen Auflösung der einfachen Grundgestalt der Ordination grundsätzlich an der Handauflegung und dem Weihegebet festgehalten hat; eine solche Form des „Bewahrens" erhält auf ihre Weise Wesentliches, was erst eine neue und andere Zeit wieder tiefer verstehen darf.

Diese Reflexionen über die konkrete „Geschichtlichkeit" der Ordination in Theorie und Praxis der Kirche sind nicht Selbstzweck. Sie zeigen dem katholischen Partner, daß die eigene Geschichte verwickelter ist, als man durchschnittlich meint. Sie legen einen Spielraum tatsächlich erfolgter Gestaltung und „Toleranz" offen. Schließlich könnten sie im Blick auf die faktische Geschichte der Ordinationsliturgie zugleich demütig und dankbar stimmen — sicher auch gute Voraussetzungen für das ökumenische Gespräch.

5. Die Handauflegung ist nicht der absolut einzige und auf keinen Fall ein automatisch wirkender Akt der Amtseinsetzung. Es gibt dafür aus der Geschichte der Kirche nicht wenige Belege[77]. Ich erwähne nur ein Beispiel: Der Confessor braucht nach der *Traditio Apostolica* 9 des Hippolyt keine Handauflegung zur Priester- und Diakonatsweihe, wohl zur Bischofsweihe: „Christus in martyre est". Die Ordination und in ihr die Handauflegung ist immer in den inneren und äußeren Zusammenhang

---

[76] Vgl. dazu DS 1061, 1728, 3857.
[77] Vgl. die in Anm. 70 angeführten Untersuchungen von C. Vogel.

von Erwählung, Berufung, Wahl, Beauftragung und damit in einen übergreifenden ekklesialen Kontext eingebettet. Wer die Handauflegung für sich allein und außerhalb dieser Bezüge betrachtet, kann sogar vom historischen Befund her zu der Formulierung kommen, der rituelle Akt der Ordination sei für die Kirche von „sekundärem Charakter"[78], die Handauflegung habe nur eine „relative" Bedeutung (vgl. den Untertitel des Aufsatzes von C. Vogel). Dieser Befund muß m. E. nochmals in seiner systematischen Relevanz interpretiert werden. Er spricht nämlich nicht gegen die Ordination und gegen die Handauflegung, sondern postuliert nur ihr richtiges theologisches Verständnis. Richtig an den zitierten Formulierungen ist, daß die volle Realität einer Ordination nie allein von einer ritengemäß vollzogenen Handauflegung abhängt, sondern — und dieser Formulierung C. Vogels[79] ist voll und ganz zuzustimmen — von einem „Ensemble von rechtlichen und kirchlichen Bedingungen, sei es bei dem Ordinator, sei es bei dem Ordinierten".

6. Aus diesem Grund und aus noch zu erwägenden Motiven ist es darum auch letztlich abwegig, die Einheit der Kirche oder die Integrität des geistlichen Amtes dadurch zu restituieren, daß „man" sich von irgendwoher eine „Handauflegung" besorgt, deren Spender in der formalen apostolischen Sukzession steht. Ohne ekklesiale Konsequenz und — mindestens — Zuordnung wird eine solche „Ordination" zu einem Ritualismus, der mit einigem Recht den Protest gegen sich heraufbeschwört. „Der sichere Ritus und die sichere Genealogie erscheinen als selbstwirksame Gewährleistung der Sakramentalität und der Apostolizität. Die notwendige Konsequenz ist, daß man von der anderen Seite diesen Formalismus ironisiert und ihm die vom Ritus unabhängige Richtigkeit des Wortes gegenüberstellt[80]." Solche Formen der „Ordination" müssen aus theologischen Gründen kritischer beurteilt werden, als dies gewöhnlich bei uns geschieht. Dies ist kein fruchtbar zu beschreitender Weg für eine positive Lösung der Ämterfrage.

7. In Wahrheit gibt es keine Handauflegung mit Gebet als einen „Ritus", der von der konkret-lebendigen Kirche isolierbar ist. Jede Ordination gründet in einer göttlichen Berufung und auf einem Auftrag der Kirche an eines ihrer Glieder. Darum geht es um den Aufweis des inneren Zusammenhangs der Ordination mit der konkreten Sendung des Kandidaten durch Jesus Christus und die Kirche. Hier muß sich jeder

---

[78] *C. Vogel*, Chirotonie et Chirothésie, 21.
[79] Ebd. 209.
[80] *J. Ratzinger*, Bemerkungen zur apostolischen Sukzession, in: *K. Schuh* (Hrsg.), Amt im Widerstreit (Berlin 1973) 37—45, Zitat S. 42.

„Ritus" öffnen und durchlässig werden für die Einheit und Vielfalt der Sendung in der Kirche. Spätestens an diesem Punkt muß der katholische Theologe wieder seinen Blick entschränken und die Bischofskonsekration in eine theologische Wertung der Presbyter-Ordination einbeziehen[81]. In diesem größeren Zusammenhang wird noch deutlicher, warum und in welchem Sinne die Ordination zum Zeichen der Kontinuität der Kirche werden kann. Darum — nicht nur aus äußeren Gründen hierarchischer Zuständigkeit — gehört der Bischof als Ordinator in diesen Kontext: Er stellt den universalkirchlichen Zusammenhang und die Bindung des Weihenden und des Geweihten an den Glauben der Gesamtkirche dar. Bei der Bischofsweihe wird dies durch die Anwesenheit und die Mitkonsekration der Nachbarbischöfe besonders augenfällig.

Es ist zu begrüßen, daß diese grundlegende Struktur bei der Ordination zum Presbyter in der erneuerten Liturgie nicht nur durch die Stellung des ordinierenden Bischofs allein, sondern auch durch die Neufassung des Schlusses des Weihegebetes unmittelbar im Text zum Ausdruck kommt. Dort heißt es jetzt: „Uns Bischöfen seien sie [die Geweihten] treffliche Helfer, *damit das Evangelium bis an die Enden der Erde gelange und alle Menschen sich in Christus zur heiligen Gemeinde Gottes vereinen.*" Die Priester haben also nicht nur an der Aufgabe des einzelnen Bischofs teil, sondern auch an den Aufgaben des Bischofskollegiums, besonders an der missionarischen Verantwortung[82]. So wird in der jetzigen Ordinationsliturgie auch im Text selbst die Perspektive der Ortskirche überschritten[83].

Der Ordinierte selbst ist nur dann im vollen Sinn „gültig" geweiht, wenn er ein Zeuge für diesen „katholischen" Zusammenhang der Kirche ist und die Wahrheit der apostolischen Überlieferung verbürgt. Diese Bindung des Amtes an die Gesamtkirche ist unerläßlich. Darum kann nach katholischer Auffassung die Amtseinsetzung auch nicht aus der Vollmacht von Einzelgemeinden kommen, sondern über den Bischof als Vorsteher der Ortskirche *und* Glied des Bischofskollegiums aus der Einheit der Gesamtkirche. Hier verflechten sich die Probleme der Ordination mit anderen Fragen des Amtsverständnisses, vor allem dem Verhältnis Presbyterat — Episkopat und der apostolischen Sukzession. Aber

---

[81] Vgl. dazu die in Anm. 23 angeführte ergänzende Untersuchung über das Verhältnis Episkopat — Presbyterat nach dem Zweiten Vatikanischen Konzil.
[82] Zur Sache vgl. die ausführlicheren Texte der Konzilsdekrete „Christus Dominus", Art. 6, und „Ad gentes", Art. 38, 39.
[83] Mit Recht macht A. *Houssiau*, La signification théologique du nouveau rituel des ordinations (vgl. Anm. 21), bes. 169, dt. Ausgabe 166, auf diese wichtige Änderung aufmerksam.

schon die Ordination selbst zeigt, daß eine Handauflegung, die nicht zugleich ein Eintreten in den Lebens- und Überlieferungszusammenhang der Kirche bedeutet, im Grunde keine kirchliche Handlung darstellen kann[84].

Die Überlegungen dieses Beitrags standen unter einem primär ökumenisch orientierten Erkenntnishorizont. Sie hoffen, nicht nur zu einem angemesseneren Verständnis der heute gültigen katholischen Ordinationsliturgie zu führen, sondern auch einige Hinweise zu geben und neue Wege zu eröffnen in Richtung einer ökumenischen Verständigung über das kirchliche Amt[85]. Eine theologische Reflexion über die Ordination, ihre Theorie und Praxis im Leben der Kirche, darf sich am Ende nicht *in sich* schließen, sie muß vielmehr nochmals die Grenzen ihres Gegenstandes übersteigen: Die Ordination *übersetzt* die Verleihung eines Auftrags Jesu Christi und der Kirche. Ihr Rang liegt darin, daß sie dieser Einsetzung zum geistlichen Amt in der Gemeinschaft der Kirche sichtbaren und verbindlichen Ausdruck gibt und diesem Ereignis selbst in der gottesdienstlichen Handlung eine sakramentale Gründung verleiht. Reflexionen zu Wesen und Gestalt der Ordination bleiben theologisch nur dann im Lot, wenn sie diese *dienende* Zielsetzung der „Handauflegung" nicht verfehlen[86].

---

[84] Vgl. dazu *J. Ratzinger*, a.a.O., 44.

[85] Im Licht der erneuerten Ordinationsliturgie kommen spezielle Probleme der dogmatischen Amtstheologie, wie z. B. die Lehre vom „character sacramentalis", überhaupt nicht zur Darstellung. Bezeichnend für den Wandel ist die Tatsache, daß das alte Pontificale Romanum bei der Übergabe der Geräte in den Rubriken die Anweisung vermerkte: „Moneat [episcopus] ordinandos, quod instrumenta, in quorum traditione character imprimitur, tangant." Das Dekret der Ritenkongregation vom 20. Februar 1950, vgl. AAS 42 (1950) 448-455 hier 449, hatte in Konsequenz der Apostolischen Konstitution „Sacramentum ordinis" (1947) die Streichung dieser Rubrik angeordnet. — Diese Feststellungen schließen freilich nicht aus, daß die Problematik des „character sacramentalis" auf der dogmatischen Ebene dringend einer tieferen Klärung bedarf.

[86] Nachtrag beim Umbruch: Zur Interpretation des römischen Weihegebetes vgl. inzwischen *D. Eissing*, Ordination und Amt des Presbyters, in: Zeitschrift für katholische Theologie 98 (1976) 35-51 (dort auch spezielle weiterführende Literatur).

ANHANG

A. AUFRISS DES ORDO ZUM PRESBYTERAT IN DER FASSUNG SEIT 1485

I. Wortgottesdienst bis Alleluja

II. Vorbereitende Riten:

1. Einleitende Fragen
   Präsentation und Antwort
   Bischof: Frage nach Würdigkeit
   Archidiakon: „Scio et testificor..."
   Bischof: „Gott sei Dank"
2. Ansprache des Bischofs an alle — (Einspruch?) — Stille
3. Ansprache des Bischofs an die Kandidaten
4. Litanei (mit Bitte für die Kandidaten)

III. Ordinationshandlung im engeren Sinn:

1. Handauflegung (schweigend)
2. Invitatorium zum Gemeindegebet
3. Litanei-Schlußgebet
4. Weihegebet

IV. Weitere Riten:

1. *Kreis:* Überreichung der Amtsgewänder (Stola und Kasel, dabei zweimaliges „Accipe...")
   Gebet: „Deus sanctificationum omnium auctor..."
   (altgallikanisches Weihegebet)
   „Veni Creator"
   Salbung der Hände
   Übergabe von Kelch und Patene („Accipe potestatem...")
2. *Kreis* (nach der Kommunionspendung):
   Responsorium: „Iam non dicam..."
   Apostolisches Glaubensbekenntnis der Kandidaten
   Zweite Handauflegung („Accipe Spiritum Sanctum...")
   Entfaltung der Kasel
   Gehorsamsversprechen
   Friedenskuß
   Ermahnung
   Segen
3. *Kreis* (nach dem Schlußsegen der Eucharistiefeier):
   Schlußermahnung

B. AUFRISS DES ORDO ZUM PRESBYTERAT IN DER REVIDIERTEN FASSUNG VON 1968 (DEUTSCHSPRACHIGE AUSGABE 1971)

I. Wortgottesdienst bis zum Evangelium

II. Die Eröffnung und Vorbereitung der Ordination:

1. Einleitende Fragen
   Präsentation und Antwort
   Bischof: Frage nach Würdigkeit
   Assistenz: Volk und Verantwortliche sind befragt
   Bischof: „Wir erwählen"
   Alle: „Gott sei Dank" (Akklamation des Volkes)

2. Ansprache des Bischofs an Volk und Kandidaten

3. Bereitschaftserklärung der Kandidaten
   Fragen: Übernahme des kirchlichen Amtes, Feier der Mysterien Jesu Christi, Dienst am Wort Gottes, Hilfe für Arme und Notleidende, Christusgemeinschaft, Gehorsam gegenüber den kirchlichen Oberen
   Abschließendes und überleitendes Gebet des Bischofs

III. Die Erteilung der Ordination:

1. Litanei (gekürzt, Fürbitten für die Kandidaten)
   Schlußkollekte des Bischofs

2. Handauflegung durch den Bischof (schweigend)
   Handauflegung durch die anwesenden Priester

3. Weihegebet (gesungen oder gesprochen)

IV. Ausdeutende Riten:

1. Bekleidung mit den Amtsgewändern (nicht durch den Bischof, ohne Deuteworte)

2. Salbung der Hände (dabei wird das „Veni Creator" oder Ps 110 [109] oder ein anderes geeignetes Stück gesungen)

3. Überreichung der Gaben für die Eucharistiefeier

4. Friedenskuß durch den Bischof, evtl. auch durch die anwesenden Priester (dabei kann Ps 100 [99], „Iam non dicam vos servos . . ." oder ein anderes geeignetes Stück gesungen werden)

V. Eucharistische Liturgie (nach der Ordnung der Konzelebration)

Peter Brunner

BEITRÄGE ZUR LEHRE VON DER ORDINATION UNTER BEZUG AUF DIE GELTENDEN ORDINATIONSFORMULARE

Für den evangelischen Theologen ist die Aufgabe, die sich unsere Tagung gestellt hat, mit mannigfachen, zum Teil unlösbaren Schwierigkeiten durchzogen. Die Ordinationsformulare der lutherischen Kirche sind nur in einem kleinen Ausschnitt unmittelbar greifbar. Eine Sammlung, die möglichst alle Ordinationsformulare der lutherischen Kirche in der Welt umfaßt, existiert meines Wissens nicht, sie in einer repräsentativen Auswahl herzustellen, dürfte große Mühe machen. Für die reformierten Kirchen gilt wohl das gleiche. Selbst die Untersuchung deutschsprachiger Ordinationsformulare mußte auf 4 Formulare aus dem Bereich der Evangelischen Kirche in Deutschland beschränkt werden, von denen wir annehmen, daß ihnen eine gewisse repräsentative Funktion zukommt, jedenfalls hinsichtlich des dogmatischen Gehaltes.

Eine weitere Schwierigkeit liegt darin, daß sich die Ordinationsformulare der Reformationskirchen zur Zeit weithin in einer Phase der Neugestaltung befinden. Von Amerika bis Finnland sind Kommissionen am Werk, die Entwürfe für neu einzuführende Ordinationsformulare ausarbeiten. Solche Entwürfe werden, wenn sie brauchbar erscheinen, von Kirchenleitungen gelegentlich auch zur Erprobung freigegeben, bevor sie die endgültige Gestalt erhalten, die durch Kirchengesetz eingeführt wird. Die Geltung der bisherigen Ordnung ist durch einen solchen zur Erprobung freigegebenen Entwurf nicht aufgehoben, aber durch seinen möglichen Gebrauch nicht mehr voll in Kraft. Ein Beispiel dafür ist das Formular der Vereinigten Evangelisch-Lutherischen Kirche in Deutschland vom Jahre 1951, für dessen Neugestaltung bereits ein von der Generalsynode zur Erprobung freigegebener Entwurf vorliegt. An einem solchen Entwurf wird unsere Untersuchung nicht vorbeigehen können.

Die eigentliche Schwierigkeit unseres Themas liegt aber darin, daß die Frage nach dem rechten Verständnis von Ordination und Amt in den Reformationskirchen — und nicht nur in ihnen — in eine tiefgreifende Problematik hineingeraten ist, die zeitweise zu einer Krise der Ordination selbst führte. Neuere geltende Ordinationsformulare wie das der evangelischen Kirche in Württemberg (1971) und das der Arnoldshainer Konferenz[1] (1972) waren wichtige Beiträge zur Überwindung dieser Krise, sind aber in ihrem Gehalt auch durch die Situation bestimmt, in der sie geschaffen wurden. Bei den fast unheimlich wirkenden raschen Wandlungen, denen die geistliche und theologische Lage in unserer Zeit unterworfen ist, dürfte auch gegenüber diesen neu eingeführten Formularen die Frage nach zukünftiger Gestaltung nicht ganz verstummen. Zu allen Zeiten aber wird die Dogmatik die Aufgabe haben, die Frage nach Ordination und Amt immer wieder neu zu durchdenken und dadurch die Kirche als eine *ecclesia semper reformanda* in eine heilsame, durch das Evangelium bestimmte geschichtliche Bewegung zu versetzen. Das gilt auch für die uns hier gestellte Aufgabe. Gewiß enthält jedes Ordinationsformular dogmatisch wichtige Aussagen, deren Gehalt wir sichtbar machen müssen. Aber die dogmatische Lehre von Amt und Ordination greift weiter, als das liturgische Formular erkennen läßt[2]. Der Schwerpunkt der uns gestellten Aufgabe liegt darin, daß wir die Lehre der Ordination auf dem Grunde der Heiligen Schrift durch Auslegung der uns geltenden Bekenntnistradition in die Zukunft hinein weiterbilden in Verantwortung für die Einheit der Kirche Gottes.

Eine letzte Schwierigkeit unserer Aufgabe besteht darin, daß durch die Themastellung die Lehre vom Amt nur sehr verkürzt zur Sprache kommen kann, da das Ordinationsverständnis im Vordergrund stehen soll. Aber das Ordinationsverständnis hängt ab vom Amtsverständnis. Die Lehre vom Amt ist in der Relation „Ordination und Amt" das Umgreifende, die Lehre von der Ordination ist durch das, wovon sie umgriffen ist, bestimmt. So muß eine umfassende Lehre vom Amt, die auf früheren Tagungen unseres Kreises bereits in Angriff genommen wurde, vorausgesetzt werden[3]. Unerläßlich aber ist für unsere Untersuchung ein Einblick in die Bekenntnisgrundlage, die den Reformationskirchen für die Lehre von Ordination und Amt vorgegeben ist. So gliedert sich

---

[1] In der Arnoldshainer Konferenz sind die Unionskirchen innerhalb der Evangelischen Kirche in Deutschland verbunden. Auch die lutherische Kirche in Oldenburg und die Evangelisch-Reformierte Kirche in Nordwestdeutschland sind Mitglieder. Die evang. Kirche in Württemberg nimmt als Gast teil.

[2] Zu dem Verhältnis zwischen kirchlicher Lehre und liturgischem Formular vgl. die Einleitung zu der „Stellungnahme des Ökumenischen Arbeitskreises", in diesem Band S. 168.

[3] Für die von mir vorausgesetzte Lehre vom Amt darf ich verweisen auf die Abhandlungen „Vom Amt des Bischofs" und „Das Heil und das Amt", beide in meinem Sammelband „Pro Ecclesia", Bd. I (1962) S. 235—309, auf mein vor drei Jahren in diesem Ökumenischen Arbeitskreis gehaltenes Referat „Sacerdotium und Ministerium", veröffentlicht in Kerygma und Dogma, 18 (1972) S. 101—117, und auf den Aufsatz „Das Amt in der Kirche" in der Festschrift für Landesbischof D. Hermann Dietzfelbinger „Dem Wort gehorsam" (1973) S. 74—97.

unsere Abhandlung in drei Teile: Bekenntnisgrundlagen — Analyse von Ordinationsformularen — Die dogmatische Lehre von der Ordination[4].

A

Bekenntnisgrundlagen

I. Texte aus den Bekenntnisschriften der evangelisch-lutherischen Kirche und Melanchthons Loci

a) Aus Confessio Augustana[5].

V. Vom Predigtamt.
Solchen Glauben zu erlangen, hat Gott das Predigtamt eingesetzt, Evangelium und Sakrament gegeben, dadurch er als durch Mittel den Heiligen Geist gibt, welcher den Glauben, wo und wenn er will, in denen, so das Evangelium hören, wirket...

V. De ministerio ecclesiastico.
Ut hanc fidem consequamur, institutum est ministerium docendi evangelii et porrigendi sacramenta. Nam per verbum et sacramenta tamquam per instrumenta donatur spiritus sanctus, qui fidem efficit, ubi et quando visum est Deo, in his, qui audiunt evangelium...

XIV. Vom Kirchenregiment.
Vom Kirchenregiment wird gelehrt, daß niemand in der Kirchen öffentlich lehren oder predigen oder Sakrament reichen soll ohn ordentlichen Beruf.

XIV. De ordine ecclesiastico.
De ordine ecclesiastico docent, quod nemo debeat in ecclesia publice docere aut sacramenta administrare nisi rite vocatus.

Das Verhältnis zwischen Art. V. und XIV. ist in der Auslegung umstritten. Es kann aber keine Frage sein, daß in Art. V. nicht nur davon gesprochen wird, daß Evangelium und die Sakramente von Gott (durch Jesus Christus) eingesetzt sind, sondern auch *der Dienst*, durch den Evangelium und Sakrament im aktuellen Vollzug da sind. Ministerium ist

---

[4] Die Ausführungen auf S. 55-108 waren in einer vorläufigen Fassung den Mitgliedern des Ökumenischen Arbeitskreises einige Zeit vor der Tagung vervielfältigt zugegangen. S. 108-132 wurden zu Beginn der Tagung ausgehändigt und etwas gekürzt mündlich vorgetragen. Die Aussprache bezog sich auf das Ganze.
[5] Die lutherischen Bekenntnisschriften werden angeführt nach der 4. Aufl. 1959.

Übersetzung von diakonia, weist also eindeutig auf Amt hin. Der deutsche Text ordnet sogar „Predigtamt" den Begriffen Evangelium und Sakrament vor. Evangelium und Sakrament existieren nicht an und für sich, sondern im Vollzug des Predigtamtes. So hat CA V zugleich und vor allem das gleiche Amt im Auge, von dem CA XIV spricht[6]. Das geht auch daraus hervor, daß das Herrenmahl auf keinen Fall ohne einen dazu berufenen Diener gefeiert werden kann. Die göttliche Stiftung des Amtes, von dem CA XIV spricht, wird überdies in Apologie XIII (siehe den unten angeführten Text) ausdrücklich ausgesprochen, so daß dieser Text als Kommentar zu CA V gelesen werden kann. Freilich ist der Blickpunkt von CA V unterschieden von CA XIV. In CA V wird hervorgehoben, daß von der aktuellen Ausübung des Ministerium, also von dem verkündigten Wort und dem dargereichten Sakrament, das Heil abhängt; denn CA V ist lediglich Fortsetzung von CA IV. In CA XIV geht es um die Personen, die diesen Dienst öffentlich ausüben dürfen. Der Inhalt dieses Artikels ist bezeichnenderweise ein *Verbot*. Das Verbot ergibt sich aus dem der Kirche eingestifteten *Gebot*, jene Diener zu bestellen. Für die Auslegung von CA XIV ist zu beachten, daß vocatio keineswegs nur einen einzelnen, für sich stehenden rechtlichen Akt meint, sondern auch den ganzen Prozeß bedeuten kann, durch den die Kirche in das göttlich gestiftete, öffentlich auszuübende Predigtamt einsetzt, also auch die gottesdienstliche Handlung umfaßt. Aufschlußreich ist der klärende Zusatz, den Melanchthon seiner Ausgabe von 1540 an den lateinischen Text angefügt hat: sicut et Paulus praecipit Tito, ut in civitatibus presbyteros constituat.

[6] Vgl. dazu u. a. H. Fragerberg, Die Theologie der lutherischen Bekenntnisschriften von 1529 bis 1537, 1965, S. 138ff, bes. S. 243: „Die Bekenntnisschriften verstehen ... *ministerium* im technischen Sinn als eine besonders abgegrenzte Tätigkeit, die dazu berufenen Menschen anvertraut ist. CA 5 handelt stärker als vom Amt als solchem von der eigentlichen Tätigkeit der Evangeliumsverkündigung und der Sakramentsverwaltung ... Würde man die Aussagen pressen, dann könnte man sehr wohl behaupten, daß sie überhaupt nicht vom Amt, sondern vielmehr vom Wort und Sakrament in Funktion sprechen. Da die hier gebrauchte Formulierung *ministerium docendi et porrigendi sacramenta* aber ein Fachausdruck für das funktionell verstandene Amt ist, werden die Gedanken ganz unwillkürlich auf den kirchlichen Dienst hingelenkt, von dem die Bekenntnisschriften an anderen Stellen in so unmißverständlichen Worten sprechen. Es ist eben charakteristisch für die Bekenntnisschriften, daß sie das funktionelle Verständnis mit dem besonderen Amt vereinen. In eben dieses Amt legen sie die funktionelle Bedeutung hinein." — S. 246f: „Die Bekenntnisschriften legen einen auffallend starken Nachdruck auf die Pflicht und das Recht der Kirche, durch Berufung, Wahl und Ordination in das Amt einzusetzen ... Die Vorstellung, das Amt sei eine allgemeine Tätigkeit, die vom allgemeinen Priestertum delegiert und »von wem da woll'« ausgeführt werden könne, entbehrt jeglicher Grundlage in den Bekenntnisschriften."

b) Aus der Apologie der Confessio: XIII, 7—12.

Sacerdotium intelligunt adversarii non de ministerio verbi et sacramentorum aliis porrigendorum, sed intelligunt de sacrifico, quasi oporteat esse in novo testamento sacerdotium simile levitico quod pro populo sacrificet et mereatur aliis remissionem peccatorum ... Si autem ordo de ministerio verbi intelligatur, non gravatim vocaverimus ordinem sacramentum. Nam ministerium verbi habet mandatum Dei et habet magnificas promissiones, Röm 1,16: Evangelium est potentia Dei ad salutem omni credenti. Item Jes 55,11: Verbum meum, quod egredietur de ore meo, non revertetur ad me vacuum, sed faciet, quaecunque volui etc. Si ordo hoc modo intelligatur, neque impositionem manuum vocare sacramentum gravemur. Habet enim ecclesia mandatum de constituendis ministris, quod gratissimum esse nobis debet, quod scimus Deum approbare ministerium illud et adesse in ministerio.

Zu der Möglichkeit einer „sakramentalen" Deutung der Ordination sei hingewiesen auf Melanchthons Loci, die bereits 1535 den Satz enthielten: Maxime autem placet mihi Ordinem, ut vocant, inter Sacramenta numerari, modo ut intelligatur et ipsum ministerium Evangelii et vocatio ad hoc ministerium docendi Evangelii et administrandi Sacramenta[7]. In der endgültigen Ausgabe von 1559 findet sich an dieser Stelle eine längere Abhandlung über die Zahl der Sakramente. Die wichtigsten Stellen daraus seien hier angeführt.

Wenn man jedes göttliche Gebot, das eine Verheißung hat, ein Sakrament nennen will, so werden *oratio, tolerantia in cruce, eleemosynae, condonatio iniuriae* zu Sakramenten (a.a.O. 499,23). Auch die Ehe könnte ein Sakrament genannt werden (500,17). Wenn man aber unter Sakrament die von Christus eingesetzten heiligen Handlungen *(ceremoniae)* versteht, dann sind Taufe, Herrenmahl und Absolution Sakramente (501,6). Anschließend gibt Melanchthon die *definitio usitata* für Sakrament: Sacramentum est signum gratiae, id est, reconciliationis gratuitae, quae propter Christum donatur et in Evangelio praedicatur. Er fährt dann unmittelbar folgendermaßen fort: Mihi maxime placet etiam addi Ordinationem, ut vocant, id est, vocationem ad ministerium Evangelii et publicam eius vocationis approbationem, quia haec omnia mandato Evangelii praecipiuntur ... Es folgen Hinweise auf folgende Schriftstellen: Tit 1,5; Röm 1,16; Joh 17,20; 20,23; Eph 4,8.11; Lk 10,16; Joh 15,5; 2 Kor 5,19f; 3,6. Diese und andere ähnliche Stellen bezeugen eindeutig: Deum efficacem esse per hoc ipsum ministerium docentium Evangelium,

---

[7] Melanchthons Werke, Studienausgabe, Bd. II/2 (1953) S. 501 Anm.

quod in Ecclesia vult perpetua vocatione conservare (502,7). Mit Hinweisen auf Röm 10,8, nochmals 2 Kor 5,19f und auf das *mandatum ecclesiae*, wie es in Tit 1,5 bezeugt ist, werden dieses Mandat und die damit verbundenen Verheißungen uns durch den *ritus ordinationis* vor Augen gehalten (502,17). Dieses von Gott eingesetzte Ministerium, in das die Kirche kraft göttlichen Mandates beruft und einsetzt, wird trotz mannigfacher Gefahren und Anfechtungen von Gott durch die Zeiten hindurch erhalten. Das dürfen wir wissen und dessen dürfen wir uns trösten: mansuras esse reliquias Ecclesiae et veri ministerii, etiamsi ruant imperia (503,3). Nachdem dies weiter ausgeführt wurde, greift Melanchthon (504,7ff) noch einmal zurück auf die Ordination: De his rebus omnibus, de efficacia ministerii, de precatione pro ministerio, de officiis, quae ei debentur, de poenis spreti ministerii admoneat nos doctrina de Ordinatione, cum inter Sacramenta recensetur, admoneat nos et ritus ipse, cum publice spectamus antiquissimum morem haud dubie a primis Patribus acceptum, videlicet impositionem manuum, quae semper signum fuit rei destinatae ad cultum Dei, fuit et signum benedictionis. Es folgen Hinweise auf Gen 48,14ff; Num 27,23; Mk 10,16. Die Stelle Ex 29,20 (Handaufstemmung auf das Opfertier) erhält eine typologische Deutung auf Christus, die für das Verständnis der Ordination fruchtbar gemacht wird: Praecipue autem ritus victimarum significavit Christum. Deus aeternus Pater imposuit ei manus, id est, delegit eum, benedixit ei, unxit eum et subiecit sibi ac pressit ingenti onere ac fecit victimam pro nobis. Hunc praecipue significat hic ritus impositionis manuum. Postea vero ad ministros transferatur significatio. Christus Pontifex imponit eis manum, id est, deligit eos voce Ecclesiae, benedicit eis ac ungit eos donis suis, sicut scriptum est: „Ascendit, dat dona hominibus, Prophetas, Apostolos, pastores, doctores", quos ornat luce doctrinae et aliis donis. Deinde subiicit eos sibi, ut solum Evangelium doceant, solius Christi regno serviant, non quaerant sibi potentiam, non constituant imperia praetextu religionis, sint etiam victimae, id est, perferant odia, aerumnas (= Drangsale) et supplicia propter veram doctrinam, sicut Psalmus inquit: Propter te mactamur tota die (504,20). — Die in diesen Texten enthaltenen Elemente einer Theologie der unter Gebet und Handauflegung vollzogenen Ordination verdienen gewiß der Beachtung[8].

---

[8] Die Bedeutung der Handauflegung als Zeichen für die umfassende Überantwortung der Ordinierten an ihren Herrn und im Zusammenhang damit als Zeichen für den Victima-Charakter ihrer Existenz *(sunt etiam victimae)* hat sich in der lutherischen Orthodoxie fortgepflanzt. Vgl. z. B. Chemnitz, Examen Concilii Tridentini (1565-73), hrsg. v. Ed. Preuß, Berlin 1861 (Neudruck 1915) S. 479: **Die**

In Apol XIV weist Melanchthon darauf hin, daß die Evangelischen auf dem Augsburger Reichstag wiederholt bezeugt haben: nos summa voluntate cupere conservare politiam ecclesiasticam et gradus in ecclesia, factos etiam humana auctoritate. Scimus enim bono et utili consilio a patribus ecclesiasticam disciplinam hoc modo, ut veteres canones describunt constitutam esse. — Die Unmöglichkeit einer Ordination der Evangelischen durch die römisch-katholischen Bischöfe war durch die Ablehnung der Confessio Augustana definitiv geworden.

c) Schmalkaldische Artikel, Teil III: Von der Weihe und Vokation.

Wenn die Bischofe wollten rechte Bischofe sein und der Kirchen und des Evangelions sich annehmen, so mochte man das umb der Liebe und Einigkeit willen, doch nicht aus Not lassen gegeben sein, daß sie uns und unsere Prediger ordinierten und konfirmierten, doch hindangesetzt alle Larven und Gespenste unchristlichs Wesens und Gepränges[9]. Nu sie aber nicht rechte Bischofe sind ader auch nicht sein wollen, sondern weltliche Herren und Fursten, die weder predigen nach lehren nach täufen nach kommunicieren noch einiges Werk ader Ampt der Kirchen treiben wollen, dazu diejenigen, die solch Ampt berufen treiben, verfolgen und verdammen, so muß dennoch umb ihrenwillen die Kirche nicht ohn Diener bleiben...

Dieser Text zeigt wie der aus Apol XIV, daß für die Wittenberger Reformation eine bischöfliche Verfassung der Kirche und darum auch eine bischöfliche Ordination eigentlich das Normale wäre. Eine praktische Notwendigkeit für ein übergeordnetes bischöfliches Amt, in welchem das ministerium verbi selbst eine konkrete Gestalt annimmt und von dem die rechtmäßige Vokation und Ordination erteilt werden soll,

---

Apostel haben die Handauflegung aus der alttestamentlichen Überlieferung u. a. dazu aufgegriffen, ut hoc ritu ille qui vocatus erat,... admoneretur, se destinari, addici, et *quasi devoveri ad ministerium et cultum Dei.* Ita victimis imponebantur manus. Ähnlich begründet er die Beibehaltung der Handauflegung in seinen „Loci theologici", posthum hrsg. v. P. Leyser, Teil III, 1592, fol. 152b: Qui hoc modo vocatus Deo sistitur, is quasi mancipatur (= er wird zu förmlichem Eigentum übergeben) Deo ad ministerium. Ut quando victimis olim in Veteri Testamento manus fuerunt impositae, tunc devotae quasi fuerunt ad ministerium solius Dei. Auch J. Gerhard hat diese Deutung in Loc. XXIII, De ministerio (Tom. VI, hrsg. v. Ed. Preuß, 1868, S. 109) aufgenommen. Sie gehört wohl zum festen Bestand dogmatischer Tradition in der lutherischen Orthodoxie. Man findet sie noch in dem „Examen theologicum acromaticum" von D. Hollaz, editio altera, hrsg. v. R. Teller, 1763, S. 1340: Die Ordination wird u. a. auch dazu mit Handauflegung erteilt, ut admoneatur minister vocatus, se Deo esse consecratum et quasi mancipatum. Nam victimis olim imponebantur manus, Lev 1,4.

[9] Luther verlangt demnach eine Reform des Ordinationsformulares durch Konzentration auf das Konstitutive.

haben Luther und die Seinen nie bestritten. Bestritten wurde, daß gegenüber dem *pastor seu episcopus* dieses übergeordnete Bischofsamt seinen *gradus* auf ein *ius divinum* gründen könne. Darauf weisen in dem Text aus dem Schmalkaldischen Artikeln die Worte „doch nicht aus Not" hin, das heißt, nicht auf Grund einer kraft göttlicher Stiftung unbedingt zwingenden Notwendigkeit. Die große und besonders aktuelle Bedeutung, die in diesem Zusammenhang den Worten „umb der Liebe und Einigkeit willen" zukommt, wird noch zu bedenken sein.

d) Auf Ordination sich beziehende Texte aus Melanchthons Tractatus de potestate papae.

Tr. 24, S. 478: Zu Mt 18,18-20 und Joh 20,23: Tribuit (scil. Christus) igitur claves ecclesiae principaliter et immediatae, sicut et ob eam causam ecclesia principaliter habet jus vocationis.

Tr. 60-67, S. 489ff: Evangelium enim tribuit his, qui praesunt ecclesiis, mandatum docendi evangelium, remittendi peccata, administrandi sacramenta, praeterea jurisdictionem, videlicet mandatum excommunicandi eos, quorum nota sunt crimina, et resipiscentes rursus absolvendi. Ac omnium confessione, etiam adversariorum liquet hanc potestatem jure divino communem esse omnibus, qui praesunt ecclesiis, sive vocentur pastores, sive presbyteri, sive episcopi. Es folgen die bekannten Hieronymusstellen, aus dem Decretum Gratiani entnommen. Docet igitur Hieronymus humana autoritate distinctos gradus esse episcopi et presbyteri seu pastoris ... Sed cum iure divino non sint diversi gradus episcopi et pastoris, manifestum est ordinationem a pastore in sua ecclesia factam jure divino ratam esse. Itaque cum episcopi ordinarii fiunt hostes evangelii aut nolunt impertire ordinationem, ecclesiae retinent jus suum. Nam ubicunque est ecclesia, ibi est jus administrandi evangelii. Quare necesse est ecclesiam retinere jus vocandi, eligendi et ordinandi ministros.

Tr. 69 weist auf 1 Petr 2,9 hin. Die hier als das königliche Priestertum Angesprochenen sind die wahre Kirche, die als solche das ius eligendi et ordinandi ministros hat. Man beachte: Aus dem „allgemeinen Priestertum" folgt keineswegs das Recht, daß jeder Christ das Ministerium für sich in Anspruch nehmen kann, wohl aber das Recht, daß dieses priesterliche Volk Christen als Ministri wählt und einsetzt. Als ein Beweis dafür wird auf die altkirchliche Weise der Bischofswahl durch die örtliche Ecclesia hingewiesen. Die dann zur Wahl hinzutretende bischöfliche Ordination bestätige lediglich die von der Ecclesia vorgenommene Wahl. Die späteren Zusätze zu dem Ordinationsformular haben nach dem Urteil des Tractatus das Wesen der Ordination verändert, zumal die neueren Formulare, die dem Priester die *potestas sacrificandi pro vivis et mortuis* übertragen.

II. Texte aus Calvins Institutio 1559, Buch IV, und aus reformierten Bekenntnisschriften

a) Calvin über Einsetzung der Ministri[10].

Cap. III, 14, S. 54,25. Calvin sieht in Apg 13,2 einen eindeutigen Hinweis auf das Gebot, *durch Menschen* Ministri einzusetzen. Denn Paulus, der bereits unmittelbar von dem Herrn berufen ist, wird hier auf Weisung des Heiligen Geistes mit Barnabas durch einen besonderen kirchlichen Akt, durch eine Ecclesiastica vocatio, ausgesondert und beauftragt: Quorsum isthaec segregatio et manuum impositio, postquam suam electionem testatus est Spiritus sanctus, nisi ut Ecclesiastica disciplina in designandis per homines ministris conservaretur? Nullo igitur illustriore documento eiusmodi ordinem approbare Deus potuit, quam dum Paulum Gentibus Apostolum se destinasse praefatus, eum tamen ab Ecclesia vult designari.

Cap. III, 15, S. 56,14. Unter Hinweis auf verschiedene Schriftstellen und unter Berufung auf Cyprian, Ep. 67, wird hier die Frage, wer einen Minister in das Amt einsetzen soll, folgendermaßen beantwortet. Habemus ergo, esse hanc ex verbo Dei legitimam ministri vocationem, ubi ex populi consensu et approbatione creantur qui visi fuerint idonei. Praeesse autem electioni debere alios pastores, nequid vel per levitatem, vel per mala studia, vel per tumultum a multitudine peccetur.

Cap. III, 16, S. 56, 20—57,18. Dieser Abschnitt enthält in nuce eine Theologie der Ordination, in der die Handauflegung geradezu im Mittelpunkt steht[11]. Superest ritus ordinandi, cui ultimum locum in vocatione (= in der Besprechung der vocatio) dedimus. Constat autem Apostolos non alia ceremonia usos esse, quum aliquem ministerio admovebant, quam manuum impositione[12]. Hunc autem ritum fluxisse arbitror ab Hebraeorum more, qui quod benedictum ac consecratum volebant, manuum impositione Deo quasi repraesentabant. Sic Iacob benedicturus Ephraim et Manasse, eorum capitibus manus imposuit (Gen 48,14). Quod sequutus est Dominus noster, quum super infantes precationem faceret (Mt 19,15).

[10] Calvin wird zitiert nach Opera selecta, hrsg. v. P. Barth u. W. Niesel, Bd. V, 1936.
[11] Die Verwandtschaft dieser Ordinationstheologie mit der Melanchthons ist auffallend. Vgl. den Text aus Melanchthons Loci von 1559 oben S. 57f.
[12] Auch Calvin fordert eine Reform des Ordinationsformulars, die in einer Reduktion der Riten auf die Handauflegung besteht.

Eodem — ut arbitror — significatu Iudaei ex Legis praescripto suis sacrificiis manus imponebant. Quare Apostoli per manuum impositionem eum se Deo offere significabant, quem initiabant in ministerium. Quanquam usi sunt etiam super eos, quibus visibiles Spiritus gratias conferebant (Act 19,6). Utcunque sit, fuit hic solennis ritus, quoties ad ministerium Ecclesiasticum aliquem vocabant. Sic pastores et doctores, sic diaconos consecrabant. Licet autem nullum extet certum praeceptum de manuum impositione: quia tamen fuisse in perpetuo usu Apostolis videmus, illa tam accurata eorum observatio praecepti vice nobis esse debet. Et certe utile est eiusmodi symbolo cum ministerii dignitatem populo commendari, tum eum qui ordinatur admoneri, ipsum iam non esse sui iuris, sed Deo et Ecclesiae in servitutem addictum. Praeterea non erit inane signum, si in germanam suam originem restitutum fuerit. Nam si nihil frustra Spiritus Dei in Ecclesia instituit, hanc ceremoniam, quum ab eo profecta sit, sentiemus non esse inutilem, modo in superstitiosum abusum non vertatur. Hoc postremo habendum est, non universam multitudinem manus imposuisse suis ministris, sed solos pastores.

Es sei nicht versäumt, darauf hinzuweisen, daß Calvin einige Zeilen später den scheinbaren Widerpruch zwischen 1 Tim 4,14 und 2 Tim 1,6 genauso lösen will wie Joachim Jeremias u. a.: Die Wendung *impositio manuum presbyterii* in 1 Tim 4,14 will Calvin nicht so verstehen, als spräche Paulus hier von dem Kollegium der Presbyter, sed hoc nomine ordinationem ipsam intelligo: quasi diceret, Fac ut gratia quam per manuum impositionem recepisti, quum te presbyterum crearem, non sit irrita[13].

Cap. XIX, 28, S. 463,7. In der Auseinandersetzung mit den Papisten bestreitet ihnen Calvin das Recht, den Ordo der Priester für ein Sakrament zu halten. Er fährt dann unmittelbar so fort: Quantum ad verum presbyterii munus attinet, quod ore Christi nobis est commendatum, libenter eo loco habeo[14]; illic enim ceremonia est, primum ex Scripturis sumpta, deinde quam non esse inanem nec supervacuam, sed fidele spiritualis gratiae symbolum, testatur Paulus (1. Tim 4,14). Quod autem tertium in numero non posui, eo factum est, quod non ordinarium nec commune est apud omnes fideles, sed ad certam functionem specialis ritus[15].

---

[13] Wahrscheinlich läßt sich diese Lösung nicht halten. Vgl. dazu ThW VI, 666, Anm. 92 (G. Bornkamm) u. ThW IX, 423, 9-19 (E. Lohse).
[14] Vgl. dazu die französische Übersetzung, die (seit 1545) diesen Text so umschreibt: Quant est de l'imposition des mains, qui se fait pour introduire les vrais Prestres et Ministres de l'Eglise en leur estat: ie ne repugne point que on ne la receoyve pour Sacrament (Opera selecta V, S. 463, Anm. g.).
[15] Weber gibt in seiner Übersetzung der Institutio in Bd. III (1938) S. 615 den letzten Satz treffend so wieder: „daß ich das Presbyteramt trotzdem *nicht* als drittes in die Zahl der Sakramente eingereiht habe, das ist deshalb geschehen,

Cap. XIX, 31, S. 465, 22. Hinsichtlich der Beurteilung der Handauflegung kommt Calvin bei der Kritik verschiedener Riten der Priesterweihe, zumal der Salbung, zum gleichen Ergebnis wie in Abschn. 28. Positiv beurteilt er prinzipiell die Handauflegung, die aber in dem gegenwärtigen römischen Ritus eigentlich keinen Platz habe: Superest impositio manuum, quam ut in veris legitimisque ordinationibus Sacramentum esse concedo, ita nego locum habere in hac fabula, ubi nec Christi mandato obtemperant, nec finem respiciunt quo nos ducere debet promissio[16]. Signum si non negari sibi volunt, ad rem ipsam, cui dedicatum est, accommodent oportet.

b) Confessio Belgica 1561 und 1619, Art. XXXI[17].

Der ursprüngliche Text von 1561
Nous croyons, que les Ministres, Anciens et Diacres doyuent estre esleus en leurs offices par election legitime, auec l'inuocation du nom de Dieu, *et les suffrages de l'Eglise: puis confirmez par l'imposition des mains en leurs offices*, comme la parole de Dieu enseigne.

Der Dordrechter Text von 1619
Nous croyons que les Ministres de la Parole de Dieu, Anciens et Diacres, doivent être élus en leurs offices par élection légitime de l'Église, avec l'invocation du nom de Dieu, *par bon ordre*, comme la Parole de Dieu enseigne.

weil es *nicht allen* Gläubigen ordnungsmäßig zukommt und nicht allen gemein ist, sondern einen *besonderen* Gebrauch für eine *bestimmte* Amtsaufgabe darstellt." (Hervorhebungen vom Übersetzer.)

[16] Das Wort „fabula" entspricht dem, was Luther in den Schmalkaldischen Artikeln „Larven und Gespenste" genannt hat (vgl. oben S. 59). Auch der Gesichtspunkt, unter dem Calvin eine Reform des katholischen Formulars für die Priesterweihe verlangt, entspricht der gleichen Forderung Luthers. Nach Calvin verliert die Handauflegung den Charakter eines sakramentalen Zeichens, wenn die Ordinationshandlung und das, was mit ihr bezweckt wird, nicht mehr der Sache entspricht, um die es gemäß dem Gebot Christi in dem göttlich gestifteten Ministerium geht.

[17] Diese Bekenntnisschrift hat eine sehr komplizierte Textgeschichte. Vgl. dazu F. J. Los, Tekst en Toelichting van de Geloofsbelijdenis der Nederlandsche Hervormde Kerk, Utrecht 1929. Die ursprüngliche Fassung wurde von dem Prediger und Märtyrer Guy de Bray in Anlehnung an das hugenottische Bekenntnis von 1559 (Confessio Gallicana) französisch abgefaßt und erschien 1561 unter dem Titel: Confession de Foy, Faicte d'vn commun accord par les fideles qui conuersent és pays bas, lesquels desirent viure selon la pureté de l'Euangile de nostre Seigneur Iesus Christ. (Text bei Los, S. 99-316 mit Anmerkungen und Erklärungen.) Sie sollte der spanischen Obrigkeit gegenüber den von der Genfer Reformation bestimmten Glauben verteidigen. Aber sehr rasch wurde sie — auch in einer niederländischen Übersetzung — eine anerkannte Bekenntnisschrift. Textrevisionen haben bereits seit 1566 stattgefunden. Den endgültigen französischen und holländischen Text hat die Dordrechter Synode 1619 festgesetzt und eine lateinische Übersetzung in das Synodalprotokoll aufgenommen. Wir geben den ursprünglichen Text von 1561 wieder (bei Los S. 258) und fügen eine lateinische Übersetzung bei, die auf die niederländische Ausgabe von 1564 zurückgeht (vgl. die „Bearbeitung" von Salnars Harmonia confessionum fidei [1581] durch Ebrad,

Lateinische Übersetzung nach der Ausgabe von 1564	Dordrechter Text von 1619
Credimus, Ministros, Seniores et Diaconos debere ad functiones illas suas vocari et promoveri legitima ecclesiae vocatione, adhibita ad eam seria Dei invocatione, *atque adhibitis ecclesiae suffragiis, ac postea confirmari in muneribus suis per impositionem manuum,* eo ordine et modo, qui nobis in verbo Dei praescribitur.	Credimus Ministros divini verbi, Seniores et Diaconos, ad functiones suas legitima Ecclesiae electione, cum nominis divini invocatione, *eoque ordine* qui verbo Dei docetur, eligi debere.

Es fällt auf, daß die Zustimmung der Kirchengemeinde und die Bestätigung der Erwählung durch den Ritus der Handauflegung bei der Amtseinsetzung in dem Dordrechter Text zusammengezogen sind in die Worte „par bon ordre". Welches diese dem Wort Gottes entsprechende Ordnung ist, wird nicht ausgeführt. Daß Gottes Wort die Handauflegung lehrt, wird nicht mehr gesagt, der Text schließt sie aber auch nicht aus. Diese Textänderung ist sehr wahrscheinlich schon von der Synode von 1566 vorgenommen worden[18]. Eine Textverbesserung wird man diese Kürzung nicht nennen können[19]. Der revidierte Text weist darauf hin,

---

1887, S. 146). Diese Ausgabe ist ein Nachdruck der ältesten niederländischen Übersetzung von 1562. Vgl. den Text von 1564 in H. B. Vinke, Libri Symbolici Ecclesiae Reformatae Nederlandicae, Traiecti ad Rhenum 1846, mit dem Text von 1562 bei Los, a.a.O., S. 258, rechte Spalte. Dieser Text lautet: „Wy gheloouen, dat de Dienaers, Ouderlinghen ende Diakens, in haren dienst moeten door wettighe verkiesinghe verkoren worden, met aenroepinge des Naems Gods, ende koerstemmen der Kercken: daer na met oplegghinghe der handen, in haren dienst beuesticht worden, ghelijck als ons sulcx Gods woordt leert." Diese Übersetzung gibt den französischen Text hier zutreffend wieder. Darum darf der Text von Ebrad auch als eine lateinische Fassung des französischen Urtextes angesehen werden. Ebrad selbst dürfte der Übersetzer sein. Nur die Wendung eo ordine et modo, qui hat er offensichtlich aus Salnars Harmonia übernommen. Diese Harmonia, die erste, die angefertigt wurde, kannte von der Confessio Belgica nur die Ausgaben von 1566 und 1579. (Vgl. in der Genfer Ausgabe von 1581 den Catalogus Confessionum unter Nr. X.) Dort war der Hinweis auf die Handauflegung bereits getilgt. Dementsprechend geschieht nach Salnars Harmonia die Amtseinsetzung legitima Ecclesiae electione, adhibita ad eam seria Dei invocatione atque eo ordine et modo, qui nobis Dei verbo praescribitur. Wir stellen gegenüber den Dordrechter Text französisch (bei Los S. 366) und lateinisch (nach W. Niesel, Bekenntnisschriften und Kirchenordnungen der nach Gottes Wort reformierten Kirche, 1938, S. 132). Die Hervorhebung der Textunterschiede stammen von mir.

[18] Vgl. Los, S. 8ff, bes. S. 20f und 259, Anm. 6.
[19] Los bemerkt zu dieser Kürzung in Anm. 6 auf S. 259: „Zeer ten onrechte. Het weglaten van de stemmen der Kerk en de opplegging der handen was noch bijbelsch noch menschkundig", und führt das Urteil von J. J. van Toorenbergen an: „Alle verandering was geen verbetering."

daß in manchen Bereichen der reformierten Kirche die Frage, wie jene gute Ordnung der Amtseinsetzung gerade auch im Blick auf die Handauflegung beschaffen sein soll, aus mancherlei Gründen verschieden beantwortet wurde. Anlaß dazu bot die Auseinandersetzung mit der katholischen Priesterweihe. Auch Forderungen staatskirchlichen Rechtes haben offenbar dazu beigetragen. Als Begründung für die Unterlassung der Handauflegung diente in manchen Fällen der Hinweis auf die Gefahr eines abergläubigen Mißbrauches. Auch könne die Handauflegung nicht mit einer „absoluten Notwendigkeit" geboten werden. Die überwältigende Mehrheit der reformierten Bekenntnisse und Kirchenordnungen hat auch im 16. Jahrhundert an der Handauflegung bei der mit Gebet vollzogenen Ordination festgehalten, häufig ohne weitere Begründung. Nicht selten wird wie bei Calvin auf den in der Schrift bezeugten apostolischen Gebrauch hingewiesen. In einigen Fällen wird betont, daß die Bitte um Geistverleihung mit der Handauflegung verbunden ist[20].

c) Confessio Helvetica posterior, 1566, Art. XVIII: De ministris Ecclesiae, ipsorumque institutione, et officiis[21]. Zu Beginn wird festgestellt: mini-

---

[20] Ich verdanke diese Feststellungen vor allem der groß angelegten, umfassenden Dokumentation „Ordination und Handauflegung in der reformierten Tradition" und ihrer Auswertung, die F. Schulz im Juli 1974 abgeschlossen und in einer Vervielfältigung vorgelegt hat. Zum Problem der Handauflegung in der reformierten Tradition vgl. den Exkurs auf S. 98ff, bes. 100ff.

[21] Diese Confessio geht zurück auf Heinrich Bullinger, seit Zwinglis Tod der Leiter der Züricher Kirche. Im Jahre 1561 hat er eine Expositio brevi ac dilucida orthodoxae fidei für sich persönlich als sein Glaubensbekenntnis niedergeschrieben. Diesen Text hat er in den folgenden Jahren mehrmals verbessert, wahrscheinlich auch in dem Pestjahr 1564, in dem Bullinger beabsichtigte, „im Falle seines Todes die Expositio dem Magistrat als geistliches Testament zu hinterlassen" (E. Koch, in: Glauben und Bekennen, hrsg. v. J. Staedtke, Zürich 1966, S. 27; dort S. 13-40 die Untersuchung von E. Koch zur Textüberlieferung). Zu einer öffentlichen kirchlichen Confessio wurde dieses Dokument im Jahre 1566, als Kurfürst Friedrich III. von der Pfalz angesichts des auf ihn zukommenden Augsburger Reichstages eine Unterstützung für die Anerkennung seiner Rechtgläubigkeit nötig hatte. Bullingers Expositio schien dafür am besten geeignet zu sein. Durch einige Textänderungen wurde sie sehr rasch von fast allen Schweizer Kirchen als Bekenntnisschrift anerkannt. Noch vor der Abreise des Kurfürsten nach Augsburg erschien sie in Zürich als Confessio et Expositio simplex orthodoxae fidei et dogmatum Catholicorum syncerae religionis Christianae. Es folgen die Namen der Kirchen, die sie einmütig herausgeben zu dem Zweck, ut universis testentur fidelibus, quod in unitate verae et antiquae Christi Ecclesiae perstent, neque ulla nova aut erronea dogmata spargant, atque ideo etiam nihil consortii cum ullis Sectis aut haeresibus habeant (Text bei W. Niesel, a.a.O., S. 219-275). Weit über die Schweiz hinaus erhielt diese Ausgabe die Dignität einer Confessio für reformierte Kirchen zuerkannt. Mit Recht hat man von ihr gesagt, sie sei neben dem Heidelberger Katechismus l'exposé le plus classique de la foi réformée (Jean-Jacques von Allmen, Le saint ministère selon la conviction et la volonté des Réformés du XVIe siècle, Neuchâtel 1968, S. 9). Besonders wichtig ist unsere Confessio gerade für die Lehre vom Amt und damit auch für die Lehre von der Ordination. J. J. v. Allmen kann in dem genannten Buch die reformierte Amts-

storum origo, institutio et functio vetustissima et ipsius Dei, non nova aut hominum est ordinatio (253,17). Gott will per ministerium hominum mit den Menschen handeln. Die ministri sind daher als ministri Dei anzusehen, utpote per quos Deus salutem hominum operatur. Es folgen Hinweise auf Röm 10,14.17; Joh 13,20; Apg 16,9; 1 Kor 3,9. Andererseits zeigen uns Worte wie Joh 6,44; 1 Kor 3,5—7: Deum verbo suo nos docere *foris* per ministros suos, *intus* autem commovere electorum suorum corda ad fidem per spiritum sanctum (253,43). Es folgt dann so etwas wie eine heilsgeschichtliche Entwicklung des Amtes und seiner Träger „von Anfang der Welt" durch das Alte Testament bis zur Sendung des Sohnes Gottes als doctor mundi absolutissimus. Die in ihm verborgene göttliche Weisheit kam auch bis auf uns „durch die heiligste, einfachste und allervollkommenste Lehre". Allegit enim ille sibi discipulos, quos fecit apostolos. Hi vero exeuntes in mundum universum, collegerunt ubique ecclesias, per praedicationem Evangelii, deinde vero *per omnes mundi ecclesias, ordinarunt pastores, atque doctores, ex praecepto Christi, per quorum successores hucusque ecclesiam docuit ac gubernavit* (254,9). Hier werden Umrisse einer *successio apostolica* deutlich. Schwerpunkt ist die durch die Zeiten hindurch ununterbrochene kerygmatische Sukzession der in Christus geschehenen Offenbarung Gottes. Aber eben diese Sukzession bedarf einer aus der Tätigkeit der Apostel entsprungenen Sukzession des Amtes und seiner Träger, durch die Christus selbst in seiner Kirche wirkt[22]. Es wird dann die Vielfalt der neutestamentlichen Amtsbezeichnungen erörtert. An den Aposteln wird ihr missionarischer Dienst besonders hervorgehoben. Apostoli nullo certo consistebant loco, sed per orbem varias colligebant ecclesias. Quae ubi iam constitutae erant, *desierunt esse apostoli, ac subierunt quique in sua ecclesia in locum istorum pastores* (201,9). Die heute in der Kirche in Frage kommenden Amtsbezeichnungen sind Episkopi, Presbyteri, Pastores, Doctores (254,20; die Diakone werden hier nicht genannt).

lehre des 16. Jahrhunderts an Hand einer fortlaufenden Interpretation des Artikels XVIII dieser Confessio darstellen. Dies zeigt, daß dieser Artikel für das reformierte Amtsverständnis von exemplarischer Bedeutung ist, wenngleich es an Unterschieden in Nuancen nicht fehlt. Von der Ordinationsfrage handelt J. J. v. Allmen speziell in dem Abschnitt S. 47-54. Man kann den Verfasser für seine gründlichen und weit ausholenden Analysen nur dankbar sein. Wir müssen uns unsererseits beschränken auf das, was für die Amtseinsetzung wichtig ist. — Wir zitieren den Artikel XVIII nach W. Niesel, a.a.O., S. 253ff. (Hervorhebungen stammen von mir.)

[22] Dem Problem der apostolischen Sukzession, wie es sich in der exzeptionellen Situation der Reformation und der Reformationskirchen gestellt hat, ist J. J. v. Allmen a.a.O., S. 192-212 in einem besonderen Exkurs nachgegangen.

Die Diener der Kirche sollen berufen und gewählt werden electione ecclesiastica et legitima (255,7), wobei der Gesichtspunkt der Geeignetheit sorgfältig nach der apostolischen Richtschnur in 1 Tim 3,2ff und Tit 1,7ff zu beachten ist. Et qui electi sunt, ordinentur a senioribus[23] cum orationibus publicis, et impositione manuum (255,14). Gegen ein Mißverständnis des „allgemeinen Priestertums" wird noch einmal scharf betont, daß nur diejenigen Amtsträger werden können, die gewählt, gesandt und ordiniert sind. Nuncupant sane apostoli Christi omnes in Christum credentes sacerdotes, *sed non ratione ministerii*, sed quod per Christum, omnes fideles facti reges et sacerdotes, offerre possumus spirituales Deo hostias (Ex 9,6; 1 Petr 2,9; Apok 1,6). *Diversissima ergo inter se sunt sacerdotium et ministerium.* Illud enim commune est Christianis omnibus, ut modo diximus, hoc non item. Nec e medio sustulimus ecclesiae ministerium, quando repudiavimus ex ecclesia Christi sacerdotium papisticum (255,23).

Im neuen Bunde hat Christus nur solche Diener eingesetzt, die lehren und die Sakramente verwalten sollen, wie Paulus 1 Kor 4,1 bestätigt. Evangelium und die Sakramente sind die dort genannten mysteria Dei. Proinde in hoc sunt vocati ministri ecclesiae, ut Evangelium Christi annuncient fidelibus, et sacramenta administrent (256,7). Die Vollmacht (potestas) der Amtsträger ist eine vom Herrn delegierte Vollmacht, sie hat darin ihre Begrenzung, erhält aber gerade dadurch ihre Autorität. Proinde potestas ecclesiastica ministrorum ecclesiae, est functio illa, qua ministri ecclesiam Dei gubernant quidem, verum omnia in ecclesia sic faciunt, quemadmodum verbo suo praescripsit dominus: quae cum facta sunt, fideles tanquam ab ipso domino facta reputant (256,47). Die vom Herrn verliehene Vollmacht und Amtsbefugnis ist bei allen Amtsträgern, denen die Evangeliumsverkündigung und die Sakramentsverwaltung anvertraut ist, eine und dieselbe. Unterschiede, wie sie sich in der alten Kirche zwischen Presbytern und Episkopen herausgebildet haben, haben ihr gutes Recht um der Ordnung willen (propter ordinem, 267,8), können aber, wie im Anschluß an Hieronymus betont wird, nicht mit einem decretum divinum begründet werden.

Im Zusammenhang unserer Untersuchung dürften in dem Artikel XVIII

---

[23] Seniores sind hier nicht „Älteste" in dem uns gebräuchlichen Sinn, sondern ältere ordinierte Amtsträger, die episkopale Funktionen ausüben wie ein Dekan oder ein Antistes. Vgl. J. J. v. Allmen, a.a.O., S. 49 u. 102. Gerade in reformierten Kirchen galt streng der Grundsatz, den S. Maresius in seinem Collegium theologicum (1645) anführt: Ordinari debent ecclesiae ministri ab iis, qui iam sunt in eo gradu, quum nemo possit dare quod non habet (zit. v. H. Heppe, Die Dogmatik der evangelischreformierten Kirche, hrsg. v. E. Bizer, ²1958, S. 547).

dieser Bekenntnisschrift folgende Punkte wichtig sein: der göttliche Ursprung des Amtes, durch das das Evangelium verkündigt und die Sakramente verwaltet werden; die Heilsbedeutung dieses Amtes; die Kontinuität „der heiligen, einfachsten und allervollkommensten Lehre" von Christus her durch die Apostel und die Amtsträger der Kirche bis zu uns; der damit verbundene Rückbezug des kirchlichen Amtes auf die Apostel; das Hervortreten einer apostolischen Sukzession, die nicht nur in der ununterbrochenen Weitergabe der Lehre besteht, sondern auch in einer Amtssukzession, die in den von Aposteln vorgenommenen Amtseinsetzungen entsprungen ist, so daß dort, wo keine Apostel mehr sind, an ihre Stelle in jeder Gemeinde der Pastor getreten ist; die Amtseinsetzung unter Mitwirkung der Gemeinde durch Prüfung, Erwählung und Ordination in einem öffentlichen Gottesdienst mit Gebeten und Handauflegung durch ordinierte Amtsträger; die strenge Unterscheidung zwischen allgemeinem Priestertum und dem ministerium; die gleiche geistliche potestas aller Träger des ministerium verbi mit der Möglichkeit, um der Ordnung willen gewisse Unterschiede einzuführen.

Im Blick auf diesen Sachverhalt kann man wohl verstehen, daß Bullinger, als er Friedrich III. seine Confessio sandte, dazu schrieb: Ista confessio expositioque fidei nostrae congruit cum Apostolicae, orthodoxae catholicaeque ecclesiae veteris Confessione[24].

B

ANALYSE GELTENDER ORDINATIONSFORMULARE

Wir beschränken uns auf vier Grundtypen:

I Das Formular der Vereinigten Evangelisch-Lutherischen Kirche: Abkürzung VELKD 51[25].

II Das Formular der in der Arnoldshainer Konferenz zusammengeschlossenen Kirchen, die durch die Union geprägt sind: Abkürzung A[26].

---

[24] E. F. K. Müller, Die Bekenntnisschriften der reformierten Kirche, 1903, S. XXXI.
[25] Text in: Agende für Evangelisch-Lutherische Kirchen und Gemeinden, Bd. IV, ²1966, S. 17-26. Dieser Text ist identisch mit dem der ¹1951.
[26] Text in: Ordination — Gottesdienstordnungen für Ordination und Einführung, vorgelegt von der Arnoldshainer Konferenz, Gütersloh 1972, S. 10-17. Als geltendes Ordinationsformular wurde A übernommen von den Gliedkirchen der Evangelischen Kirche der Union, von der Evangelischen Kirche in Hessen und Nassau, als Alternativform von der Pfälzischen Landeskirche und der Evangelischen Landeskirche von Kurhessen-Waldeck. In der Evangelischen Kirche in Baden ist A zur Erprobung freigegeben.

III Das Formular der evangelischen Kirche in Württemberg: Abkürzung W[27].

IV Das Formular der Evangelisch-Reformierten Kirche in Nordwestdeutschland[28].

Zur Analyse von VELKD 51 sind zwei weitere Formulare heranzuziehen, das Ursprungsformular, Luthers Wittenberger Ordinationsformular von 1539, abgekürzt L[29], und der Entwurf für das zukünftige Formular, der von der Generalsynode Lübeck-Travemünde 1973 den Gliedkirchen „zur Stellungnahme und Erprobung" zugeleitet wurde: Abkürzung E[30]. Da E bereits von A beeinflußt ist, muß bei der Analyse des Formulars der Vereinigten Evangelisch-Lutherischen Kirche gelegentlich auch A herangezogen werden.

Diese Texte waren den Mitgliedern des Ökumenischen Arbeitskreises geraume Zeit vor Beginn der Tagung zugegangen (L, VELKD 51, E und das reformierte Formular vollständig; A und W in Auszügen), ebenso die wichtige Abhandlung von Frieder Schulz „Evangelische Ordination" in JLH 17 (1972) 1—54.

I
Das Formular der Vereinigten Evangelisch-Lutherischen Kirche im
Vergleich mit Luthers Formular und dem Entwurf von 1973

Für alle evangelischen Kirchen gilt, daß der gottesdienstlichen Ordinationshandlung grundlegende Akte, die auf Amtseinsetzung bezogen sind, vorausgehen wie die Prüfung des Kandidaten auf seine Geeignetheit[31], wobei diese Prüfung sich nicht nur auf theologische Bildung erstrecken soll, sondern auch auf Lehre und Leben, wenngleich eine Prüfung von Lehre und Leben im praktischen Vollzug problematisch geworden ist. Indessen steht allenthalben fest, daß entweder eine Lehrver-

---

[27] Text in: Kirchenbuch für die evangelische Kirche in Württemberg, Zweiter Teil, Handlungen, Sonderausgabe, Einführungen in den Kirchlichen Dienst ... Ausgabe von 1971, S. 7-14. Das Formular ist überschrieben: „Einführung in den Pfarrdienst (Ordination)".
[28] Text in: Kirchenbuch, hrsg. v. Moderamen des Reformierten Bundes, 1951, S. 183-194.
[29] WA 38, S. 423-431, Spalte R. Aus technischen Gründen der Vervielfältigung lag Luthers Formular den Mitgliedern der Ökumenischen Arbeitsgemeinschaft in einer Ablichtung aus der Mecklenburger Kirchenordnung von 1552 vor. Von geringen Varianten abgesehen ist der Mecklenburger Text der gleiche wie L.
[30] Text in: Ordination und Einführungshandlungen, I. Teil, vorgelegt der Generalsynode von 1973 als „Entwurf", S. 5-10.
[31] Mit einem Hinweis auf die vorausgegangene Prüfung beginnt schon L: examinatione facta (423,6). VELKD 51 erwähnt bei der Vorstellung die „bestandene Zeit der Vorbereitung" (18).

pflichtung des Kandidaten auf die Bekenntnisse der betreffenden Kirche oder seine Bereitschaftserklärung dazu der gottesdienstlichen Handlung vorausgeht.

Die gottesdienstliche Handlung der Ordination findet, von extremen Notfällen abgesehen, in einem sonntäglichen Hauptgottesdienst statt. Das bedeutet für die Formulare VELKD 51, E und A, daß sie in die Gottesdienstordnung für Sonn- und Feiertage eingefügt sind, in VELKD 51 und ähnlich in E nach dem Wortteil vor dem Abendmahl, in A bereits nach dem Kollektengebet oder vor dem Glaubensbekenntnis. Das Abendmahl wird in A nicht erwähnt. Die Ordinationshandlung beginnt in einem solchen Gottesdienst mit der Vorstellung des Kandidaten.

a) Der einleitende Gebetsteil

Gebet ist ein zentrales Wesenselement der Ordination. In L findet sich bereits am Anfang der Ordinationshandlung ein zweitstufiger Gebetsteil. Die Ordination soll beginnen mit einem Fürbittgebet für die Ordinanden und für das Amt der Kirche überhaupt (*pro eis et universo ministerio*, 423,11). Dazu wird die Gemeinde durch eine Predigtansprache (*concio* = *contio*) vorbereitet und aufgefordert. Der Inhalt dieser Bitten, die in der Ansprache wohl erläutert wurden, berührt sich mit Wendungen in dem später folgenden Ordinationsgebet. In dem einleitenden Gebet soll die Gemeinde Gott bitten, er möge Arbeiter in seine Ernte senden und sie unversehrt und beharrlich gegen alle Pforten der Hölle in der rechten Lehre erhalten. Diese Gebetsanliegen kommen in Luthers Fassung der Litanei sehr deutlich zur Sprache[32]. So ist es durchaus möglich, daß Luther die Litanei als Eröffnungsgebet für die Ordination (gelegentlich) gebraucht hat. Wahrscheinlicher dürfte sein, daß er dieses Gebet in prosphonetischer Form gesprochen hat.

An dieses erste Gebet schließt sich in L eine zweite Gebetsstufe an. Sie ist deutlich als ein besonderer Akt hervorgehoben, sie ist, wenn man so sagen darf, feierlicher, gleichsam eine Steigerung, auch inhaltlich, inso-

---

[32] Vgl. WA 30 III, 31,16-32,18: „Wir armen Sünder bitten, du wollst uns hören, lieber Herre Gott — und deine heilige christliche Kirche regieren und führen — Alle Bischof, Pfarrherr und Kirchendiener im heilsamen Wort und heiligen Leben behalten — Allen Rotten und Ärgernissen wehren — Alle Irrigen und Verführten wiederbringen — Den Satan unter unsere Füße treten — Treu Arbeiter in deine Ernte senden — Deinen Geist und Kraft zum Wort geben — Allen Betrübten und Blöden (=Verzagten) helfen und trösten..." Im Evangelischen Kirchengesangbuch findet sich die Litanei unter Nr. 138. Man beachte, daß die Bitte gegen den Satan, die um treue Arbeiter und die um den Geist in der Allerheiligen-Litanei, die Luther bei seiner Fassung vorlag, nicht enthalten sind, also von Luther neu eingeführt wurden. Dieselben Bitten klingen, zum Teil auch im Wortlaut, in Luthers Ordinationsgebet bei der Handauflegung an.

fern das Beten jetzt auf das eigentliche Geheimnis der Ordination, auf die Gabe des Heiligen Geistes, ausgerichtet ist. Man könnte diese zweite Gebetsstufe eine Epiklese des Heiligen Geistes nennen. Die Ordination bekommt einen pfingstlichen Charakter. Jetzt knien am Altar der Ordinator und alle anwesenden Amtsträger mit den Ordinanden in der Mitte. Der Chor singt die altkirchliche Antiphon *Veni sancte spiritus*. Es folgen Ps 51,12 als Versikel und als Kollekte die vom Heiligen Geist, uns von Pfingsten her bekannt: *Deus, qui corda fidelium sancti spiritus illustratione docuisti* ...

In VELKD 51 ist der einleitende Gebetsteil fakultativ. In seinem Inhalt hat man sich in gewisser Weise an L angeschlossen. Als das in L vor der Ansprache vorgeschlagene Gebet ist sachgemäß die Litanei eingesetzt. Versikel und Kollekte sind zur Litanei gezogen. Aber nun wird die Struktur des einleitenden Gebetsteiles dadurch gestört, daß die Ansprache des Ordinators, die selbstverständlich nicht fakultativ ist, eingeschaltet wird, bevor eines der drei pfingstlichen Gebetslieder Luthers gesungen wird. Dazu wird man an dieses Formular doch wohl noch die kritische Frage richten müssen, ob es sachgemäß ist, daß dieser einleitende Gebetsteil fakultativ sein darf.

Offenbar hat sich in der Praxis der Brauch herausgebildet, die Litanei mit Versikel und Kollekte wegzulassen und anschließend an die Ansprache des Ordinators eines der drei Pfingstlieder Luthers zu singen. Diese Ordnung findet sich in E. Dort ist der Gebetscharakter des auf die Ansprache folgenden Liedes hervorgehoben, indem der Ordinator zum Gesang auffordert mit den Worten: „Laßt uns den Beistand des Heiligen Geistes erbitten." Der einleitende Gebetsteil ist zusammengeschrumpft auf den Gesang eines Liedes. Man wird an E die kritische Frage richten müssen, ob dies dem Gewicht eines *die Ordination* einleitenden Gebetsteiles entspricht. Die Verkümmerung dieses Gebetsteiles gegenüber L ist nicht ohne Bedenken, ihn sachgemäß wiederherzustellen ist eine dringende Aufgabe. — In A ist der einleitende Gebetsteil völlig weggefallen, es sei denn, das frei zu wählende Lied nach der Ansprache des Ordinators sei ein Gebetslied.

b) Schriftlesungen, Verpflichtungsfrage (Vorhalt) und Antwort

Dieser Teil wird in E mit einer Ankündigungsformel des Ordinators eröffnet, die versucht, Wesenselemente der Ordination summarisch zusammenzufassen. Gottes Wort hören, Handauflegung und Gebet werden genannt, nicht genannt werden Segnung und Sendung, die offenbar unter Handauflegung mitgemeint sind, während das Ordinationsgebet nicht unter Handauflegung vollzogen wird. Bereits diese Abscheidung des Ordinationsgebetes, die in dieser Ankündigung schon angedeutet ist, gibt, wie wir sehen werden, Anlaß zu kritischen Fragen. Aber noch andere Bedenken erheben sich gegen diese Formel.

Wenn man eine solche Formel gebrauchen will, dann muß sie an der rechten Stelle stehen. Das trifft in E nicht zu. Denn die vorausgegangene, für die Ordination so wichtige Anrufung des Heiligen Geistes („den Beistand des Heiligen Geistes erbitten") gehört trotz der Verkümmerung des einleitenden Gebetsteiles in E dennoch zur Ordinationshandlung als einem Ganzen. E schließt sie aber formell vom Ordinieren aus. Eine auf die gesamte Ordinationshandlung sich beziehende Ankündigungsformel könnte wie in VELKD 51 auf die Vorstellung folgen oder vor oder nach der Ordinationsansprache gesprochen werden. Man darf aber fragen, ob eine solche allgemeine Ankündigung nach einer Ansprache des Ordinators überhaupt noch nötig ist und welchen Sinn sie an dieser Stelle haben soll. Anders liegen die Dinge, wenn man bedenkt, daß die Ordination eine „gestreckte Handlung" ist, die auf einen entscheidenden Akt hinläuft, durch den erst die ganze Handlung Ordination wird. So wichtig Schriftlesung, Verpflichtungsfrage und das Ja des Ordinanden sind, so sind diese Akte doch *Voraussetzungen* für jenen Kern der Handlung. An dieser Stelle, also nach der Antwort des Ordinanden, wäre eine solche Ankündigungs- und Deklarationsformel im Blick auf das, was nunmehr geschehen soll, durchaus am Platze[33].

Unser Haupteinwand gegen die Ankündigungsformel von E betrifft aber die Erklärung, N. N. werde „zum Pfarrer (Pastor)" ordiniert. Scheinbar kann sich E dafür auf L berufen. Denn im Anschluß an die Lesungen 1 Tim 3,1-7 und Apg 20,28-31 werden dort die zum Weiden der Gemeinde Berufenen „Bischöfe, das ist Prediger und Pfarrer" genannt[34]. VELKD 51 hat sich an der gleichen Stelle ähnlich ausgedrückt: die Ordinierten sind „zu Bischöfen, das ist zu Hirten und Predigern, berufen". Gegenüber diesen Formulierungen bedeutet die Wendung, „zum Pfarrer (Pastor)" ordinieren, eine problematische Einschränkung. L und VELKD 51 weisen darauf hin, daß das Amt, zu dem ordiniert wird, das „Bischofsamt" ist im Sinne von CA XXVIII, das die Fülle der im Ministerium ecclesiasticum beschlossenen Funktionen umfaßt, ein Amt, das mit Recht *pastor seu episcopus* genannt wird. Eine Formulierung wie die

---

[33] In A ist das Ordinationsgebet bedauerlicherweise von diesem Kern ausgeschlossen. Die summarische Deklarationsformel steht dort vor dem Segnungs- und Sendungsakt.

[34] WA 38,427,15: „Hie höret ihr, daß uns, so Bischoue, das ist Prediger und Pfarrer berufen sind und sein sollen, nicht wird befohlen..."

von E, die den Pastor oder Pfarrer isoliert nennt, erweckt aber den Eindruck, der Ordinand würde durch seine Ordination lediglich in ein kirchenrechtlich umrissenes Amt eingesetzt, das einen *humana auctoritate* geschaffenen *gradus* darstellt. Dieser Eindruck muß bei der Ordination unbedingt vermieden werden, obwohl der Ordinierte sein Amt und die ihm in der Ordination erteilten Funktionen als „Pfarrer" einer Landeskirche in einer durch die rechtliche Kirchenordnung bestimmten Begrenzung ausübt. Es muß doch eindeutig klar bleiben, daß die evangelisch-lutherische Kirche keine zur Presbyterordination hinzutretende Bischofsordination kennt. Zum Bischofsamt einer Landeskirche oder einer Diözese kann der Amtsträger nicht ordiniert werden, er wird in dieses Amt *eingeführt*. Auch der Pfarrer wird in das Pfarramt eingeführt, aber er wird nicht zu dem kirchenrechtlich definierten Pfarramt ordiniert. Sucht man nach einer Bezeichnung für das, was die Bekenntnisschriften mit CA XXVIII unter Bischofsamt und den Vollmachten des *pastor seu episcopus* verstehen, so ist die Wendung „Amt der Kirche" dem Sachverhalt gut angemessen[35].

Indem wir uns nun den Schriftlesungen zuwenden, müssen wir vor allem bedenken, daß sie aufs engste mit dem Vorhalt und der Bereitschafts- oder Verpflichtungsfrage zusammenhängen. Die Schriftlesungen selbst sind bereits für den Ordinanden ein „Vorhalt", der, wie L und VELKD 51 deutlich machen, auch ein erneuter „Vorhalt" für alle an der Ordination beteiligten Amtsträger ist. Zugleich soll dieser durch die Schriftlesungen sich vollziehende Vorhalt von der Gemeinde vernommen werden, die ebenfalls das, was das in der Ordination übertragene Amt einschließt, beherzigen soll. In den Schriftlesungen soll dem Hörer von der Heiligen Schrift selbst vorgehalten werden, worum es in diesem amtlichen Dienst geht, in den der Ordinand eingesetzt werden soll, und wie die Übernahme dieses Amtes eine die ganze Existenz seines Trägers beanspruchende Lebenshaltung fordert[36]. In VELKD 51 ist diese Verbin-

---

[35] Vgl. die Ankündigungsformel in VELKD 51, S. 18: Der Ordinand soll „heute unter Gebet und Auflegung der Hände zum Amt der Kirche geordnet werden". E scheint wie A vor dem Wort Amt zu fliehen. Das Wort kommt nur noch an einer — überdies fakultativen — Stelle vor, auf S. 7 in der ersten Form der Verpflichtungsfrage: „... das Amt, das dir anvertraut wird ..." In dem aus A übernommenen Vorhalt auf S. 8 wird nur ganz allgemein von „allen Ämtern der Kirche" gesprochen, Ministerium wird nur mit Dienst, nie mit Amt wiedergegeben. Das Bestreben, den Begriff Amt aus dem Ordinationsformular auszuscheiden, ist eindeutig. Vgl. dazu den Exkurs I auf S. 95ff.

[36] In L ist der Amtsinhalt im Vorhalt aus der Lesung von Apg 20,28-31 entnommen. Die Amtsaufgaben gruppieren sich hier um die beiden Verben „weiden" (Apg 20,28) und „wachen" (Apg 20,31), weiden „die Gemeinde, so Gott durch sein eigen Blut erworben hat, ... weiden ... mit dem reinen Wort Gottes, auch wachen und zusehen, daß nicht Wölfe und Rotten unter die armen Schafe einreißen"

dung zwischen Schriftlesung und vorhaltender Frage klar festgehalten. Es liegt auf der Hand, daß das, was das Amt ist, in diesem Zusammenhang nur in einer knappen konzentrierten Aussage zusammengefaßt werden kann. VELKD 51 nennt hier drei Grundelemente des Amtsinhaltes: das Evangelium lauter und rein predigen, die Sakramente einsetzungsgemäß verwalten und Beichte entgegennehmen. Was den Lebenswandel des Amtsträgers anlangt, so ist der Gedanke des „Vorbildes" (*typos*, 1 Tim 4,12) wirksam. Die Schriftlesungen selbst sind gegenüber Luther (abgesehen von dem einen Vers 1 Tim 3,1) neu, aber sachgemäß, zum Teil auch durch Tradition bestimmt[37]. Von besonderem Gewicht dürfte die Lesung 2 Kor 5,19f sein, die bereits für Melanchthons Ordinationsverständnis von Bedeutung war und von der aus man in der Tat eine Lehre von der Ordination entwickeln kann.

Tiefgreifende Veränderungen hat E bei den Schriftlesungen vorgenommen, obwohl die Texte aus VELKD 51 zum großen Teil wiederkehren. Aber diese Texte werden nur *vorgeschlagen*, sie liegen nicht mehr fest. Der Ordinator kann „andere geeignete Schriftlesungen" sich selbst aussuchen (S. 7). Ferner sind die Schriftlesungen auf zwei reduziert[38]. Der Zusammenhang zwischen Schriftlesung und Bereitschaftsfrage oder Vorhalt wird nicht mehr greifbar. Hier werden zweifellos Mängel sichtbar, die eine gründliche Überarbeitung von E nötig machen. Die Lesungen aus der Heiligen Schrift sollten nicht gekürzt werden (bei Verwendung der von E vorgeschlagenen Texte auf 6 oder 4 ½ Verse)! Die Texte sollten schon im Blick auf ihren Zusammenhang mit Vorhalt und Bereitschaftsfrage festliegen. Eine Lesung aus den Pastoralbriefen sollte nicht verschwinden. Die knappe Auswahl von VELKD 51 ist aus zwei Gründen wichtig. Wenn schon die Lesung aus Apg 20 für die Einführung in die spezifisch episkopalen Ämter vorbehalten wird, ist es geboten, durch

---

(427,21; zum Teil wörtliche Wiederholungen aus Apg 20). Die Weisungen für die persönliche Lebensführung („für unser Person" 428,1) sind aus der Lesung von 1 Tim 3,1-7 abgeleitet.

[37] Zunächst verliest der eine Assistent Mt 28,18b-20 und anschließend Joh 20,21-23, dann der andere Assistent 2 Kor 5,19-20 und anschließend Eph 4,11-13 sowie 1 Tim 3,1 verbunden mit 4,12-13. (Warum wurde Vers 14 nicht verlesen?) Diese Neuregelung ist auch dadurch bestimmt, daß in Agende IV die Lesung aus Apg 20 für Einführungen in oberhirtliche Ämter vom Dekan und Superintendenten bis zum Generalsuperintendenten und Landesbischof reserviert wurde. Man kann das verstehen, aber verloren geht dabei die Erkenntnis, daß das, was dort von den „Bischöfen" gesagt wird, nach den Bekenntnisschriften der lutherischen Kirche gerade von dem Amt gilt, das durch Ordination übertragen wird, und nur von dorther auch für die oberhirtlichen Ämter, in die eingeführt wird.

[38] Die vorgeschlagenen, aus VELKD 51 übernommenen Texte sind: Mt 28,18b-20 oder Joh 20,21-23; 2 Kor 5,19f oder Eph 4,11-13. Eine Lesung aus den Pastoralbriefen fehlt.

die Schrift darauf hinzuweisen, daß es in dem in der Ordination anvertrauten Amt auch um ein „Bischofsamt" geht. Ferner sollte *eine* Schriftstelle vorkommen, die auf die praktische Lebenshaltung der Amtsträger hinweist. E zeigt, daß in der Verpflichtungsfrage dieses Moment sehr verblaßt. Diese prägende Kraft des *typos* (1 Tim 4,12) wird ersetzt durch „Nachfolge des Herrn" (S. 7), ein Gebot, das jedem Glied des Volkes Gottes gilt und die besondere Verpflichtung des Amtsträgers nicht zur Geltung bringt. Es kann auch von einem Verhalten gesprochen werden, „wie es deinem Auftrag entspricht" (ebd.), aber die Andeutung einer Konkretion fehlt. Der aus A stammende Vorhalt in E auf S. 8 enthält die beachtliche Formulierung: „Verhalte dich so, daß dein Zeugnis nicht unglaubwürdig wird", aber damit sind offenbar doch nur solche Verhaltensweisen angesprochen, deren Vermeidung sich von selbst verstehen sollte.

Die zweite problematische Veränderung in E liegt darin, daß ein Bezug zwischen Schriftlesung und Verpflichtungsfrage (Vorhalt) nicht mehr sichtbar gemacht wird. Das hängt gewiß mit der Freigabe der Auswahl geeigneter Lesungen zusammen. Damit wird aber ein Grundgehalt des reformatorischen Ordinationsformulars preisgegeben. Die Frage nach der Bereitschaft des Ordinanden steht nun als ein besonderer Akt für sich. Nur im Eingang des Vorhaltes, der aus A übernommen wurde, ist diese Veklammerung noch sichtbar[39]. Wer diese Form gebraucht, muß ihre Einleitung als Richtschnur für die Wahl seiner Lesung gelten lassen. Auch diese Beobachtung spricht für eine Festlegung der Schriftlesungen. In der Verpflichtungs- oder Bereitschaftsfrage wird von dem „Amt, das dir befohlen (E: anvertraut) wird", gesprochen. Nach E (S. 7) kann entsprechend seiner problematischen Ankündigungsformel dafür auch „Dienst eines Pfarrers" gesagt werden. In der mit dem Vorhalt aus A übernommenen Frage steht dafür der „Dienst der öffentlichen Verkündigung". Das Bestreben, das Wort „Amt" auch an dieser wichtigen Stelle zu vermeiden, zeichnet sich deutlich ab.

Der Inhalt der Amtsfunktionen ist in VELKD 51 und in E — abgesehen von der aus A übernommenen Formel — gleich: das Evangelium von Jesus Christus, wie es in der Heiligen Schrift gegeben und im Bekenntnis der evangelisch-lutherischen Kirche bezeugt ist, (lauter und rein) predigen, die Sakramente ihrer Einsetzung gemäß verwalten, das Beichtgeheimnis (E: und die seelsorgerliche Schweigepflicht) (VELKD 51: unverbrüchlich) wahren. In E wird in der mit dem Vorhalt aus A übernom-

---

[39] S. 8: „Aus diesen Worten der Heiligen Schrift hören wir, welchen Auftrag und welche Verheißung der Herr seiner Kirche gegeben hat."

menen Frage von Verwaltung der Sakramente nicht mehr gesprochen, obwohl in diesem Vorhalt neben dem Predigen Taufe und Abendmahl genannt werden. Auch wird in dieser mit dem Vorhalt aus A verbundenen Frage die Bereitschaft des Ordinanden für einen seinem Dienstauftrag entsprechenden persönlichen Lebenswandel nicht mehr erfragt.

Zum Schluß unserer Bemerkungen zu diesem Teil des Formulars müssen wir noch auf eine Besonderheit von VELKD 51 hinweisen, die uns auf eine eigentümliche Umkehrung des Verhältnisses von Schriftlesung und Verpflichtungsfrage verweist, die Luther in der ursprünglichen Fassung seines Ordinationsformulars vom Jahre 1535 vorgesehen hat (WA 38,424,18-425,22, Spalte H). In VELKD 51 lautet die Einleitung zur Schriftlesung: „Höret, was *das Wort Gottes, das alles heiligt,* vom Amt der Kirche sagt". Diese Wendung erinnert an 1 Tim 4,4f: „Alle Kreatur Gottes ist gut und nichts verwerflich, das mit Danksagung empfangen wird. Denn es wird geheiligt durch das Wort Gottes und Gebet." Diese Stelle mit dem „gewaltigen Satz" (J. Jeremias) von der Güte des von Gott Geschaffenen richtet sich gegen häretische asketische Gruppen, die die Ehe verbieten und Enthaltung von Speisen fordern. Was hat ein solcher Text in unserem Zusammenhang zu suchen? Tatsächlich hat Luther in dem genannten Formular nach Beendigung jener pfingstlichen Kollekte als Brücke zur Lesung von 1 Tim 3,1-7 jenen Text gebraucht. Die Grundaussage in 1 Tim 4,4f ist für ihn der nicht minder gewaltige Satz: *omnis creatura Dei ... sanctificatur per verbum Dei et orationem.* Der Ton liegt hier auf *sanctificari.* Dadurch entsteht als Einleitung zur genannten Schriftlesung ein paränetischer Ordinationsvorhalt, der sehr bedeutsam ist. Ich versuche, die Anrede an die Ordinanden zu übersetzen: „Ihr seid ja nicht nur gute Gottesschöpfung, geheiligt durch das Wort und das Taufsakrament, sondern sollt nun noch zu einer anderen (zweiten) Heiligung berufen werden, zum heiligen und gottgestifteten Amt (*ad sanctum et divinum ministerium*), vermittels dessen durch euch viele andere geheiligt und dem Herrn durch das Wort und euer Wirken als ein Gewinn dargebracht werden sollen (*domino lucrifiant verbo et opere vestro*). Eben daraus könnt ihr auch einsehen, wie heilig und dieser eurer Berufung würdig ihr euch verhalten müßt. Vor allem seid selbst unverdorben im Glauben, rein im Wort, untadelig im Umgang, auf daß ihr *im Lebenswandel* wie in der Lehre als gute Haushalter der Geheimnisse Gottes und als tüchtige Diener Christi an jenem Tage des Herrn erfunden werdet — wie Paulus lehrt 1 Tim 3 ..." Es folgen die Lesungen aus 1 Tim 3,1-7 und Apg 20,28-31. Die Bereitschaftsfrage entfällt. An die Schriftlesungen schließt sich unmittelbar Handauflegung mit Gebet an.

Dieses zu einer Ordinationsparaklese ausgewachsene Präfamen zur Schriftlesung enthält wichtige und zum Teil überraschende Aussagen über das Amt. Für die zum Amt Berufenen gibt es außer der Heiligung, die ihnen als Glieder des priesterlichen Gottesvolkes bereits zuteil geworden ist, noch eine andere, die durch die Berufung in das Ministerium verbi Ereignis wird. Diese Heiligung besteht keineswegs in einem neuen Heiligungsgrad der Berufenen, sondern darin, daß durch den Dienst der so Berufenen andere geheiligt werden, also durch Wort und Taufe Glieder des priesterlichen Gottesvolkes werden. Der Diener selbst wird durch sein Wirken im *sanctum et divinum ministerium* zu einem Mittel dafür, daß am Menschen jener Übergang vollzogen wird, durch den er vor Gott gute, für ihn geheiligte Kreatur wird. Die so Geheiligten werden durch die Verbindung des göttlichen Wortes mit dem amtlichen Wirken des Dieners zu einem „Gewinn" für den Herrn gemacht, sie werden ja sein Eigentum. Es klingt hier etwas an von dem paulinischen Verständnis des Apostelamtes in Röm 15,16, zumal wenn wir diesen Text nach der Vulgata lesen: (gratia) data est mihi a Deo, ut sim minister Christi Jesu in Gentibus: sanctificans Evangelium Dei, ut fiat oblatio Gentium accepta et sanctificata in Spiritu sancto.

In Luthers parakletischem Präfamen wird eine Dimension des Ministerium verbi aufgedeckt, die bei uns weithin zugedeckt ist, nämlich die Ausrichtung dieses Dienstes unmittelbar auf den Herrn selbst, und zwar nicht nur als Gehorsam des Dieners gegenüber einem Gebot des Herrn, sondern gerade auch in dem Sinn, daß durch die Ausführung des Gebotes dem Herrn eine Gabe zugebracht wird, die vorher noch nicht in seinem Besitz war, nämlich neue Glieder an seinem Leibe. Gewiß ist das Ministerium verbi für die Menschen da. Aber gerade dadurch ist es zugleich für den Herrn da. Indem den Menschen durch die Einheit von Wort und Wirken des Dieners durch das Ministerium verbi das Christusheil gebracht wird, werden dem Kyrios selbst diese Menschen als sein „Gewinn" zugeführt. Es ist letzten Endes die Dimension des Priesterlichen, die hier sichtbar wird als eine in die Betätigung des Amtsauftrages eingebettete Komponente. Auch aus dieser Dimension des Amtes ergeben sich, wie Luther unterstreicht, konkrete Folgen für das Verhalten des Amtsträgers in seiner Lebensführung.

Übersicht über den Kern der Ordinationshandlung

L	VELKD 51	E	A
—	Ankündigung: „... daß wir dich ordnen zum Dienst an Wort und Sakrament..." mit „Hände auflegen und über dir beten."	—	—
Handauflegung mit Vaterunser und Ordinationsgebet: „Barmherziger Gott, himmlischer Vater, ... wollest diesen deinen Dienern samt uns und allen, die zu deinem Wort berufen sind, deinen heiligen Geist reichlich geben, daß wir mit großen Haufen Evangelisten sein, treu und fest bleiben wider den Teufel, Welt und Fleisch...."	Ordinand kniet. Handauflegung fakultativ. Vaterunser mit Ordinationsgebet aus L, leicht überarbeitet.	Ohne Knien und Handauflegung. Vaterunser und ein neues Ordinationsgebet: „...wir danken dir, daß du... auch diesen Bruder berufen hast, ... gib ihm den Heiligen Geist, daß er dein Wort recht verkündigt und mit den Sakramenten nach deinem Willen dient... Erhalte deine Kirche und all ihre Diener in deiner Wahrheit..."	Ohne Knien und Handauflegung. Ohne Vaterunser. Fürbitte für den Ordinanden. 3 Gebete zur Wahl: a) nach Hessen 1566: „... du allein berufst und sendest... erleuchte das Herz dieses Bruders durch den Heiligen Geist und leite ihn..." b) nach Luther, WATR 5, S. 112: „...Sende diesen Diener deines Wortes in deine Ernte... Segne seinen Dienst..." c) wie E.
	Vollzugsformel über jeden einzelnen mit Handauflegung gesprochen: „... (wir) überantworten dir durch Gebet und Auflegung unserer Hände das Amt der Kirche, wir	Ordinand kniet. Vollzugsformel mit Handauflegung: „Christus spricht: Gleichwie mich der Vater gesandt hat, so sende ich euch. Im Gehorsam ge-	Ohne Knien und Handauflegung. Ankündigung des Vollzugs: „... im Gehorsam gegen den Auftrag, den der Herr seiner Kirche gegeben hat und im Vertrauen

den dich zum Dienst am Wort und Sakrament. Im Namen + des Vaters und..." Assistenten: „Amen."	(wie A, aber:) „...Dienst im Amt der Kirche, das Evangelium von Jesus Christus zu predigen und die Sakramente zu verwalten. Im Namen... Amen."	rufen und senden wir dich zum Dienst der öffentlichen Verkündigung im Namen des Vaters... Amen. Knie nieder und laß dir die Hand auflegen."
Fakultativ: Segensvotum des Assistenten mit Handauflegung.	—	„Der Herr, unser Gott, hat dich zu seinem Dienst berufen. Christus spricht: „Gleichwie mich der Vater gesandt hat, so sende ich euch." Segensvotum der Assistenten mit Handauflegung: „Der Herr segne dich. Er segne deinen Dienst an allen, die dir anbefohlen sind. Amen." Der Ordinierte erhebt sich.
—	s. o.	
	wie A	
Der Ordinierte erhebt sich. Fakultativ: Überreichung der Bibel.	Der Ordinierte erhebt sich.	
Anrede an die Ordinierten mit 1 Petr 5,2–5: „So gehe(t) nun hin und weide(t) die Herde Christi, die euch befohlen ist..."		
—	—	—
wie L	s. o.	s. o.
Benediktion mit Kreuzeszeichen: „Benedicat vos dominus ut faciatis fructum multum."		
Ohne Kreuzeszeichen: „Der Herr gebe dir seinen Segen, daß du viel Frucht schaffest." Assistenten: „Amen."		
Lied	Lied	Lied	Lied

c) Ordinationsgebet und Handauflegung

Vergleichen wir das Formular von VELKD 51 vom Beginn des eigentlichen Ordinationsaktes mit Handauflegung und Gebet bis zum Schluß mit L, so ist es, von sprachlichen Glättungen im Ordinationsgebet abgesehen, gleichlautend mit L, bis auf eine Ausnahme: VELKD hat nach dem Vaterunser und dem Ordinationsgebet eine Vollzugsformel eingeführt, die zu jedem einzelnen mit Handauflegung gesprochen wird. Derartige Formeln sind bereits im 16. Jahrhundert eingedrungen[40]. Dadurch ist zweifellos ein schwerwiegender Einbruch in Luthers Formular erfolgt. Für Luther ist das Herzstück der Ordination das mit Handauflegung verbundene Vaterunser mit dem nachfolgenden Ordinationsgebet, das nach seinem Verständnis die drei ersten Bitten des Vaterunsers weiter entfaltet, wobei die Bitte laut wird, Gott wolle „diesen deinen Dienern samt uns und allen, die zu deinem Wort berufen sind, deinen Heiligen Geist reichlich geben, daß wir mit großen Haufen deine Evangelisten seien, treu und fest bleiben wider den Teufel, Welt und Fleisch, damit dein Name geheiliget, dein Reich gemehret, dein Wille vollbracht werde."
Da Luthers Formular für mehrere Ordinanden bestimmt ist, wird hier die Handauflegung von dem Ordinator zusammen mit allen am Altar stehenden Amtsträgern vollzogen (impositis manibus totius presbiterii)[41]. Die Vollzugsformel ist ihrer Gattung nach kein Gebet, auch kein Segenszuspruch. Sie hat einen deklaratorischen Charakter. Sie greift zwar zurück auf den vorausgegangenen Gebetsakt und weist auf die mit den deklaratorischen Worten verbundene Handauflegung hin und „erklärt" etwa im Sinne einer Proklamation, was jetzt hier geschieht: Das Amt der Kirche wird dem angeredeten Bruder überantwortet, er selbst wird gesegnet und zum Dienst am Wort gesandt. Alle diese Akte sind zusammengefaßt in dem Verbum „ordnen", was bereits bei der Eröffnung der Ordinationshandlung als dasjenige Tun erscheint, in dem der ganze Vorgang zusammengefaßt ist. Die Funktion der Vollzugsformel dürfte auch darin bestehen, daß sie das rechtliche Moment, das in dem Ordinationsvorgang zweifellos auch enthalten ist, sichtbar machen will.
Diese Formel ist also ein sehr komplexes Gebilde. Zu bedenken ist ferner

---

[40] Vgl. P. Graff, Geschichte der Auflösung der alten gottesdienstlichen Formen in der evangelischen Kirche Deutschlands, Bd. I, ²1937, S. 394f; F. Schulz, in JLH 17 (1972), bes. S. 47ff.
[41] In der ältesten Fassung des Formulars von 1535 ist das Ordinationsgebet fest mit dem Vaterunser verbunden, 1538 und 1539 ist es mit dem Vermerk versehen; si libuerit vel tempus licuerit. In den Formularen der lutherischen Kirchenordnungen folgt dieses Gebet wieder regelmäßig auf das Vaterunser.

auch dies, daß Sendung und Segnung als selbständige Akte auf die Vollzugsformeln noch folgen, Sendung mit 1 Petr 5,2-4, Segnung mit dem Segensspruch aus L[42]. Die eigentliche Problematik dieser Formel liegt aber darin, daß sie durch die Verbindung mit der Handauflegung zum Zentrum der Ordinationshandlung geworden ist, auf das alles Vorausgegangene hinführt und aus dem alles Nachfolgende hervorgeht. Es soll keineswegs bestritten werden, daß tatsächlich in der Ordination all das geschieht, was die Vollzugsformel deklariert. Aber daß dies alles erst nach dem Vaterunser und dem Ordinationsgebet durch die Deklaration mit Handauflegung geschieht und erst dadurch rechtskräftig wird, trifft doch wohl nicht zu. Gewiß geschieht die Amtseinsetzung durch das Ganze der Ordinationshandlung. Aber man wird nicht bestreiten können, daß in diesem Ganzen ein Handlungsteil gegeben sein muß, in dem der Vollzug der Einsetzung gleichsam konzentriert ist. Diese Stelle sollte durch die konkrete Verbindung von Gebet und Handauflegung gekennzeichnet sein. Es wäre im höchsten Grade angemessen, wenn die Kirche an dieser Verbindung festhalten würde, so daß man auch von ihren Ordinationen sagen kann: *orantes imposuerunt eis manuum* (Apg 6,6), weder stumm, *nihil dicens*, wie im Liber de Ordinatione der katholischen Kirche (Ausgabe von 1971 für das deutsche Sprachgebiet, bei allen Ordinationen), noch mit einer Formel, die weder ein Gebet noch ein Segen ist. Die Lösung, die Luther für dieses in dogmatischer Hinsicht keineswegs gleichgültige liturgische Problem gefunden hat, halte ich nach wie vor für die beste. Es geht hier nicht um die Feststellung, was allein recht oder schlechterdings falsch wäre, sondern um die Entdeckung dessen, was dem geistlichen Wesen der Ordination am meisten angemessen ist, angemessen im Sinne des lateinischen Wortes *dignus*. Darum bedauere ich, daß VELKD seit 1951 die konkrete Verbindung von Gebet und Handauflegung gelockert und die Handauflegung nur bei der Vollzugsformel obligatorisch gemacht hat, woraus in E die völlige Loslösung der Handauflegung vom Gebet geworden ist.

Um das schwierige Problem des Verhältnisses von Gebet, Handauflegung und Vollzugsformel zu klären, wird es gut sein, jetzt bereits vorgreifend die Lösung zu untersuchen, die A dazu anbietet. Offenbar hat A bereits erkannt, daß eine Verbindung von Handauflegung und Vollzugsformel unangemessen ist. Auch A kennt eine Formel, die der Gattung „Vollzugsformel" zugeordnet werden kann, sie eröffnet als ein Prä-

---

[42] Vgl. L 431,18: Ordinator eis (scl. ordinatis) benedicat crucis signo, et istis vel alijs verbis utatur, Benedicat vobis dominus ut faciatis fructum multum. — Das Kreuzzeichen wird in VELKD 51 nicht erwähnt.

famen die Rubrik „Sendung und Segnung". Daß es sich hier um eine Vollzugsformel in der Gestalt einer Ankündigung handelt, zeigt ein Textvergleich zwischen VELKD 51 und A: Die Vollmacht, die Jesus Christus seiner Gemeinde gegeben hat, wird in A zum Gehorsam gegen den Auftrag, den der Herr seiner Kirche gegeben hat. Das Amt der Kirche, das überantwortet wird, ist in A der Dienst der öffentlichen Verkündigung, zu dem berufen wird. Vom Senden sprechen beide Formeln. Vom Segnen spricht die Vollzugsformel in A nicht, aber es geschieht im Vollzug. Beide Formeln haben einen feierlichen deklaratorischen Stil, sie werden mit dem trinitarischen Votum besiegelt. Die Parallele ist eindeutig. Aber — und das ist meines Erachtens ein Vorzug von A gegenüber VELKD 51 — die „Vollzugsformel" ist in A nicht mit der Handauflegung verbunden, diese Formel leitet vielmehr den Vollzug selbst ein, zu dem der Ordinand niederkniet und in dem unter Handauflegung das nach A in der Ordination Entscheidende geschieht: Bestätigung der durch Menschen vollzogenen Berufung als Berufung Gottes, Sendung und Segnung. Daß die Vollzugsformel von der Handauflegung gelöst und dem mit Handauflegung verbundenen Akt vorgeordnet ist, bedeutet eine wichtige Verbesserung in der Struktur der Ordinationshandlung. Die Problematik des Lösungsversuches von A liegt darin, daß wie in E die Handauflegung vom Gebet gelöst ist[43]. Insofern sie mit der Segnung verbunden ist, könnte man wohl sagen, daß sie in einem gewissen Sinne mit einem indirekten optativen Gebet verbunden sei. E bleibt seinerseits insofern hinter A zurück, als die Ankündigungsformel von A zur Vollzugsformel wird, die mit Handauflegung verbunden ist[44]. Die Struktur von VELKD 51 hat E an einem problematischen Punkt festgehalten. Für eine Überarbeitung von E ergibt sich daher die Aufgabe, die Vollzugsformel von der Verbindung mit der Handauflegung zu lösen und sie als eine solenne Deklaration des kommenden Vollzugs nach der Antwort des Ordinanden auf die Verpflichtungsfrage dem eigentlichen Ordinationsakt, bei dem der Ordinand kniet, vorzuordnen.

---

[43] Nach E wird das Ordinationsgebet weder mit aufgelegten noch mit ausgebreiteten oder emporgehobenen Händen gebetet. Der Gestus der ausgebreiteten Hände, von Luther beim Segnungsgebet in der Trauung (vgl. Traubüchlein, in: Bekenntnisschriften S. 534), aber auch gelegentlich bei Ordinationen gebraucht (vgl. den Bericht über die Ordination von B. Schumann im Jahre 1537 in: WA Tischreden 5, Nr. 5376), eignet sich besonders, wenn eine Ordination mehrerer Ordinanden vorgenommen wird. Zu diesem uralten, wahrhaft ökumenischen Gebetsgestus vgl. in der Schrift z. B. Ex 9,29; Ps 88,10; 143,6; 1 Tim 2,8. Aus der alten Kirche liegen zahlreiche Beispiele vor (vgl. RAC 8, Sp. 1230ff.).

[44] Die Vollzugsformel in E (S. 9f.) ist im Wortlaut nahezu gleich der Ankündigungsformel in A (S. 16), hält aber am „Dienst im Amt der Kirche" fest. Neben der Einleitung ist dies die einzige Variante.

d) Sendung und Segnung

In L, dem sich VELKD 51 in diesem Teil wörtlich angeschlossen hat, bildet die Sendung mit 1 Petr 5,2-4 und das mit dem Kreuzeszeichen verbundene Segensvotum den Abschluß des ganzen Formulars. Die eigentliche Ordinationshandlung ist vorher bereits abgeschlossen. Wir haben es nicht mehr mit einem Ordinanden zu tun, sondern mit einem ordinierten Amtsträger, der mit der Entlassung von dem Altar zugleich in seinen Dienst entlassen wird. Diese Sendung und Segnung haben hier die Funktion einer liturgischen Entlassung. Man kann mit Recht fragen, ob an dieser Stelle L und damit auch VELKD 51 nicht weiterzuentwickeln sind. Gewiß läßt sich die Auffassung vertreten, daß in Luthers Ordinationsgebet, seiner Form nach zwar ein Bittgebet, im Vertrauen auf die verheißene Gebetserhörung dennoch auch das Moment der Sendung — der Ordinand wird durch dieses Gebet als Arbeiter in die Ernte des Herrn gesandt — und das der Segnung — dem Ordinanden wird der Heilige Geist reichlich zu seinem Dienst am Wort gegeben — in gewisser Weise bereits enthalten sind. Aber die Frage ist nicht abzuweisen, ob das Moment der Sendung und der Segnung nicht unmittelbar als besondere Akte des Ordinators in diesem Kernstück der Ordinationshandlung hervortreten sollten. E hat ein ausdrückliches Sendewort mit Handauflegung als Einleitung seiner Vollzugshandlung vorgesehen und abschließend ein ausdrückliches Segenswort ebenfalls unter Handauflegung. A hat Sendungs- und Segenswort geradezu zum Kernstück der Ordinationshandlung gemacht, da nur bei diesen Akten der Ordinand kniet und der Ordinator ihm die Hände auflegt. Diese Intentionen von A und E sollten aufgenommen und sachgemäß gestaltet werden. Im Anschluß an die auf das Ordinationsgebet folgenden Segensvoten der Assistenten, die wohl allgemein üblich geworden sind, wird wohl am besten als eine geschlossene Einheit das Sende- und Segenswort des Ordinators folgen. Der Wortlaut muß sorgfältig bedacht werden. E und A, für das Segenswort auch W, aber auch Luthers Benediktionsformel können dafür Anregungen geben.

e) Entlassung

Der nunmehr Ordinierte hat sich erhoben. Er wird nun von dem Altar aus, an dem er ordiniert wurde, in seinen Dienst entlassen. Dies sollte nach wie vor mit dem auf L zurückgehenden Wort aus 1 Petr 5,2-4 geschehen. Gerade in der gegenwärtigen, in vieler Hinsicht kritischen Situation sollte die Kirche hier an diesem Schriftwort festhalten. Es gibt keinen Grund, dieses Wort aus einem Ordinationsformular zu entfernen. Es eignet sich vielmehr vorzüglich für den Akt der Entlassung. Denn es bringt deutlich folgendes zum Ausdruck: (1) Der, dem dieses Wort zugesprochen wird, ist jetzt in das Amt des *pastor seu episcopus* eingesetzt; er ist jetzt, was er vorher nicht war. (2) Der ihm übertragene Dienst ist in einer örtlich umgrenzten Ecclesia auszuüben. (3) Unter dem Gesichtspunkt einer Typos-Verantwortung, der in L mit Recht eine wichtige Rolle spielt, wird eine knappe Zusammenfassung eines echt pastoralen und episkopalen Verhaltens dem Ordinierten auf seinen Dienstweg mitgegeben. (4) Das Hirtenamt steht unter dem Erzhirten und dadurch in einer unauflöslichen Beziehung zu ihm. (5) Eine umfassende eschatologische Verheißung trägt den treuen Diener in allen Nöten und Anfechtungen, die mit der Ausübung seines Amtes verbunden sein werden.

II
Das Arnoldshainer Formular

Vor Beginn der Ordinationshandlung wird der Pfarramtskandidat der Gemeinde vorgestellt, auf seine vollzogene Bekenntnisverpflichtung oder auf seine Bereitschaft dazu wird hingewiesen, wobei die betreffenden Bekenntnisse genannt werden. Auch die Gemeinde wird genannt, in der er seinen Dienst aufnehmen wird. Nach der nun folgenden Ansprache des Ordinators und einem Lied wird mit einer Ankündigungsformel zu der Ordinationshandlung übergeleitet. Diese Formel lautet: „Im Gehorsam gegen den Auftrag, den der Herr seiner Kirche gegeben hat, und im Vertrauen auf seine Verheißung wollen wir nun diesen unseren Bruder in den Dienst der öffentlichen Verkündigung berufen, indem wir Gottes Wort hören und für ihn beten[45]."
Drei Schriftlesungen werden vorgeschlagen. Die Texte finden sich auch in E und VELKD 51: Mt 28,18b-20; 2 Kor 5,19f; Eph 4,11-13. Eine Lesung Joh 20,21-23 wird nicht vorgeschlagen. Daß es sich wie in E nur um Vorschläge handelt, zeigt die Bemerkung (S. 12), daß auch „ähnliche für den Dienst der Verkündigung grundlegende Schriftlesungen" ausgesucht werden können. Unter Bezug auf die verlesenen Schriftworte (siehe Anm. 39) folgt „Anrede (Vorhalt)" mit folgendem Text:

„Aufgrund der Taufe sind alle Christen zum Zeugnis und Dienst in der Welt verpflichtet. Der Erfüllung dieses Auftrages dienen alle Ämter der Kirche. Die Gemein-

---

[45] S. 11. Vgl. dazu in E S. 6 die damit verwandte Formel vor den Schriftlesungen, von uns oben S. 71ff erörtert. Zu beachten ist, daß die in E hier genannte Handauflegung in A fehlt, was gewiß beabsichtigt ist.

de ist dafür verantwortlich, daß Menschen, die dazu willig und vorbereitet sind, das Evangelium öffentlich verkündigen.
Lieber Bruder. Du wirst nun ermächtigt zu predigen, zu taufen und das Abendmahl auszuteilen. — In Gottesdienst, Unterweisung und Seelsorge sollst du am Aufbau der Gemeinden mitwirken und sie zum Dienst in der Welt ermutigen.
Das Zeugnis der Heiligen Schrift ist Quelle und Richtschnur dieses Auftrages. Das Bekenntnis der Kirche und das Gespräch mit den Brüdern wird dich im gemeinsamen Glauben befestigen und dir helfen, das Wort Gottes heute recht zu verkündigen.
Bei deinem Dienst stehst du in der Gemeinschaft aller Mitarbeiter und wirst begleitet von der Fürbitte der Gemeinde. Unsere Kirche verpflichtet sich, dir beizustehen und für dich zu sorgen.
Achte die Ordnung unserer Kirche, wahre die seelsorgerliche Schweigepflicht und verhalte dich so, daß dein Zeugnis nicht unglaubwürdig wird. — In all deinem Dienst, auch wenn dich Zweifel und Enttäuschung anfechten, wenn dir Verzicht und Leiden auferlegt werden, gilt dir die Zusage unseres Herrn. Er steht zu seinem Wort und verläßt die Seinen nicht." — Die Bereitschaftsfrage schließt sich unmittelbar an.

Auf das Ja des Ordinanden folgt S. 14f ohne Handauflegung die Fürbitte für ihn mit der Aufforderung: „Liebe Gemeinde, laßt uns für unseren Bruder beten." Drei Gebete werden zur Wahl angeboten. Der zentrale Inhalt der Fürbitte ist bei allen die geistliche Ausrüstung des Ordinanden für seinen Dienst im Amt, das die Versöhnung predigt: „... erleuchte das Herz dieses Bruders durch den Heiligen Geist und leite ihn mit deiner starken Hand..." oder „... sende diesen Diener deines Wortes in deine Ernte. Stehe ihm bei und segne seinen Dienst..." oder „... gib ihm den Heiligen Geist, daß er dein Wort recht verkündigt und deiner Gemeinde mit den Sakramenten nach deinem Willen dient... Stärke ihn, wenn er verzagt und müde wird..."
Erst danach beginnt für A der durch Handauflegung hervorgehobene eigentliche Ordinationsakt im engeren Sinn des Wortes[46]. Auf die Problematik dieser Struktur wurde bereits in I hingewiesen. Wir geben diesen Teil wörtlich wieder.

---

[46] Auf S. 17 hat A folgende Bemerkung: „Wo Handauflegung und Niederknien nicht üblich sind, unterbleiben sie." Die Wendung „nicht üblich" scheint auf eine in bestimmten Gebieten und Gemeinden reformierten Bekenntnisses herrschende Tradition hinzuweisen. Die in Anm. 20 genannte Untersuchung von F. Schulz hat gezeigt, daß es in den Kirchen, in denen A geltendes Formular ist, eine solche Tradition nicht gibt. Das Ergebnis seiner Forschung kann er auf S. 2 der Auswertung seiner Dokumentation in folgendem Satz zusammenfassen: „Im deutsch-sprachigen Gebiet gibt es 300 Jahren weder eine landeskirchliche noch eine ortskirchliche reformierte Ordnung, die bei der Ordination die Handauflegung unterläßt." Doch ist nicht zu bestreiten, daß dennoch in reformierten Gemeinden der Unionskirchen Ordinationen ohne Handauflegung vorgekommen sind und wahrscheinlich gelegentlich noch vorkommen. Dies dürfte seinen Grund darin haben, daß man Rücksicht auf Bedenken nimmt, die von Ordinanden gelegentlich gegen den Ritus der Handauflegung vorgebracht werden, es sei denn, daß man sich auch ohne einen solchen Anlaß eigenmächtig über das geltende Formular hinweggesetzt hat. Näheres dazu im Exkurs II, S. 98ff.

(Der Ordinand kniet nieder. Der Ordinierende spricht mit Handauflegung:)
Der Herr, unser Gott, hat dich zu seinem Dienst berufen.
Christus spricht: Gleichwie mich der Vater gesandt hat, so sende ich euch.
(Jeder der beiden Assistenten spricht ein Segensvotum mit Handauflegung, der Ordinierende endet mit Handauflegung:)
Der Herr segne dich. Er segne deinen Dienst an allen, die dir anbefohlen sind. Amen.
(Der Ordinierte erhebt sich. Gemeinde: Lied.)

Der dogmatische Gehalt von A läßt sich etwa so zusammenfassen: Christus hat seiner Kirche einen Auftrag gegeben. Der Inhalt dieses Auftrages ist der Dienst der öffentlichen Verkündigung des Evangeliums. Wenn Christus einen solchen Auftrag erteilt, wie er etwa in der Schriftlesung von Mt 28 vergegenwärtigt wird, so ist dieser Auftrag zugleich ein Gebot Gottes, dem die Kirche entsprechen muß. Alle Ämter der Kirche dienen der Erfüllung des genannten Auftrages. Daß es in der Kirche eine Vielfalt von Ämtern geben muß, leuchtet unmittelbar ein. Offenbar ist der „Dienst der öffentlichen Verkündigung" auch seinerseits ein Amt. Wie sich dieses Amt zu den anderen Ämtern verhält, wird nicht sichtbar. Es hat zwar teil an dem unbedingt gebotenen Auftrag, aber daß die Einsetzung in dieses besondere Amt in einem ausdrücklichen mandatum Dei gründet, wird nicht ausgesprochen. Die Gemeinde, also die ecclesia und darum auch jede örtliche ecclesia, ist dafür verantwortlich, daß geeignete Personen in dieses besondere Amt eingesetzt werden. Aber ob diese Verantwortung nur aus dem alle Christen umfassenden göttlichen Verkündigungsgebot abgeleitet wird oder ob ein spezifisches mandatum Dei die Berufung in den Dienst der *öffentlichen* Verkündigung fordert, bleibt unklar. Daß es sich aber um ein besonderes Amt handelt, geht daraus hervor, daß der Dienst in diesem Amt auf einer in der Ordination erteilten Ermächtigung aufruht. Inhalt der Ermächtigung ist Predigen, Taufen und Abendmahl-Halten. Diese drei Funktionen sind offenbar für das, was unter dem Dienst der öffentlichen Verkündigung zu verstehen ist, konstitutiv, sie umfassen aber nicht das Ganze der Tätigkeit des in diesem Dienst Stehenden. Denn er hat in Gottesdienst, Unterweisung und Seelsorge am Aufbau der Gemeinde mitzuwirken. Was den Gottesdienst anlangt, so ist seine Mitwirkung durch „die Ordnung unserer Kirche" bestimmt. Die Austeilung des Abendmahles ist ihm vorbehalten. Im Blick auf Seelsorge wird auf die Schweigepflicht verwiesen, die zweifellos die Wahrung des Beichtgeheimnisses einschließen soll, obwohl von Beichte nicht geredet wird[47].

[47] Die Schwierigkeit, die reformierte Kirchen und Gemeinden mit dem Wort „Beichte" haben, zeigte sich bereits auf dem Marburger Religionsgespräch 1529. In Arti-

Wie aus der Bereitschaftsfrage hervorgeht[48], ist der gesamte Dienst, der dem Ordinanden anvertraut wird, durch das in der Heiligen Schrift gegebene und in den Bekenntnissen der betreffenden Kirche bezeugte Evangelium von Jesus Christus bestimmt. Eine solche Formulierung ist zweifellos notwendig, obwohl die Frage, was eine derartige Formulierung konkret bedeutet, verschieden, unter Umständen sehr verschieden beantwortet wird. Die Verpflichtung, den Dienst der öffentlichen Verkündigung und damit auch die Sakramentsverwaltung „nach der geltenden Ordnung treu und gewissenhaft ... zur Ehre Gottes und zum Besten der Gemeinde" auszurichten, setzt dem hier aufbrechenden „Pluralismus" auch bestimmte Grenzen. Doch wird die dreifache Gestalt des Evangeliums in mündlichem Wort, Sakramentsdarreichung und Absolution bei der Beichte hier nicht sichtbar. Daß die Beichte und damit die Absolution nicht mehr als ein besonderer Akt erscheint, daß ferner für das Bewußtsein der Diener und der Gemeinden das Abendmahl von Wortverkündigung gleichsam überschattet wird, ist doch wohl mehr als ein Unterschied in Nuancen. Es melden sich hier nicht geringfügige Unterschiede in Lehre und Theologie, auch Unterschiede in der Spiritualität. Doch hat das Formular im ganzen die entscheidenden Funktionen des mit dem Evangelium betrauten Amtes festgehalten: mündliche Verkündigung, Taufe, Abendmahl, seelsorgerlichen Zuspruch, auch eine besondere Funktion in der Mitwirkung beim Gottesdienst und in der Unterweisung. Das Ganze ist unter die Autorität der Schrift und die Norma normata des Bekenntnisses gestellt.

Daß in der Rubrik „Segnung und Sendung" eine wichtige Strukturverbesserung vorliegt, wurde bereits unter I erörtert. Auch die Worte, die der Ordinator bei der Handauflegung spricht, sind der Sache, um die es hier geht, angemessen, die Abfolge ist sinnvoll. Das erste Wort spricht von der Berufung. Während in der einleitenden deklaratorischen Vollzugsformel davon gesprochen wird, daß *wir*, die Gemeinde, der Ordinator

---

kel XI der Marburger Artikel wurde die Beichte der „Ratsuchung" bei einem Pfarrer oder Nächsten gleichgeordnet (WA 30/III,166). Dies geht gewiß auf Zwingli und die Seinen zurück, wurde aber von Luther akzeptiert.

[48] S. 14: „Bist du bereit, dich in den Dienst der öffentlichen Verkündigung berufen zu lassen, versprichst du, das Evangelium von Jesus Christus zu predigen, wie es in der Heiligen Schrift gegeben und in den Bekenntnissen unserer Kirche (Gemeinde) bezeugt ist, und willst du deinen Dienst nach der geltenden Ordnung treu und gewissenhaft tun zur Ehre Gottes und zum Besten der Gemeinde, so antworte: Ja, mit Gottes Hilfe." Vgl. dazu auch oben S. 75. Für den Fall, daß eine Landeskirche den Vorhalt nicht verbindlich machen sollte, sieht A eine zweite Frageform vor, die im Kernstück den E eigentümlichen Fragen gleicht. Da in allen Gliedkirchen der Ev. Kirche der Union sowie in der Ev. Kirche in Hessen und Nassau Vorhalt und die auf ihn folgende Frage verbindlich sind, dürfen wir uns auf sie beschränken.

mit seinen Assistenten den Diener berufen, wird jetzt gesagt, daß diese Berufung, obwohl sie durch Menschen erfolgt, zugleich von Gott geschieht. In dieser Ordinationshandlung, zu der ordentlicherweise auch die Handauflegung gehört, handelt Gott selbst. Durch Menschen berufen und eben darin und dadurch *von Gott* berufen zu *seinem* Dienst, also in ein Ministerium divinum, das ist zweifellos ein Grundinhalt des Ordinationsgeschehens. Das Perfektum „er *hat* dich berufen" drückt ein Geschehen aus, das sich effektiv ereignet hat. Es ist hier nicht an eine sogenannte Vocatio interna gedacht, die etwa als eine Voraussetzung für den Entschluß des Kandidaten, in den Dienst der Verkündigung einzutreten, in Frage kommen kann, sondern gemeint ist jene Vocatio, von der zum Beispiel CA XIV spricht. Es ist also von einer Vocatio externa, die durch Wort, Gebet und Handauflegung sich ereignet, die Rede.

Man muß dabei bedenken, daß das Wort *vocatio* in einem engeren Sinn auch auf jene Berufung hinweist, die von einer amtlichen Stelle aus an den Ordinanden bereits ergangen ist, um ihm eine Dienststelle zu übertragen. In der Reformationszeit konnte *vocatio* auch dies bedeuten, daß der Magistrat einer Stadt oder der Patron einer örtlichen Kirche eine Person für geeignet hielt, eine bestimmte Pfarrstelle mit ihr zu besetzen. Ob diese Person wirklich geeignet war, mußte von Trägern des geistlichen Amtes oder einer Theologischen Fakultät geprüft werden. Die Ordination war dann die öffentliche Bestätigung für die Geeignetheit der für eine Pfarrstelle in Aussicht genommenen Person und in diesem Sinne auch eine Confirmatio jener von einem Magistrat oder Patron vorausgegangenen „Berufung". Ein Rest dieses Vorgangs hat sich in unserem Ordinationsformular noch darin erhalten, daß der Gemeinde der zukünftige Dienstort des Ordinanden bekanntgegeben wird. Denn jene für ihn offenstehende und auf ihn wartende Dienststelle und die Gemeinde, in der diese Dienststelle sich befindet, haben ihn gewissermaßen bereits gerufen. Die Ordinationshandlung bestätigt nun diesen Ruf insofern, als durch die Einsetzung des Ordinanden in das eine allgemeine Ministerium divinum er nun auch als Ordinierter ermächtigt ist, dieses Ministerium in jener genannten örtlichen Gemeinde nach der Ordnung der Kirche auszuüben.

Diese Überlegung scheint im Blick auf unsere heutigen Verhältnisse etwas weit hergeholt zu sein. Aber in ihr steckt eine ernste, vielleicht sogar konfessionell umstrittene Wahrheit: Eine Ordinationshandlung darf nur vorgenommen werden, wenn die Ausübung des übertragenen Amtes sich tatsächlich an die Ordination anschließt. Ruft keine offenstehende Dienststelle, kann ordentlicherweise nicht ordiniert werden.

Freilich, im Zusammenhang unseres Formulars A hat das Verbum „berufen", das in unserem kirchlichen Sprachgebrauch durch seine allzu häufige Verwendung schon etwas abgeblaßt ist, eine viel umfassendere Bedeutung. Es ist hier gleichbedeutend mit: in den Dienst der öffentlichen Verkündigung hineinrufen, in das Amt der Evangeliumsverkündigung und Sakramentsverwaltung einsetzen. In dieses Ministerium divinum kann nur Gott einsetzen. Aber Gott will, daß dies durch Menschen geschieht. Die Ordinationshandlung schließt demnach das scheinbar Unmögliche ein, daß Menschen einen Menschen in ein Amt einsetzen, in das eigentlich nur Gott einsetzen kann. Das scheinbar Unmögliche geschieht in der mit Gebet und Handauflegung vollzogenen Ordination. So wird der Vollzug dieser äußeren menschlichen Handlung zur Confirmatio dafür, daß Gott in ihr und durch sie selbst die Einsetzung in das von ihm gestiftete Amt vollzogen hat. Die Bestätigungsaussage, „Der Herr, unser Gott, hat dich zu seinem Dienst berufen", ist daher im vollen Sinn eine Glaubens- und Bekenntnisaussage. Dieses unter Handauflegung gesprochene Wort ist keineswegs eine mehr oder weniger erbauliche Redensart, es will ernst genommen werden. Wenn es aber ernst genommen wird, dann umschließt es ein gegenwärtiges, aktuelles, effektives Handeln des dreieinigen Gottes an dem Ordinanden in, mit und unter dem äußeren, hörbaren und sichtbaren Handlungsvollzug der an ihm beteiligten Menschen.

Auf das Wort der Confirmatio folgt das Wort der Missio. Christus *spricht!* Dieses Präsens muß ernst genommen werden. Jener Sendungsakt, von dem Joh 20 berichtet, wird mit diesem Präsens gleichsam in die Ordinationshandlung hineingezogen. In einem näher zu bestimmenden Sinn wird die mit der österlichen Erscheinung des auferstanden Herrn verbundene Sendung hier gegenwärtig. Der amtliche Dienst, in den Gott durch Menschen einsetzt, wird zurückbezogen auf die *diakonia* der Apostel. Durch dieses Christuswort wird der *minister verbi* in einem ganz bestimmten Sinne in die apostolische *diakonia* einbezogen. Auch dieser Diener im Amt der Evangeliumsverkündigung steht in einem Gesandtschaftsdienst. Als Gesandter Christi steht er in der Kraft der von ihm verkündigten Versöhnungsbotschaft an Christi Statt (2 Kor 5,20). Im konkreten Vollzug der apostolischen Evangeliumsverkündigung und des Herrenmahles gilt das Wort Christi: „Wer euch hört, hört mich" (Lk 10,16). Der Gesandte ist in der Ausrichtung seines Dienstes ganz und gar dem Sendenden unterstellt. Christi Diener und Verwalter der Geheimnisse Gottes sind diese Gesandten (1 Kor 4,1f). Der Inhalt ihrer Sendung ist ihnen schlechterdings vorgegeben, sie haben ihn nicht zu erzeugen, sondern nur zu bezeugen und um dieses „Nur" immer wieder zu ringen in dem Gegenüber, zu dem hin sie ihr Zeugnis auszurichten haben. Gerade in diesem Unterworfen-Sein unter den schlechthin vorgegebenen Sendungsauftrag ihres Herrn kommt diesen Dienern eine ganz seltene Freiheit zu. Die Unterwerfung unter die Sendung ist die Freiheit des Gesandten. Was von solchen Verwaltern der Geheimnisse Gottes auf jeden Fall verlangt wird, ist dies, daß sie im Blick auf das, was sie zu verwalten haben, von dem Dienstherrn als treu befunden werden. Die Missio des Dieners steht eindeutig in einem eschatologischen Horizont, der Gesandte geht dem Herrn entgegen, der über die in seinem Gesandtschaftsdienst erwiesene Treue urteilen wird.

In diesen so umgrenzten Horizont fällt als letztes Wort das der Segnung. Daß unser Formular neben die Sendung ausdrücklich die Segnung in den Handauflegungsakt einbezieht, ist ein wichtiger Durchbruch in der Gestaltung evangelischer Ordinationsformulare. Gewiß ist die Segnung, die in der Ordination geschieht, nicht beschränkt auf den Akt, in dem der Segensspruch laut wird. Segnung ereignet sich auch unter dem Gebet des Vaterunsers und seiner Entfaltung im Ordinationsgebet. Segnung liegt auch in dem konfirmierenden Wort der Berufung und in dem bevollmächtigenden Wort der Sendung. Aber es ist nun doch dem inneren geistlichen Geschehen der Ordinationshandlung in hohem Maße angemessen, daß die Segnung auch in einem eigenen Wort hervortritt. Bei Luther stand das Segenswort am Ende der Handlung. Es wurde nicht mit Auflegung der Hände gesprochen, sondern mit dem Kreuzeszeichen. Aber auch für Luther waren die Hände, die aufgelegt wurden, Hände, die segnen[49]. So wird nun in A die Benediktion mit dem Zeichen der Handauflegung verbunden. Das signum crucis ist in das signum impositionis manuum übergegangen. Auch E hat das Wort der Segnung in den Handauflegungsakt übernommen.

Da die ganze Ordinationshandlung unter einem pfingstlichen Aspekt steht, so gewiß sie in einem endzeitlichen Horizont geschieht, sollte dies auch in dem Wort der Segnung zum Ausdruck kommen[50]. Indem es in der Ordination um Geistempfang geht, geht es zugleich um Empfang vielfältiger Gaben. In der mit Gebet und Handauflegung vollzogenen Ordination darf nach 1 Tim 4,14 und 2 Tim 1,6 eine spezifische Geistesgabe für den, der ordiniert wird, erwartet werden, eine Gabe, die zur

---

[49] Vgl. WA 53,257,6: „Auflegung der Hände, die segnen, bestätigen und bezeugen..."
[50] Vgl. auf S. 92 das Segenswort in W und den Ordinationssegen reformierter Formulare in Anm. 66.

geistlichen Ausrüstung für die Ausübung seines ihm nun jetzt anvertrauten Amtes gehört. Darum sollte das Segenswort etwa lauten: „Der Herr segne dich *mit der Gabe des Heiligen Geistes*", eine Gabe, die gewiß vielfältig ist, die aber in ihrer Vielfalt auch das Charisma für den Botschaftsdienst Jesu Christi einschließt. In den zweiten Teil des Segenswortes kann die Benediktionsformel Luthers aufgenommen werden. Der vom Herrn Gesegnete darf durch sein Wirken Frucht schaffen, gewiß für die Menschen, die ihm anbefohlen sind, aber eben darin auch Frucht für die Basileia Gottes. Wenngleich Gott durch Wort und Geist diese Frucht schafft, so gilt doch zugleich jenes *per vos* aus Luthers Ordinationsparaklese von 1535. Das ist ja das Geheimnis des Amtes, daß die Wirksamkeit Gottes des Geistes von Gott selbst an dieses *per vos* gebunden ist. Du, der du jetzt ordiniert bist, du *darfst* unter dem Segen des Herrn viel Frucht schaffen, gerade auch Frucht für deinen Herrn, Frucht, die bleibt in Ewigkeit.

III
Württembergs Formular der Einführung in den Pfarrdienst
(Ordination)

Wir sahen, daß seit der frühen Reformationszeit Ordination und Antritt des Dienstes im Amt der Kirche eng zusammenhängen. So ist es begreiflich, daß zum Beispiel Johannes Bugenhagen, der Stadtpfarrer Wittenbergs und der Schöpfer vieler norddeutscher lutherischer Kirchenordnungen, den Vollzug der Ordination am liebsten in der Gemeinde gesehen hätte, in der der Ordinand seinen Dienst antreten sollte. Bugenhagen hat daraus kein Prinzip gemacht, sondern sich in die zentrale Wittenberger Ordination gefügt. In Württemberg dagegen wurde die Amtseinsetzung fest an die Gemeinde der ersten Dienststelle des Ordinierten gebunden — bis auf den heutigen Tag. Ordinator ist der Dekan des betreffenden Bezirks. Das Formular für diese Handlung wird nur einmal gebraucht, eben bei dem ersten Antritt des Pfarrdienstes. Darum ist dieses Formular zugleich Einführungs- und Ordinationsformular (Einführung als Ordination), im Unterschied zu dem bei einem Stellenwechsel gebrauchten Formular für die „Einführung in ein ständiges Pfarramt" (Einführung als Investitur); dieses Formular wird bei jedem weiteren Stellenwechsel gebraucht. Die beiden Formulare unterscheiden sich darin, daß in dem einen vom Dienst in der Landeskirche, in dem anderen von dem Dienst in der neuen Gemeinde gesprochen wird. Ein gewisser Unterschied besteht auch in den Gebeten, der aber keine prägende Bedeutung für die Formulare hat. Die ausgedruckten Schriftlesungen sind in den beiden Formularen zwar verschieden, liegen aber nicht fest und können ausgetauscht werden. Der Unterschied zwischen diesen Formularen besteht eigentlich nur darin, daß das Ordinationsformular auf den Pfarrdienst in der Landeskirche, das Investiturformular auf den Pfarrdienst in einem „ständigen Pfarramt" ausgerichtet ist. Abgesehen von dieser verschiedenen Ausrichtung sind die drei zentralen Stücke, Verpflichtung, Einsetzungsformel und Segenswort, völlig gleich.

Dem Ordinationsformular liegt die Ordnung des sonntäglichen Wortgottesdienstes zugrunde, in die nach der Predigt des Einführenden der eigentliche Ordinationsakt eingefügt ist. Inhaltlich ist der Gottesdienst von Anfang bis Ende von dem Kasus der Ordination bestimmt. Er hat folgenden Verlauf:

Eingangslied / Votum / Gebet, 3 Texte zur Wahl mit Bitten wie „um die rechte Freudigkeit, Weisheit und Kraft, für uns alle und besonders für N. N., dem wir jetzt den Dienst der Verkündigung anvertrauen. Gib ihm dazu deinen Heiligen Geist und alles, was er braucht, um sein Amt recht auszurichten..." / *Stilles Gebet / Schriftlesung*, eine, Vorschlag Eph 4,11-16 oder 2 Tim 4,2-8 oder Jes 55,10f oder 9 andere Schriftstellen / *Lied / Predigt / Lied / Verpflichtung*, bestehend aus Vorhalt, an den Ordinanden und auch an die Gemeinde gerichtet, mit Frage an den Ordinanden nach der Bereitschaft, „den Gemeinden unserer Landeskirche im Auftrag unseres Herrn Jesus Christus als Pfarrer zu dienen und so mit uns zu helfen, daß das Heil in Jesus Christus aufgrund der Heiligen Schrift in Übereinstimmung mit dem Zeugnis der Reformation der ganzen Welt verkündigt wird" ... „den „pfarramtlichen Dienst im Gehorsam gegen Jesus Christus nach der Ordnung unserer Landeskirche zu tun und das Beichtgeheimnis zu wahren" und mit einer Frage an Vertreter der Kirchengemeinden nach der Bereitschaft, „N. N. in seinem Auftrag anzuerkennen und mitzuhelfen, daß er seine Arbeit sachgemäß tun kann..." / *Einsetzung*: „Im Vertrauen auf die Verheißung, die Jesus Christus seiner Kirche gegeben hat, berufen wir Sie zum Pfarrdienst in unserer Landeskirche und setzen Sie ein als Vikar in dieser Gemeinde." / *Segenswort* (in der Regel unter Handauflegung): „Wir erbitten dazu Gottes Segen: Der Herr, der dich zu diesem Dienst berufen hat, erleuchte, stärke und regiere dich durch seinen Geist und lasse dich Frucht schaffen, die bleibt." / Wort der Zeugen, am besten ein kurzes Bibelwort / *Fürbittgebet*, 3 Formulare zur Wahl mit Bitten wie „... Dir (Herr) sei der Dienst, den N. N. tun wird, befohlen. Unterweise, erleuchte und tröste ihn durch deinen Geist..." oder mit Hinweis auf Mt 28,20b „... laß diese Verheißung mit N. N. gehen, den wir heute in den Dienst des Evangeliums senden..." oder Luthers Ordinationsgebet aus L in guter Überarbeitung / *Vaterunser / Lied / Abkündigungen / Segen*.

Für das Verständnis des Amtes, das bei der Ordination vorausgesetzt wird, ist die Rubrik Verpflichtung (S. 11f) aufschlußreich. Ausgangspunkt ist der Hinweis auf das allgemeine Priestertum nach 1 Petr 2,9. „Jeder Christ ist schon durch seine Taufe berufen, seinen Herrn zu bezeugen, wie und wo er kann, und an der Sammlung der Gemeinde mitzuwirken." Wir werden dieser Aussage zustimmen. Im nächsten Satz soll die Tatsache begründet werden, daß es „die besonderen Dienste der Verkündigung und der Gemeindeleitung" gibt. Dafür werden zwei Gründe angeführt. (a) „Das Evangelium (muß) auch öffentlich vor der ganzen Gemeinde und vor der Welt verkündigt werden." Hier wirkt CA XIV nach. (b) „Es ist nötig, daß jeder mit seiner Gabe in das Ganze der Gemeinde eingefügt wird." Hier liegt offenbar der neutestamentliche Gedanke von dem gliedhaften Gefüge der Charismen zugrunde (1 Kor 12), der die Notwendigkeit ihrer „Ordnung" (1 Kor 14) einschließt. Man kann diese zweifache Begründung so verstehen, daß die Notwendigkeit einer öffentlichen Verkündigungstätigkeit und dadurch die Notwendigkeit jener Ordnung eine besondere Formung des in der Taufe gründenden Dienstes hervorruft. Zwar geschieht der Dienst der öffentlichen Verkündigung „im Auftrag unseres Herrn Jesus Christus" (S. 12). Ob damit aber ein besonderes göttliches Gebot gemeint ist, durch das Glieder des Volkes Gottes in den besonderen Dienst der öffentlichen Verkündigung eingesetzt werden müssen, bleibt fraglich. Dieser besondere Dienst scheint vielmehr vor allem charismatisch begründet zu sein. Die Ausübung dieses Dienstes gründet nach diesem Text in einer besonderen geistlichen Gabe, die als solche in das Ganze der Gemeinde eingefügt werden muß, und eben dies geschieht durch die Ordination zum Pfarrdienst.

Zu beachten ist ferner, daß dieses Formular von vornherein zwei „besondere Dienste" im Auge hat, Verkündigung und Gemeindeleitung. Offenbar sind sie im Pfarrdienst eine Einheit. Denn der Text fährt im Singular fort. Der Ordinand wird „zu einem solchen Dienst berufen". In diesem Dienst liegt „eine besondere Verantwortung dafür ..., daß die Verkündigung des Wortes und der Dienst der Liebe in den Gemeinden unserer Landeskirche recht fortgehen ... wird" (im Investiturformular: „in dieser Gemeinde recht fortgehen ... wird"). Es scheint demnach die Funktion des altkirchlichen Diakonates in diesem besonderen Amt eingeschlossen zu sein. Unklar ist ferner, ob der rechte Fortgang der Verkündigung und des Dienstes der Liebe sich auf die Tätigkeit des jetzigen Pfarrers bezieht oder ob dieser Fortgang die Zukunft im Auge hat, in der nachkommende Christen in diese Dienstverantwortung berufen werden sollen. Wahrscheinlich ist das erstere gemeint.

Wir stehen mit diesem Formular vor einer nicht klar umrissenen und sehr dehnbaren Amtsauffassung. (Das Wort „Amt" ist ähnlich wie in A völlig getilgt.)

Immerhin ist folgendes festgehalten: Der Dienst, durch den das Evangelium öffentlich verkündigt werden muß, ist notwendig. Notwendig ist auch, daß dieser Dienst in die Vielfalt charismatischer Dienste eingefügt wird. Berufung in diesen Dienst durch die Kirche darf ebenfalls unter keinen Umständen unterbleiben, er ist notwendig.

Festgehalten ist auch dies, daß der besondere Dienst der Verkündigung eine soteriologische Ausrichtung hat, es geht darum, daß das in Jesus Christus beschlossene Heil durch Verkündigung den Menschen gebracht wird. Damit sind grundlegende Elemente für das Wesen der Ordination bewahrt.

Mit Kritik und Entschiedenheit muß man aber der Meinung entgegentreten, die Ordination bedeute Einsetzung eines Christen in den Pfarrdienst einer Landeskirche, ein Gedanke, der das ganze Formular durchzieht und in der Einsetzungsformel feierlich deklariert wird. Dies ist eine unzulässige Einengung dessen, was in der Ordination geschieht, und zugleich eine unzulässige Einengung des Ministerium verbi. Zwar handelt in der Ordination die Landeskirche durch ihre Organe. Zwar hat das Amt, in das eingesetzt wird, die Gestalt des Pfarrdienstes. Aber diese Landeskirche handelt in der Ordination als Glied der einen Ecclesia universalis, mehr noch, die eine Kirche ist in der gottesdienstlich versammelten Gemeinde, in der die Ordination vorgenommen wird, präsent. Stellvertretend für die eine Kirche Gottes auf Erden handeln die in der Ordination tätigen Personen in Gemeinschaft mit der versammelten Gemeinde. Entsprechendes gilt für das Amt, in das eingesetzt wird. Dieses Amt ist das eine, der Kirche aller Zeiten durch Gott eingestiftete Amt, es ist, wie Luther sagt, das *sacrum et divinum ministerium*. Das in der Ordination überantwortete Amt hat teil an dem *ministerium universum*. Darum darf keine Einschränkung der de jure divino zu vollziehenden Ordination auf eine keineswegs mit dem jus divinum identische Rechtsordnung vorgenommen werden. Eine solche Einschränkung ist dem Wesen der Ordination in hohem Maße unangemessen.

Problematisch ist in dieser Ordnung auch die Stellung des Fürbittgebetes, das die Funktion des Ordinationsgebetes ausübt. Sachlich gehört dieses Gebet doch vor den Segenszuspruch. Das Ordinationsformular läßt sich aber hier durch die sonntägliche Gottesdienstordnung binden, in der das Kirchengebet mit anschließendem Vaterunser vor dem Ausgang des Predigtgottesdienstes steht. Die unmittelbare Verbindung zwischen Ordinationsgebet und Handauflegung ist auch in diesem Formular gelöst, es sei denn, daß man in dem Segensspruch zugleich ein Gebet in einer indirekten optativen Gestalt erblickt, so daß man auch hier sagen darf: Betend legen sie segnend die Hände auf.

Positiv ist an W die Tatsache zu beurteilen, daß der pfingstliche Charakter einer Ordinationshandlung sichtbar wird. Als Eingangslied wird „O komm, du Geist der Wahrheit" oder „Nun bitten wir den Heiligen Geist" vorgeschlagen. Von den drei zur Wahl gestellten Eingangsgebeten enthalten zwei die Bitte um Gottes Heiligen Geist für den Ordinanden, das andere die um den freudigen Geist des Herrn. Das Segenswort spricht dem Empfänger Erleuchtung, Stärke und Regierung durch Gottes Geist zu. Das Fürbittegebet (1) schließt sich daran an mit der Bitte „unterweise, erleuchte und tröste ihn durch deinen Geist". Das Fürbittegebet (3) enthält mit L die Bitte: „Gib deinem Diener (N. N.) und uns allen deinen Heiligen Geist, daß wir deine Zeugen werden und fest bleiben gegen alle Versuchung..." Zusammenfassend wird man wohl sagen dürfen, W sei ein frommes Formular. Aber *lex credendi* hat hier *lex orandi* nicht hinreichend bestimmt. Selbst wenn man den Vollzug der Ordination in der Gemeinde, in der der Ordinierte seinen Dienst antritt, für die beste Lösung halten sollte, wogegen freilich nicht nebensächliche Sachverhalte sprechen, und wenn man ferner zugesteht, daß die evangelische Kirche in Württemberg trotz ihrer Zugehörigkeit zum Lutherischen Weltbund nach ihrem gegenwärtigen Bekenntnisstand einer Unionskirche gleicht (§ 1 der Verfassung spricht nur von den „Bekenntnissen der Reformation", bezieht also reformierte Bekenntnisse sachlich in den Bekenntnisstand ein; die erste Verpflichtungsfrage von W auf S. 12 spricht überhaupt nicht mehr von Bekenntnissen, sondern von „Übereinstimmung mit dem Zeugnis der Reformation"), so kann auch mit diesen Zugeständnissen das Ordinationsformular dieser Kirche kein *typos* sein.

Exkurs I
Luthers Gebrauch des Wortes Amt in seinem deutschen Neuen Testament und die Auslöschung dieses Wortes in A und W

Die Verbannung des Wortes Amt aus den genannten Formularen ist in einem höchst problematischen Sinn „zeitgemäß". Sie kommt einem Amtsverständnis entgegen, das bei zahlreichen Studenten und Kandidaten der Theologie in den vergangenen zehn Jahren vorherrschend wurde und zum Teil auch heute noch, hie und da sogar in einer radikalisierten Gestalt, festgehalten wird, offensichtlich aber auch durch bestimmte dogmatisch-theologische Richtungen, die ihre Wirkungen auch in Kirchenleitungen geltend machten, gefördert wurde. Es soll nicht verkannt werden, daß die Formulare A und W auch einen Damm aufwerfen wollten gegen eine drohende Entleerung oder gar Aushöhlung der Ordination. Zu bedenken ist auch, daß jene theologischen Strömungen, die den göttlich gestifteten Amtscharakter des Ministerium verbi bestritten, sich auf eine lange Traditionskette in der protestantischen Theologie berufen können. Schließlich wird zur Krise des Amtsbegriffes neben mehr oder weniger ideologisch bestimmten Umwelteinflüssen die mit Recht sich verbreitende Erkenntnis von dem in der Schrift bezeugten charismatischen Charakter der frühchristlichen Ekklesien und ihrer „Verfassung" und damit ihrer „Dienste" beigetragen haben. Dennoch kann die Frage nicht unterdrückt werden, ob Synoden und Kirchenleitungen nicht da und dort jenen Strömungen mehr nachgegeben haben, als es für den Schutz des Kirche-Seins der Kirche gut ist. Die Auslöschung des Wortes Amt in den genannten Ordinationsformularen halte ich für ein solches Nachgeben, gegen das man Bedenken anmelden muß. Der Ersatz des Wortes Amt durch Dienst leistet auf die Dauer nicht, was man sich von ihm vielleicht versprochen hat. Denn auch dieses Wort wird mehr und mehr in den Strudel der Aushöhlung der zeitgenössischen Sprache hineingezogen. Ist „Dienst" nicht weithin bereits zum Service geworden, den ein Geschäftsunternehmen anbietet?

Dem Auslöschen des Wortes Amt soll hier ein sehr einfacher, elementarer Sachverhalt entgegengesetzt werden: Luthers Neues Testament deutsch. An allen Stellen des NT, an denen *diakonia* sich auf Beruf und Tätigkeit des Apostels, seiner Mitarbeiter und derer, die an seine Stelle traten, bezieht, übersetzt Luther dieses Wort mit „Amt" und deckt damit einen entscheidenden Sachverhalt in dem Begriff *diakonia* auf. Entsprechendes gilt auch für Wörter, die von *diakonia* abgeleitet oder in der Bedeutung damit verwandt sind. Eine Übersicht soll dies sichtbar machen. Abweichungen der revidierten Ausgabe von 1956 werden mit R bezeichnet.

An folgenden Stellen hat Luther *diakonia* mit Amt übersetzt: Apg 1,17; 6,4; 20,24; 21,19 (R: Dienst); Röm 11,13; 12,7; 1 Kor 12,5; 2 Kor 3,8.9a.9b; 4,1; 5,18 6,3; Kol 4,17; 1 Tim 1,12; 2 Tim 4,5.

Geschwankt hat Luther bei Eph 4,12: Von 1522 bis 1527 wird mit *Dienst* übersetzt, seit 1527 mit *Amt*; R: Dienst.

Die einzige Stelle, an der *diakonia* eindeutig auf Amt bezogen ist, aber Luther mit Dienst übersetzt, ist Apg 1,25. Hier ist der Bezug auf Amt gesichert durch die Verbindung von *diakonia* mit *apostole*, das mit „Apostelamt" wiedergegeben wird. Darum konnte hier aus sprachlichen Gründen *diakonia* nicht mit Amt übersetzt werden. Wo der Sachzusammenhang es fordert oder nahelegt, übersetzt Luther *diakonia* mit Dienst: Röm 15,31; 1 Kor 16,15; 2 Tim 4,11; Heb 1,14. Für die Übersetzung von

diakonia als Bezeichnung für das Kollektenwerk in 2 Kor 8 u. 9 wählt Luther „Handreichung", auch „Steuer"; R: „Liebeswerk", auch „Handreichung".
Wie in 2 Kor 11,8 *diakonia* sachgemäß als Ausübung des apostolischen Amtes verstanden wurde und verbal mit „predigen" übersetzt wird (R: dienen), so kann in 1 Petr 4,11 *diakonein* mit einer substantivischen Wendung wiedergegeben werden: „ein Amt haben". Besonders aufschlußreich ist der Übersetzungsprozeß von *epistole Christou diakonetheisa hyph hemon* in 2 Kor 3,3. Er läuft von „durch unsern *Dienst* zubereitet" (1522) über „durch unser *Amt*" (1524) und „durchs *Predigtamt*" (1527) zu „durch unser *Predigtamt* (geschrieben)" (1546). Trotz der bildlichen Redewendung sucht Luther in dem Verbum *diakonein* das apostolische Amt, worauf der Textzusammenhang gewiß hinweist, aber in der Verbindung mit *epistole* doch wohl nicht mehr besagen will wie „besorgen". R wie NT 1522. Einen ähnlichen Prozeß zeigt die Übersetzung von *diakonos* in 2 Kor 3,6; NT 1522: „(Gott hat) auch uns tüchtig gemacht, Diener zu sein des neuen Testaments"; seit 1524: „... das *Amt* zu führen..." R „... zu Diensten des neuen Bundes."
Zu beachten ist auch Luthers Übersetzung von *oikonomia* mit „Amt" in Lk 16,3 u. 4; 1 Kor 9,17; Eph 3,2 (R hier „Ratschluß"). Verbal übersetzt Luther Eph 1,10: „... das Geheimnis seines Willens..., daß es *gepredigt würde*, da die Zeit erfüllt war." R: „... das Geheimnis seines Willens nach seinem Ratschluß, ... damit er ausgeführt würde..."

Dieser Überblick zeigt, in welchem Maße sich für Luther das Ministerium verbi, das keineswegs nur den Aposteln anvertraut ist (vgl. etwa 1 Kor 4,1 u. 6; 2 Kor 3,6.8f; 5,18; 2 Tim 4,5), als Amt darstellt. An nicht weniger als 22 Stellen wird die DIAKONIA TOU LOGOU als AMT bezeichnet. Davon finden sich 18 Stellen auch in dem revidierten Text von 1956. Die Exegese zeigt deutlich, daß der „Dienst der öffentlichen Verkündigung des Evangeliums", wie er von dem Apostel und von denen, die an seine Stelle in diesen Dienst treten, wahrgenommen wird, im Unterschied zu vielen anderen Diensten oder Ämtern in der Kirche keineswegs in der Betätigung eines Charismas seinen Grund hat, wenngleich gerade Paulus sein Apostelamt als Charismatiker führt (vgl. Röm 15,19; 2 Kor 12,12; auch 1 Kor 2,4), sondern in einem gleichsam formellen unbedingten Auftrag des auferstandenen und erhöhten Herrn und darum „Amt" ist. Die Auslöschung des Wortes Amt in den Ordinationsformularen A und W droht gerade den biblischen Gehalt des Wortes DIAKONIA als Bezeichnung für den öffentlichen Dienst der Verkündigung zuzudecken!
Und nun bedenke man auch dies: Luthers Neues Testament ist unter den Gemeindegliedern, die sich zum Ordinationsgottesdienst versammeln, verbreitet. Von den Ältesten der Gemeinde wird erwartet, daß ihnen Luthers Bibel nicht fremd ist. Ordinator und Ordinand — dies müssen wir voraussetzen — haben um des Glaubens und des Dienstes willen ein intensives lebendiges Verhältnis zu diesem Buch. Aber im Vollzug der Ordination ist für die an diesem Geschehen in besonderer Weise

Beteiligten das für den Dienst der öffentlichen Verkündigung entscheidende Grundwort in Luthers Neuem Testament verstummt. Ist dies zu verantworten? Offenbar haben hier die Maßgebenden jenen fragwürdigen zeitgenössischen Strömungen in einer höchst problematischen Zeitgemäßheit mehr nachgegeben, als es die von der Sache her gegebene Grenze erlaubt.

Exkurs II
Von der Verantwortung der Reformationskirchen für die
Bewahrung der Handauflegung in der Ordination

Die Formulare A und W haben durch ihre Bestimmungen über die Handauflegung der Möglichkeit die Tür geöffnet, daß diesem in der Schrift bezeugten apostolischen Brauch, der sehr wahrscheinlich älter ist als die Zerstörung Jerusalems und den die Reformationskirchen — von einzelnen Ausnahmen abgesehen — durch die Zeiten hindurch festgehalten haben, Abbruch getan wird, und zwar auch dort, wo dieses Element der Ordinationshandlung bis in die jüngste Vergangenheit unangetastet blieb. Württemberg ist ein Beispiel dafür. Örtliche Traditionen für die Unterlassung der Handauflegung gibt es dort nicht. Eine Durchbrechung der Regel, nach der die Handauflegung zur Ordination gehört, gründet in dem Verlangen des Kandidaten, „daß auch der geringste Anschein vermieden werden sollte, als handele es sich bei der Ordination um eine Art Priesterweihe oder gar um einen magischen Vorgang" (Schreiben der Kirchenleitung vom 11. 2. 74). Daß dieser Verdacht unbegründet ist, geht aus dem Formular eindeutig hervor. Der Kandidat, der den Wunsch nach Unterlassung der Handauflegung äußert, und die Kirche, die diesem Wunsche nachgibt, übersehen, daß dadurch zwei Arten von Ordination geschaffen werden, eine mit und eine ohne Handauflegung. Angesichts der Bedeutung, die der Ordination mit Handauflegung als Zeichen für Einheit und Apostolizität der Kirche zukommt, die auch die evangelische Kirche in Württemberg im Credo bekennt, ist die Unterlassung dieses Zeichens — zumal in der gegenwärtigen Lage der Christenheit — wohl kaum zu verantworten. Man kann Verständnis dafür aufbringen, daß in einer Kirchenkampfsituation wie zur Zeit des Interims gelegentlich eine gewisse Zurückhaltung gegenüber der Handauflegung laut wurde. Aber in dieser Situation befinden wir uns nicht mehr. Im Gegenteil! Wenn zwischen getrennten Kirchen die Frage der Anerkennung der Ämter aufgebrochen ist, um durch die Lösung dieser Frage einen wichtigen Schritt zur Überwindung der Trennung zu vollziehen, ist weder das Bestehen auf dem Wunsch, ohne Handauflegung ordiniert zu werden, noch das Nachgeben gegenüber einem solchen Wunsch theologisch und kirchlich zu verantworten. Die Handauflegung wird in der römisch-katholischen Kirche eine dogmatische Auslegung erfahren, der wir wahrscheinlich auch in Zukunft nicht in allen Stücken folgen werden können. Aber das ist kein Grund, sie zu unterlassen. Denn hier muß daran erinnert werden, daß „umb der Liebe und Einigkeit willen" (Schmalk. Art. III, Von der Weihe und Vokation) auch solche Überzeugungen des Partners die Einheit nicht zerstören dürfen, die wir unsererseits nicht teilen können. Gewiß darf Gal 1,8f auch im ökumenischen Dialog unter keinen Umständen außer Kraft gesetzt werden. Aber auch das 14. Kapitel des Römerbriefes sollte gerade hier in Kraft bleiben. Ohne entscheiden zu wollen, auf welcher Seite die „Starken" und auf welcher die „Schwachen" stehen, kommt diesem Kapitel für die hier behandelte Frage unmittelbar eine sehr aktuelle Bedeutung zu.

Ein Beispiel dafür, wie die Bestimmung über einen möglichen Wegfall der Handauflegung in A auch in solchen Kirchen, in denen dieser Brauch bisher unangetastet war, gelegentlich Einbrüche hervorrufen kann, ist die Evangelische Kirche in Nassau und Hessen. In den hessischen Landen stand die Reformation nicht nur unter dem Einfluß Luthers, sondern zugleich auch unter dem Bucers. Eine Untersuchung über Bucers Verständnis der Ordination wäre sehr erwünscht. Er hat die Handauflegung in der Konfirmation wie in der Ordination sehr hochgeschätzt, so hoch, daß er vor einer Accipe-Formel in beiden Fällen keine Scheu hatte. Vielleicht ist die Hochschätzung dieser Handlung auch bei Calvin auf einen Einfluß Bucers zurückzuführen. Ohne auf die Geschichte des hessischen Ordinationsformulares hier näher eingehen zu können, steht fest, daß bis in die Mitte unseres Jahrhunderts die Handauflegung bei der Ordination (wie bei der Konfirmation) unangetastet war. Durch die Übernahme von A wird in einzelnen Fällen diese Unangetastetheit in Frage gestellt bis zur Möglichkeit eines Wegfalles der Handauflegung bei der Ordination. Nach einer sorgfältigen Information des Vorsitzenden der Lutherischen Konferenz in Hessen und Nassau kommen verhältnismäßig selten Einzelfälle vor, in denen der Wunsch, die Ordination ohne Handauflegung zu vollziehen, geäußert wird. In diesem Fall wird ein mehrfach wiederholtes Gespräch mit dem Betreffenden geführt. „Erhebliche Vorbehalte gerade im Blick auf die Ökumene" werden dabei von dem das Gespräch führenden Propst geltend gemacht, aber der geäußerte Wunsch wird nach diesen Gesprächen „doch immerhin einer wohlwollenden Aufmerksamkeit unterzogen". Die Erfüllung des Wunsches wird in die Entscheidung des Propstes gestellt[51]. Die Problematik der hier geschilderten Situation liegt auf der Hand.

Ähnlich dürfte die Auswirkung von A in der Evangelischen Kirche der Union sein, zumal in den reformierten Gemeinden der Evangelischen Kirche im Rheinland. Es ist nicht zu bestreiten, daß sich im 16. Jahrhundert in reformierten Kirchen eine gewisse Unsicherheit gegenüber dem Gebrauch der Handauflegung bei der Ordination herausgebildet hat[52]. Die Meinung, mit der Handauflegung würde ein gleichsam „magischer" Ritus aus der mittelalterlichen Priesterweihe übernommen, hat offenbar besonders in Genf einen starken Einfluß ausgeübt[53]. Selbst Calvin, der in allen Ausgaben seiner Institutio seit 1543 diesem Ritus eine so hohe Bedeutung beilegte, mußte in seinen Ordonnances ecclesiastiques von 1541 diesen Bedenken Rechnung tragen und unter Berücksichtigung der „Gebrechen der Zeit" auf die Handauflegung bei der Ordination verzichten[54]. Diesem Genfer Einfluß folgte das ganz von Beza abhängige Ungarische Bekenntnis von 1562, das freilich keine große Wirksamkeit auszuüben vermochte, da es nach wenigen Jahren von der Confessio Helvetica posterior verdrängt wurde, die eindeutig an der Handauflegung festhielt[55]. In den Niederlanden sind seit 1566 Bedenken aufgekommen, im Glaubensbekenntnis die Handauflegung ausdrücklich zu

---

[51] Briefliche Mitteilung vom 20. 3. 1974.
[52] Vgl. die Bemerkungen zur Textgeschichte der Confessio Belgica, oben S. 63f.
[53] Schon in der ersten Ausgabe der Institutio von 1536 hat Calvin Mühe, die Handauflegung bei der Einsetzung in das Ministerium verbi zu verteidigen. Vgl. Opera sel. I, 217f. Der Abschnitt schließt S. 218: Quod si is, qui assumitur in episcopum, constituatur in medio coetu ecclesiae, admoneatur sui officii, ac super eum oretur, seniorum manibus super eum impositis, nulla religione, nisi ut et ipse Deo se in ministerium offerri sentiat et ecclesia incitetur, ad ipsum communibus precibus Deo commendandum: talem manuum impositionem nemo sanus improbet.
[54] Im handschriftlichen Entwurf Calvins lautet diese Stelle (Opera sel. II, 330,35): Quant a la maniere de lintroduyre (sc. les pasteures), il seroit bon de user de limposition des mains, laquelle cremonye a este gardee des apostres et puys en eglise ancienne, moyennant que cela se face sans superstition et sans offence. Mais pource quil y a eu beaucoup de superstition au temps passe et quil sen pourroit en suivre du scandalle on sen abstient pour linfirmite du temps. — Der Kleine und Große Rat hat in dem Textus receptus (ebd. Anm. a) die grundsätzliche Anerkennung der Handauflegung durch Calvin und seinen Hinweis auf den apostolischen Gebrauch sowie das Wort Handauflegung getilgt. Nur den Hinweis auf „viel Aberglaube" in der Vergangenheit und auf l'infirmité du temps hat er als Begründung für die „Einführung" der Pastoren in ihr Amt übernommen, die folgendermaßen geschehen soll: il suffira quil se fasse par un des ministres une declaration en remonstrance de loffice auquel on lordonne puis quon fasse prieres et oraisons affin que le seigneur luy fasse la grace de sen acquiter.
[55] Vgl. E. F. Karl Müller, Die Bekenntnisschriften der reformierten Kirche, 1903, S. 441f. und XXXVIIf.

nennen⁵⁶. Die Provinzial- und die Nationalsynode von Dordrecht greifen 1574 die Genfer Argumentation auf und beschließen den Wegfall der Handauflegung⁵⁷. Bereits nach vier Jahren wurde von der Dordrechter Nationalsynode die Handauflegung wieder freigegeben, wo sie „mit Erbauung" vollzogen werden kann, allerdings mit der Regelung, daß der Diener, der in sein Amt eingesetzt werden soll, als Ersatz für die Handauflegung auch seine rechte Hand darreichen kann⁵⁸. Der Dordrechter Regelung waren die Entscheidungen der Weseler Synode von 1568 und der von Emden 1571 vorausgegangen. Wesel versteht in Übereinstimmung mit zahlreichen anderen Dokumenten den gottesdienstlichen Akt der Amtseinsetzung als Confirmatio. Diese Handlung soll geschehen *vel solis solemnibus precibus, vel manuum-impositione (quam liberam relinquimus) coram tota ecclesia, more Apostolorum*⁵⁹. Der Hinweis auf den Brauch der Apostel dürfte sich besonders auf die Handauflegung beziehen, die, obwohl ihre Anwendung frei bleibt, doch wohl einen besonderen Akzent erhält. Diese Verstärkung des Gewichtes der Handauflegung tritt in dem Beschluß der Synode von Emden 1571 deutlich in Erscheinung, wenn dort die Confirmatio der Diener nach Prüfung ihrer Lehre und ihres Lebens erfolgen soll *cum solemnibus precibus et impositione manuum absque superstitione tamen et necessitate*⁶⁰.

---

⁵⁶ Die Synode in Antwerpen hat 1566 die Erwähnung der Handauflegung aus dem Bekenntnistext von 1561 getilgt. Siehe oben, S. 64, Anm. 18.

⁵⁷ Text der Provinzialsynode: Overmidts d'opleghinghe der handen in deser jonckheijt der Kerke tot superstitie ghetoghen ende sommigher bespottinghe onderworpen soude mueghen wesen, hebben de broeders besloten, dat men deselve alsnoch onderweghen laten sal... Der Text der Nationalsynode ist derselbe bis auf die Variante: ...deselve na-laten sal. Zitiert nach F. Schulz, Dokumentation Nr. 42 und 43. Die Provinzialsynode von Rotterdam hat 1575 ebenfalls die Handauflegung ausgeschlossen. F. Schulz Nr. 44. In Nr. 42 und 43 haben die Genfer Ordonnances ecclésastiques offenbar bis in die Formulierung des Beschlusses nachgewirkt.

⁵⁸ Die Diener sollen nach der Beantwortung der Verpflichtungsfragen „mit oplegginge der handen, daer detselve met stichtinge geschieden can, ofte anders met het geven der rechter handt, der gemeynschap tot den dienst der Kerken, aenghenommen worden..." Zitiert nach F. Schulz Nr. 45. Johann Gerhard zitiert in dem Abschnitt über Handauflegung bei der Ordination in seinen Loci, Tom VI, loc. XXIII, sect. XII 159 (Preuss S. 110) Bucanus, seit 1591 Theologieprofessor an der Akademie in Lausanne, der berichtet, daß „gewisse Calvinisten" gegen die falsche Meinung, Handauflegung sei „notwendig" oder zur Gottesverehrung gehörig, die Handreichung (manus porrectio) vorziehen als fidei, amoris, societatis et consensionis in doctrina symbolum unter Berufung auf das apostolische Vorbild in Gal 2,9. Gerhard lehnt dieses Verfahren selbstverständlich ab. Der Zeichencharakter des Handschlags hat in der Tat einen wesentlich anderen Gehalt als das Zeichen der Handauflegung.

⁵⁹ Ae. L. Richter, Die ev. Kirchenordnungen des 16. Jahrhunderts, 1846, II, 312; bei Schulz Nr. 41.

⁶⁰ W. Niesel, Bekenntnisschriften, 280. Auch für die Kirchen der Wittenberger Reformation steht fest, daß im Unterschied zu Taufe und Abendmahl für den Ritus

Mit der Emdener Entscheidung haben wir denjenigen Typus reformierter Tradition genannt, der von 1532 an das 16. Jahrhundert hindurch der vorherrschende war. Frieder Schulz hat in seiner Dokumentation aus reformierten Bekenntnisschriften, Synodalbeschlüssen, Kirchenordnungen und Liturgien des 16. Jahrhunderts 16 Texte angeführt, die bei der Ordination von Pastoren Handauflegung vorsehen[61]. Ganz abgesehen von der weiten geographischen Wirksamkeit der Confessio Helvetica posterior zeichnet sich allein schon in dem Zahlenverhältnis der in Frage kommenden Texte die Hauptlinie der reformierten Tradition deutlich ab. Seit dem Ende des 16. Jahrhunderts ist jene Nebenlinie der Unsicherheit, die wegen Superstitionsverdacht entstand, verschwunden. So weit wir sehen, enthalten im Bereiche deutsch-reformierter Kirchen und Gemeinden alle Kirchenordnungen und Formulare bei der Ordination die Handauflegung ohne eine Alternative[62].

der Handauflegung bei der Ordination kein Mandatum Dei uns gegeben ist, das diesem Ritus eine necessitas absoluta verleihen würde. M. Chemnitz, der in seinem Examen Concilii Tridentini die Beibehaltung der Handauflegung bei der Ordination ausführlich begründet, gibt dabei folgendes zu bedenken: Dignum est consideratione, quod Apostoli cum vellent adhibere externum aliquem ritum in ordinatione, non sumpserunt symbolum insufflationis, quo tamen Christus usus fuit; ne scilicet existimaretur, Christum dedisse mandatum, de usurpando ritu illo insufflationis. Sumpserunt igitur alium ritum indifferentem et liberum, impositionis scilicet manuum, neque enim necessitati voluerunt Ecclesiis imponere, de qua ipsi nullum habebant Christi mandatum. (De sacramento ordinis, sect. III; Preuss, S.480.) Ähnlich J. Gerhard, (a.a.O., Preuss, S.109): Cheirothesian illam adhibemus, non quasi sit symbolum aliquod sacramentale ab ipso Christo institutum et in hoc ritu adhiberi mandatum, sed libere hac ceremonia utimur, tum quia ex usu ecclesiae apostolicae descendit. Obwohl für die Handauflegung keine aus einem Mandatum Dei entspringende Notwendigkeit in Anspruch genommen werden darf, so folgt daraus keineswegs, daß die Kirchen auf diese Geste bei der Ordination verzichten. Hier gilt, daß u. U. den Christen gerade das geboten sein kann, was grundsätzlich, also in dogmatischer Hinsicht, in ihrer Freiheit steht.

[61] In der Dokumentation von F. Schulz sind aus diesen Quellen für das 16. Jh. insgesamt 27 Texte angeführt. Sie gliedern sich in folgende Gruppen: I. 5 Texte lehnen die Handauflegung ohne Alternative ab. Von diesen Texten bleibt hinsichtlich der Auswirkungen eigentlich nur *einer* bestehen, die Genfer Ordonnances eccléastiques. Das Ungarische Bekenntnis von 1562 wird sehr rasch außer Kraft gesetzt durch die Confessio Helvetica posterior. Die beiden Dordrechter Beschlüsse von 1574 und der Rotterdamer von 1575 wurden wenige Jahre später umgewandelt zur Gruppe II. — II. 6 Texte halten die Handauflegung für nützlich und möglich oder auch für wünschenswert, aber sie fordern sie nicht, sie kann daher in bestimmten Fällen auch wegfallen oder durch Handschlag ersetzt werden. — III. 16 Texte halten ohne Alternative an der Handauflegung in der gottesdienstlichen Handlung zur Einsetzung der Diener am Wort fest, stets in Verbindung mit Gebet, teils ohne besondere Begründung, teils mit ausdrücklichem Hinweis auf den apostolischen Brauch. — Schon diese statistische Zusammenstellung dürfte eine deutliche Sprache reden.

[62] Nach der Dokumentation von F. Schulz dürfte diese Feststellung fast ausnahmslos auch auf ausländische reformierte Gebiete zutreffen. Für die Zeit von 1602 bis 1963 werden aus dem gleichen Quellengebiet, aus dem die Textgruppen der Anm. 61 gebildet sind, 26 Texte angeführt. Davon bezeugen 25 uneingeschränkt die

Dieser Überblick dürfte gezeigt haben, daß A sich für eine Unterlassung der Handauflegung keineswegs auf eine in reformierten Kirchen und Gemeinden geltende Tradition jener Nebenlinie des 16. Jahrhunderts berufen kann. Man kann sich des Eindrucks nicht erwehren, daß das Argument, da und dort sei Knien und Handauflegung bei der Ordination „nicht üblich", lediglich die geistliche und theologische Krise im Verständnis des Ministerium ecclesiasticum verschleiert.

In W ist dieser Schleier gefallen. Wenn dort bei der Ordination sogar das Segenswort — um von Gebet und Einsetzung ganz zu schweigen — nur „in der Regel" mit Handauflegung gesprochen wird, Ordinationen ohne Handauflegung also zugelassen sind, so ist der Grund dafür eindeutig „das Gebrechen unserer Zeit", nämlich die in den 60er Jahren vor allem bei Pfarramtskandidaten manifest ausgebrochene Amtskrise. Daß W Ausnahmen von der Regel gestattet, ist ein Entgegenkommen der Kirchenleitung gegenüber Pfarramtskandidaten, die Bedenken gegen eine Ordination mit Handauflegung vorbringen. Diese Bedenken bestehen hauptsächlich darin, „daß auch der geringste Anschein vermieden werden sollte, als handle es sich bei der Ordination um eine Art Priesterweihe oder gar um einen magischen Vorgang"[63]. Wie angesichts von W, das lediglich bei dem Segenswort die Handauflegung vorsieht, solche Bedenken und Verdachtsmomente entstehen können, ist kaum zu begreifen. Ein Rückfall in die Situation von Genf im Jahre 1541 — und dies angesichts einer völlig neuen ökumenischen Situation der Christenheit in unserer Gegenwart? Offenbar sind die eigentlichen, die geistlichen und theologischen Gründe gegen eine Ordination mit Handauflegung bei je-

---

Handauflegung bei der Ordination. Die einzige Ausnahme ist die Deklaration der englischen Kongregationalisten von 1833 (Text bei E. F. K. Müller, 899-903, hier S.903), die eine Minderheit von Kirchen (Gemeinden) kennt, die bei Amtseinsetzung die Handauflegung unterlassen. Aus der jüngsten Vergangenheit verdient besondere Beachtung das Ordinationsgebet in der Liturgie der französisch-reformierten Kirche von 1963 (bei F. Schulz Nr. 63). Das Gebet schließt sich unmittelbar an die Ordinationsfragen an und lautet:
Prions Dieu (le candidat s'agenouille. L'assamblée s'agenouille ou s'incline).
Seigneur Dieu, Père céleste, nous te rendons grâces pour l'oevre de ton fils, Jésus-Christ, pour sa mort rédemptrice, pour sa résurrection et pour son ascension dans la gloire. C'est lui qui, par le Saint-Esprit, a suscité des apôtres, des évangélistes et des témoins, et qui, au cours des siècles, a donné à l'Église les serviteurs dont elle avait besoin. C'est lui qui nous donne aujourd'hui ce nouveau pasteur. Dans la reconnaissance et dans la joie, nous te louons, Seigneur.
(Le pasteur officiant et son ou ses assesseurs imposent les mains au candidat). NOUS T'EN PRIONS, PÈRE TOUT-PUISSANT, ENVOIE TON SAINT-ESPRIT SUR NOTRE FRÈRE N... N... QUE NOUS CONSACRONS À TON SERVICE ET ORDONNONS PASTEUR DANS TA SAINTE ÉGLISE, MINISTRE DE LA PAROLE ET DES SACRAMENTS. (L'impositions des mains étant ainsi accomplie, l'officiant continue).
[63] Briefliche Mitteilung des Oberkirchenrates in Stuttgart vom 11. Februar 1974.

nen Pfarramtskandidaten noch nicht hinreichend in das Bewußtsein getreten. Die Aufgabe einer Kirchenleitung dürfte doch wohl in dieser Situation darin bestehen, jene verborgenen Gründe bewußt zu machen, um sie geistlich und theologisch zu überwinden. Denn die Gefahr, daß aus der Regel die Ausnahme und aus der Ausnahme die Regel wird, ist nicht zu leugnen.

Angesichts der Problematik, mit der die Formulare A und W die in ihren Kirchen vollzogenen Ordinationen belastet haben, sehen wir uns veranlaßt, diesen Exkurs mit folgendem Votum aus Martin Bucers Schrift *De vi et usu sacri ministerii*[64] zu beschließen: At si quae ecclesiae contenderent, hoc signum (sc. impositionis manuum) fuisse apostolorum tantum et pari potestate dona spiritus sancti varia hoc signo conferendi praeditorum, ut forsan Timotheus fuerit, nollentque propterea hoc signo uti, sicut nec unctione aegrotorum postquam non haberent de eo proprium mandatum nec conferendi hoc signo sanitatem: has ecclesias damnare equidem non possem, *a sua tamen eas opinione, quoad liceret, revocarem.*

IV
Das Formular der Evangelisch-Reformierten Kirche in Nordwestdeutschland

Unter dem Titel „Ordination eines Predigers" werden zwei Formulare angeboten. Das zweite Formular (S. 189-194) ist in erster Linie für den Fall bestimmt, daß die Ordination in der Gemeinde stattfindet, in der der Ordinierte seinen Dienst antritt. Sie trägt darum die zusätzliche Überschrift „Einführung eines Predigers". Da in dogmatischer Hinsicht zwischen beiden Formen kein Unterschied besteht, dürfen wir uns im wesentlichen auf das erste Formular (S. 183-188) beschränken. Das Ordinationsformular tritt an die Stelle des ersten Teiles des Wortgottesdienstes vor der Predigt. Es ist in seinem Wortlaut durch den Kasus bestimmt. Die Handlung verläuft folgendermaßen:

Wort zum Eingang (Jes 52,7; 1 Kor 3,11) / *Lobpreis Gottes in Psalm oder Lied* / *Gebet* („... Du verachtest nicht den Dienst sündiger Menschen, Deine Gemeinde zu bauen und Dich der Welt zu bezeugen ... Rüste diesen Deinen Knecht aus mit Deinem Heiligen Geist zu einem mutigen und freudigen Zeugen Deines Evangeliums ...") / *Ansprache an den Ordinanden* / *Psalm oder Lied* / *Vermahnung*, bestehend aus (1) einer Ankündigungsformel („Der Herr hat in Seiner Gnade unseren Bruder N. N. aus N. zum Diener seiner Kirche berufen. Wir haben ihn nach apo-

---

[64] Basel 1562; Nachdruck in Tomus Anglicanus, Basel 1577, S. 553-610; hier S. 568, zitiert nach H. Heppe, Dogmatik des deutschen Protestantismus, III, 1857, S. 337.

stolischem Brauch unter Handauflegung und Gebet zu seinem heiligen, von dem Herrn verordneten Dienst zu bestätigen und zu bevollmächtigen."), (2) Schriftlesungen mit Mt 28,18-20; Eph 4,7 u. 11-16 und anderen vorgeschlagenen Stellen; die Anzahl der Lesungen liegt nicht fest, (3) Vorhalt der Funktionen des christlichen Predigtamtes und seiner Anforderungen an den Amtsträger / *Ordinationsgelübde*, bestehend in einem dreimaligen Jawort auf drei Fragen, darunter die für alte reformierte Tradition bezeichnende Frage, ob der Ordinand sich „vor Gott bewußt (ist), daß (er) in wahrer Liebe zum Herrn die Herde Christi zu weiden und dies heilige Amt zu bedienen (begehrt)"[65]; die letzte Frage beginnt: „Gelobst du vor Gott und der Gemeinde..." / *Ordination* (S. 187):

„(Der Ordinand kniet nieder. Ordinator und Assistenten, dazu einige Ältesten legen ihm die Hand auf, während die anderen Mitältesten und Mitdiener sich ringsum aufgestellt haben.)

Wir, als rechtmäßig berufene Prediger des Evangeliums von Jesus Christus und Mitälteste, legen nach dem Brauch der urchristlichen Gemeinde unsere Hände auf dein Haupt und überantworten dir hiermit den Dienst am Wort im Namen des Vaters und des Sohnes und des Heiligen Geistes. Amen.

Der Gott aller Gnade und der Vater der Barmherzigkeit bereite dich durch Seinen Heiligen Geist, daß durch deinen Dienst Sein Name verherrlicht und die Kirche Christi erbaut werde. Amen[66].

(Die Assistenten und handauflegenden Ältesten sprechen hierauf jeder einen Bibelspruch. Dann erhebt sich der Ordinierte.)

Es folgt eine kurze Anrede an die Gemeinde und ein abschließendes Gebet. Der Gottesdienst wird nach der üblichen Ordnung fortgesetzt. Die Predigt hält der Ordinierte.

Auf eine liturgiegeschichtliche Analyse dieses Formulars müssen wir hier verzichten. Es ließe sich zeigen, daß alte, „klassische" reformierte Tradition in ihm gestaltet wurde. Einwirkungen des Heidelberger Katechismus machen sich bemerkbar, zum Beispiel in der Kennzeichnung von Taufe und Abendmahl als „Wahrzeichen und Siegel der Gnade Gottes" (S. 185). Die Struktur der Handlung ist durchsichtig. Der Zusam-

---

[65] In Microns Ordonancien (1554, deutsch Heidelberg 1565) werden die erwählten Diener in der gottesdienstlichen Handlung der „Bestätigung" vor dem Handauflegungsakt bei der Verpflichtung u. a. gefragt: „Empfindet ihr das Zeugniß des Heiligen Geistes in euren Herzen, das euch erweckt und bewegt, in dieser Gemeinde anzunehmen den Dienst..." Nach der Emdener Kirchenordnung von 1594 wird der einzusetzende Prediger auch gefragt, ob er durch den Heiligen Geist von der Berufung zum Predigtamt versichert sei. Texte bei E. Sehling, Die ev. Kirchenordnungen des 16. Jahrhunderts, VII/1, S. 593 und 483.

[66] In der zweiten Form lautet die Ordinationsformel (S. 192): „So ordiniere ich dich ... kraft mir erteilter Vollmacht zum Prediger des Evangeliums unseres Herrn Jesus Christus, zum Verwalter der heiligen Sakramente, zum Hirten und Seelsorger in der Gemeinde Gottes. Der Herr, der dich zu Seinen Diensten berufen hat, erleuchte, stärke und regiere dich durch Seinen Heiligen Geist, damit du als ein treuer Arbeiter wirken und Frucht schaffen mögest, die da bleibt ins ewige Leben. Amen." Man vergleiche damit die Ordinationsformel der Emdener Kirchenordnung von 1594 (a.a.O., S.594f): „Gott, unser himmlischer Vater, der euch zu dem Dienst seines Worts in diese seine Gemeinde berufen hat, erleuchte euch mit seinem Heiligen Geist, stärke euch durch seine mächtige Hand und regiere euch also in euerm Dienst, daß ihr darin getreulich und fruchtbarlich wandeln möget zur Vermehrung des Reichs seines lieben Sohns..."

menhang zwischen Schriftlesung, Vorhalt und Verpflichtungsfrage wird besonders deutlich zum Ausdruck gebracht. Das Jawort des Ordinanden wird in Übereinstimmung mit zahlreichen evangelischen Formularen, die bis in die Zeit vor dem Zweiten Weltkrieg in Geltung waren, als ein Gelübde verstanden. In der „Anrede an die Gemeinde" wird dieselbe als „Zeuge des Bekenntnisses und Gelübdes, das dieser Diener am Wort, unser Bruder N. N., vor dem Angesicht Gottes abgelegt hat", angesprochen (S. 187). Der Kern der Ordinationshandlung ist die durch Handauflegung ausgezeichnete Rubrik „Ordination". Die hier gebrauchte Formel ist im ersten Teil eine Vollzugsformel, im zweiten eine Segensformel. Die Gebete sind nicht unmittelbar mit diesem Ordinationsakt verbunden, sondern durch andere Stücke von ihm getrennt. Die Problematik dieser Struktur wurde bereits bei der Analyse von VELKD 51 und E erörtert.

Der dogmatische Gehalt des Formulars läßt sich etwa in folgende Punkte zusammenfassen.

1) In der Ordination wird dem Ordinanden die DIAKONIA TOU LOGOU überantwortet. Dieser „Dienst" ist das christliche Predigtamt. Er ist als Dienst ein *Amt*, ein heiliges Amt (186), das Amt, das die Versöhnung predigt (187).

2) Dieses Amt ist göttlichen Ursprungs, es gründet in Gottes Willen und Befehl, der Herr selbst hat diesen heiligen Dienst verordnet (184).

3) Gott handelt im Ministerium verbi durch sündige Menschen zur Auferbauung seiner Gemeinde (183). Das Predigtamt hat mit den „Gnadenmitteln" zu dienen, die der Herr seiner Kirche anvertraut hat (184), es predigt die Versöhnung. Dieser Dienst, der ein Amt ist, hat deutlich eine soteriologische Ausrichtung, er zielt auf das ewige Heil.

4) Der Dienst an den Gnadenmitteln ist das Zentrum des Predigtamtes. Die Gnadenmittel sind das nach Schrift und Bekenntnis zu bezeugende Wort Gottes in Predigt, Lehre, Paraklese und Zucht, die zu verwaltenden Sakramente, nach feststehender reformierter Tradition zwei, Taufe und Abendmahl, und Widerstand gegen falsche Lehre. Dieses Amt entfaltet sich als ein „Hirtendienst" mit vielfältigen Aufgaben und Funktionen, zu denen auch Zuchtübung und andere episkopale Funktionen („wachen", „verwalten") gehören (185).

5) Gott hat bereits vor Beginn der Handlung den Ordinanden zum Diener seiner Kirche berufen (184). Die Ordination bestätigt dies und bevollmächtigt ihn zum Dienst. Die Berufung durch den Herrn und die Be-

rufung durch die Kirche gehören zusammen, sie liegen ineinander[67]. Indem der Diener rechtmäßig von der Gemeinde berufen ist, ist er von Gott selbst zu diesem heiligen Dienst berufen.

6) Die Ordinationshandlung hat einen pfingstlichen Charakter. Auf den Ordinanden wird der Geist Gottes herabgefleht (S. 183): „Rüste diesen Deinen Knecht aus mit Deinem Heiligen Geist...". Die Ausrüstung durch den Heiligen Geist für den überantworteten Dienst wird ihm unter Handauflegung im Segenswort zugesprochen (S. 187): „Der Gott aller Gnade und der Vater der Barmherzigkeit *bereite* dich *durch Seinen Heiligen Geist, daß...*". Die Ordinationshandlung steht in einer pfingstlichen, charismatischen, endzeitlichen Dimension.

7) Mit Nachdruck wird auf die Bedeutung der Lebensführung des Dieners für seinen Dienst hingewiesen. Die Typos-Funktion der Lebensführung für die Gemeinde wird deutlich herausgestellt. Zu beachten ist, daß besonders auf das persönliche Gebet des Amtsträgers hingewiesen wird[68].

8) Der Bezug des Predigtamtes und seines Trägers auf die weltliche Macht und ihre rechtmäßigen Träger wird in Entsprechung zu den neutestamentlichen Weisungen sachgemäß umrissen[69].

9) Hervorzuheben ist die Betonung, daß die Ausrichtung des Amtes nicht nur auf einen Dienst an Menschen und der Welt zielt, sondern gerade in seiner soteriologischen Dimension unmittelbar für Gott geschieht. Der Dienst im Predigtamt geschieht im Grunde und in seinem eschatologischen Ziel zur Ehre des heiligen Namens unseres Gottes (183; 185). Der Ordinationsvollzug ist umklammert von der Vaterunser-Bitte: „Geheiligt werde dein Name."

Sieht man von der spezifisch reformierten Kennzeichnung der Sakramente ab, die an sich nicht falsch, aber nicht hinreichend ist, so wäre von dem Bekenntnis der lutherischen Kirche kaum ein Einwand gegen dieses Formular zu erheben, zumal aus dem zweiten Formular noch manche Ergänzungen zum Amtsverständnis hinzugefügt werden können.

---

[67] Die Verpflichtungsfrage kann (S. 186) folgendermaßen lauten: „Bist du in deinem Herzen gewiß, daß du rechtmäßig und also von Gott selbst zu diesem heiligen Dienst... berufen bist?"

[68] Er soll „forschen in Gottes Wort, anhalten am Gebet und an der Fürbitte, den Gläubigen aber ein Vorbild sein in seinem persönlichen und häuslichen Leben..." (S. 184).

[69] Der zum Predigtamt verordnete Diener „soll der weltlichen Regierung... durch Gehorsam bezeugen, daß alle irdische Macht von Gott selbst berufen sei, die Menschen in Gerechtigkeit, Frieden und Wohlfahrt zu erhalten. Wenn aber offenbar gegen Gottes Gebot regiert und gehandelt wird, soll er ohne Furcht vor den Menschen bezeugen, daß man Gott mehr gehorchen muß denn den Menschen." (S. 185).

Möglicherweise könnten bei einer näheren Ausführung der Zuchtübung nicht unwichtige Unterschiede sichtbar werden. Aus dem zweiten Formular sei auf eine Amtsfunktion hingewiesen, die im ersten zweifellos gemeint ist, aber dort nicht ausgesprochen wird: „Zum zweiten gehört zum Amt der Hirten, daß sie öffentlich den Namen Gottes anrufen vor der ganzen Gemeinde", mit Hinweis auf 1 Tim 2,1 (S. 190). Aufs Ganze gesehen, darf man wohl sagen, daß das untersuchte Formular in Hinsicht auf seinen geistlichen Gehalt in hohem Maße die Funktion eines Typos ausübt[70].

V
Rückblick auf die untersuchten Formulare
Das Gemeinsame im Verständnis der Ordination

Es bestehen Unterschiede zwischen den untersuchten Formularen. Unsere Analyse hat versucht, sie herauszustellen. Die Unterschiede sind nicht zuletzt dadurch bestimmt, daß die Formulare VELKD 51 und das der reformierten Kirche in Nordwestdeutschland vor dem Ausbruch der Ordinationskrise in der zweiten Hälfte der 60er Jahre entstanden sind, während E, A und W in jener Zeit ausgearbeitet wurden, um der Krise Herr zu werden, ein Ziel, das, wenn auch, wie gezeigt, mit Verlusten weithin erreicht wurde. Aus zuverlässigen Berichten geht hervor, daß die Fälle, in denen in Unionskirchen eine Ordination ohne Handauflegung stattfindet, als vereinzelte Ausnahmen beurteilt werden. Es gibt Anzeichen dafür, daß diese Fälle mit der Zeit aussterben werden. Meine Kritik an der Ermöglichung solcher Fälle durch A und W zielt darauf, ihr Aussterben zu beschleunigen und eine Revision der Formulare, mit der in unserer bewegten Zeit doch wohl zu rechnen sein wird, auch in dem Punkt „Handauflegung" zu beeinflussen. Es sei daher erlaubt, in dem folgenden Rückblick die Handauflegung bei der Ordination als Faktum vorauszusetzen. Wir wollen versuchen, die für das Verständnis der Ordination grundlegenden Gemeinsamkeiten aus der von uns vorgelegten

---

[70] Wie lange dieses Formular noch in Geltung stehen wird, ist eine offene Frage. Denn nach einer brieflichen Mitteilung der Leitung der Ev.-Reformierten Kirche in Nordwestdeutschland vom 21. Januar 1974 wird an einer Bearbeitung des Kirchenbuches gearbeitet, von der auch dieses Formular betroffen sein wird. „Die von der Arnoldshainer Konferenz vorgelegten Ordinationsformulare sind auf Beschluß des Landeskirchenvorstandes dem Memorandum des Reformierten Bundes mit der Bitte übergeben worden, sie bei der Erstellung des in Vorbereitung befindlichen neuen Kirchenbuches zu berücksichtigen" (a.a.O.). Möchte bei der Neufassung, für die gewiß ein berechtigtes Bedürfnis vorliegt, der geistliche und theologische Gehalt des hier besprochenen Formulars erhalten werden!

Textinterpretation und einer Überschau über den gesamten Textbestand hervorzuheben.

Das Wort Ordination kann den ganzen Prozeß bedeuten, durch den ein für den Dienst der öffentlichen Verkündigung geeigneter Christ in dieses Amt eingesetzt wird. In diesem Prozeß ist zweifellos die gottesdienstliche Handlung, in der er seinen Abschluß findet, das entscheidende Moment in der Amtseinsetzung. Darum ist der Sprachgebrauch gerechtfertigt, der allein diese gottesdienstliche Handlung Ordination nennt. Wir schließen uns ihm an. Folgende Punkte verdienen es wohl, in unserem Rückblick hervorgehoben zu werden.

1. Die Ordination setzt den Weg, der zu ihr hinführt, als einen von dem Ordinanden mit Erfolg zurückgelegten Weg voraus. Nur der für seine Geeignetheit Geprüfte (vgl. 2 Tim 2,2) darf ordiniert werden. Auch muß eine Gemeinde dasein, die auf einen durch Ordination berufenen und gesandten Diener wartet.

2. Die Ordination wird als Gottesdienst in einer dazu versammelten Gemeinde vollzogen.

3. Der, der ordiniert, ist selbst ordiniert und ordentlicherweise Träger eines übergeordneten episkopalen visitatorischen Amtes. Mitwirkende Zeugen sind ebenfalls ordiniert. Die zum Gottesdienst versammelte Gemeinde ist durch Zustimmung zu der Berufung im Sinne geprüfter Geeignetheit, durch ihr Mitbeten sowie als Zeuge an der Ordinationshandlung mitbeteiligt.

4. Durch die Ordination wird der Ordinand in das Ministerium verbi berufen und in diesen amtlichen Dienst eingesetzt. Wenngleich jeder Christ durch die Taufe in das heilige Gottesvolk des Neuen Bundes eingegliedert ist und dadurch Anteil an dem königlichen Priestertum des Gottesvolkes hat, darum auch zur Bezeugung des Evangeliums in seinem persönlichen Lebenskreis aufgerufen ist, so kann doch die öffentliche Verkündigung des Evangeliums, die auch die Sakramentsverwaltung einschließt, nur von dem ausgeübt werden, der dazu *rite vocatus* ist. CA XIV gilt für alle Formulare.

5. Obwohl solche Berufung und Einsetzung durch Menschen geschieht, handelt darin zugleich Gott. Der eigentliche Ordinator ist Gott, der Dreieinige, selbst.

6. Indem der Dienst der öffentlichen Evangeliumsverkündigung im Sinne von Apg 6,4 als DIAKONIA TOU LOGOU verstanden wird, wird er im Unterschied zu einem rein charismatischen oder nur auf einem Charisma aufruhenden Dienst als ein Amt im Sinne eines neutestament-

lichen Gebrauchs von diakonia und oikonomia gekennzeichnet und zugleich in einem sachlichen Bezug zu dem Auftrag gesehen, der insbesondere den Aposteln zuteil wurde.

7. Das Ministerium verbi ist nicht von Menschen geschaffen, es ist nicht ein Produkt der Ekklesia, es hat ein Mandatum Dei.

8. Nur die Kirche Gottes hat die Vollmacht, im Gehorsam gegen das Gebot ihres Herrn geeignete Personen in das Ministerium verbi zu berufen und sie zur Ausübung dieses amtlichen Dienstes zu ermächtigen. Allen Formularen ist die Bekenntnisaussage von Apol XIII, 11f gemeinsam: „Ministerium verbi habet mandatum Dei ... Ecclesia (habet) mandatum de constituendis ministris. — Das Predigtamt hat Gott eingesetzt und geboten ... Die Kirche hat Gottes Befehl, daß sie soll Prediger und Diakonos bestellen."

9. Als Auftrag des Herrn liegt Ministerium verbi auf der Person des Ordinierten. Dieses Ministerium ereignet sich jeweils aktuell in der gehorsamen Ausübung dieses Auftrages. Die zentralen Funktionen, in denen dieses Ministerium ausgeübt wird, sind (a) die mündliche Verkündigung des in der Schrift gegebenen und im Bekenntnis bezeugten apostolischen Evangeliums, besonders in der Gestalt der gottesdienstlichen Predigt und der (missionarisch-katechetischen) Unterweisung der Getauften und derer, die die Taufe begehren, aber auch als Zeugnis gegenüber der „Welt"; (b) die Verwaltung und Darreichung des Sakramentes der Taufe und des Herrenmahles gemäß der Einsetzung des Herrn; (c) der Zuspruch des Evangeliums als Vergebung der Sünden in Beichte und Seelsorge. In diesen zentralen Funktionen hat das Ministerium verbi eindeutig Heilsbedeutung, es hat eine soteriologische Ausrichtung auf alle Menschen. Die Ausübung dieses Dienstes geschieht in einem pneumatischen Bereich, der durch das Kommen der Basileia Gottes bestimmt ist, er geschieht dazu, daß Frucht wachse für *Gottes* Reich, zur Ehre *Gottes,* zur Ehre *seines* Namens, daß *sein Name* gepriesen werde, daß *sein Reich* gemehrt werde, daß die Ernte *des Herrn* eingebracht werde, daß Gott *seine Basileia vollende* in Herrlichkeit. Das Ministerium verbi hat in seiner soteriologischen Ausrichtung zugleich eine eschatologische; es geschieht in einem eschatologischen Horizont.

10. Auf eine Entfaltung derjenigen Betätigungen, die mit diesem Ministerium außer seinen zentralen Funktionen noch verbunden sind und seiner fruchtbaren Ausübung dienen, wird in den Formularen teils in knapper Zusammenfassung, teils ausführlicher, teils mit der Bildrede vom Hirten und mit Verben wie weiden, wachen, verwalten hingewiesen. Diese Entfaltung geschieht im einzelnen in den Agenden und überhaupt

in den Ordnungen der betreffenden Kirche, auf die alle Formulare als verbindliche Bestimmungen für die Dienstausübung hinweisen.

11. In allen Formularen wird teils direkt, teils indirekt vorausgesetzt, daß der Ordinierte in der Ausübung seines Ministeriums von anderen Ämtern und Diensten umgeben ist, die in Koinonia seinem ihm besonders aufgetragenen Dienst zugeordnet sind. Der Verweis auf die Ordnung der Kirche umschließt auch diesen Sachverhalt.

12. Zur Ordination gehört das Leben und das Hören des Wortes Gottes aus der Schrift. Auch die Ordinationsansprache setzt ein Schriftwort als Grund für ihren Inhalt voraus. Insbesondere dient die Schriftlesung dazu, dem Ordinanden, aber auch der Gemeinde wesentliche Gehalte des zu übertragenden amtlichen Dienstes vor die Augen zu stellen und damit die Verpflichtungsfrage einzuleiten. Dabei wird dem Ordinanden auch vorgehalten, daß seine persönliche Lebensführung von großer Bedeutung für eine fruchtbare Ausübung seines Dienstes ist.

13. Die zentralen Akte der Ordinationshandlung setzen das Jawort des Ordinanden zu den Verpflichtungsfragen voraus. In diesem Ja ist die Bejahung der Bekenntnisverpflichtung eingeschlossen. Da dieses Jawort Bestandteil einer gottesdienstlichen Handlung ist, wird es vor Gott und der Gemeinde gesprochen, in der die Kirche Gottes gegenwärtig ist.

14. Die Ordination vollzieht sich als ein „pfingstliches" Geschehen. Zentral ist das fürbittende Herabflehen des Heiligen Geistes auf die Person des Ordinanden in der im Glauben an die Verheißung des Herrn gründenden Erhörungsgewißheit des Gebetes der in seinem Namen versammelten Gemeinde und die Zuwendung dieser erflehten Gabe an den Ordinanden in dem unter Handauflegung ihm zugesprochenen Segenswort, das nach der Verheißung Gottes nicht leer zurückkommt.

15. In der Ordination sendet Gott durch eine von Menschen vollzogene Handlung den, der ordiniert wird, in die Ausübung seines amtlichen Dienstes.

16. Das Ordinationsgeschehen ist umgriffen von der Vierfalt CONFIRMATIO, VOCATIO, BENEDICTIO, MISSIO.

Die Ordination ist *Confirmatio*. Sie ist die öffentliche Kundmachung vor der Ecclesia, daß der Ordinierte auf die von Gott gewollte Weise in den Dienst der öffentlichen Ausübung des Predigtamtes auf Grund seiner festgestellten Geeignetheit übernommen wird. In diesem Sinn ist die Ordination ein Festmachen der an den Ordinanden in seiner „Erwählung" zum Dienst der öffentlichen Verkündigung bereits ergangenen Vokation.

Die Ordination ist selbst *Vocatio*. Der Ordinand wird durch Wort und

Tat von Menschen in einem gottesdienstlichen Akt, also vor Gott und der Gemeinde, in das Ministerium verbi berufen, zugleich jedoch ist in dieser von „sündigen Menschen" vollzogenen Handlung Gott selbst die handelnde Person. Er ist es, der den Ordinanden durch diese „äußere" Handlung zu dem Dienst bestimmt, beruft und sendet, der zur Ehre seines Namens und zur Auferbauung seiner Ecclesia auszuüben ist.

Die Ordination ist *Benedictio*. Das gilt nicht nur für den unter Handauflegung zugesprochenen Segen. Selbst dann, wenn das Formular keine ausdrückliche Segensformel enthielte, schlössen das verkündigte Wort Gottes und die Gebete, zumal das besondere, unter Handauflegung gesprochene Ordinationsgebet eine Segnung ein. Aber alle Formulare enthalten eine ausdrückliche Benediktionsformel, die, wenn auch in VELKD 51 in der Vollzugsformel nur angedeutet, unter Handauflegung gesprochen wird. Im Vertrauen auf Gottes Verheißung, die dem Gebet der Kirche gegeben ist, im Vertrauen auf die Zusage, daß das *verbum externum* durch den Geist ein *verbum efficax* ist, ereignet sich Segnung.

Die Ordination ist *Missio*. Sie geschieht kraft der Bevollmächtigung, die mit dem Mandatum Dei der Kirche Gottes gegeben ist. Auch hier geschieht in der Sendung durch Menschen Sendung Gottes.

17. In der Ordination wird das Ministerium verbi und die Einsetzung in dieses von Gott vorgegebene Ministerium auf mannigfache Weise auf die *diakonia* der Apostel und auf apostolische Weisungen zurückbezogen. Dieser Rückbezug geschieht in den wohl am meisten gebrauchten Lesungen aus Mt 20 und 2 Kor 5, auch mit Joh 20,21, sei es in der Schriftlesung oder in der Vollzugsformel oder in der Sendungsformel. Dieser Rückbezug wird vor allem darin deutlich, daß das Ministerium verbi im Ganzen der Handlung als das Amt verstanden wird, das die Versöhnung predigt. Er erfolgt insbesondere dadurch, daß der Gehorsam gegen das Mandatum Dei zusammenfällt mit der apostolischen Weisung zur unverkürzten und unvermischten Weitergabe der die Kirche des Neuen Bundes hervorrufenden Heilsbotschaft der Apostel, wie sie uns in der Schrift gegeben ist. Recht verstanden bedeutet die Forderung der Schriftgemäßheit der Evangeliumsverkündigung in Wort und Sakrament den Rückbezug des gegenwärtigen Ministerium verbi auf die *diakonia* der Apostel selbst. In diesem Rückbezug vollzieht sich *successio apostolica*.

18. Die Ordination wird an dem Ordinierten nicht wiederholt.

Die Entfaltung der Lehre von der Ordination

Die Lehre von der Ordination ist ein Bestandteil der Lehre vom Amt der Kirche. Die dogmatische Erkenntnis dessen, was dieses Amt ist, konzentriert sich gleichsam in der Lehre von der Ordination. Die Lehre vom Amt, die ich auf Grund von Schrift und Bekenntnis glaube vertreten zu müssen, habe ich in mehreren Anläufen umrissen[71]. Bei der Entfaltung der Lehre von der Ordination kann hier nur an bestimmte Gehalte der Lehre vom Amt erinnert werden, ohne daß sie im einzelnen begründet werden können.

Die Analyse der behandelten Formulare hat gezeigt, daß sie eine Lehre von der Ordination enthalten. *Lex orandi* impliziert auch hier *lex credendi*. Wenngleich an allen Formularen mehr oder weniger Kritik geübt werden mußte, so enthalten sie doch in dem ihnen Gemeinsamen für das Urteil eines evangelischen Theologen keine falschen Lehren, die er abweisen müßte. Jene 18 Thesen, die den gemeinsamen Lehrgehalt herausheben, sind daher für eine evangelische Theologie Bestandteile einer Lehre von der Ordination. Insofern diese Thesen einen alle Reformationskirchen umfassenden Konsensus darstellen, kommt ihnen im gewissen Sinn sogar eine grundlegende Bedeutung zu. Dennoch ist unsere Aufgabe, eine Lehre von der Ordination in Umrissen zu skizzieren, mit der Aufnahme jener Thesen noch nicht gelöst. Das zeigt auch die Kritik, die an diesen Formularen geübt wurde, sofern diese Kritik bereits dogmatische Überzeugungen erkennen ließ, die in dem gemeinsamen Lehrkonsensus jener Formulare nicht zur Geltung kommen. Es darf geradezu als eine Aufgabe dogmatischer Reflexion bezeichnet werden, über den Lehrgehalt der vorliegenden Formulare hinauszugreifen, um ihn zu präzisieren, zu entfalten und zu ergänzen und so eine zukünftige Gestalt der Ordination vorzubereiten, die ihrem Wesen vielleicht noch näherkommt, als es durch die gegenwärtigen Formulare geschieht. An einigen Punkten soll dies versucht werden.

I
Das Priestertum aller Gläubigen als Voraussetzung für Eignung und Erwählung des Ordinanden

Selbstverständlich kann nur ein Glied des „neuen" Gottesvolkes in das Amt der Kirche berufen werden. Diese Selbstverständlichkeit schließt

---

[71] Zu der von mir angestrebten Lehre vom Amt vgl. oben S. 54 Anm. 3.

aber eine vielfältige Problematik ein. Jene Gliedschaft begründet die Taufe. Die Taufe schenkt Heiligen Geist. Die Gaben des Geistes sind nach Art und Maß verschieden. Gaben des Geistes können durch den Empfänger geschwächt werden oder gar erlöschen. Die Rebe, die nicht am Weinstock bleibt, wird weggenommen.

Die Taufe gibt Anteil an dem Priestertum Christi. Das endzeitlich neue Gottesvolk ist nach 1 Petr 2,5 u. 9 ein *hieráteuma hágion*, ein *basíleion hieráteuma*, ein *éthnos hágion*, also ein ausgesondertes, Gott geweihtes Volk. Indem der Getaufte an dieser Priesterschaft des Gottesvolkes Anteil hat, steht er in einer sein Leben prägenden Relation zu seinem Herrn Jesus Christus, in dessen Priestertum alles, was Priestertum heißt, an sein Ende gekommen und in die endzeitliche Vollendung eingegangen ist. Als die „lebendigen Steine" des Tempels Gottes sind sie dem einen „lebendigen Stein", der der Eckstein ist, gewiß nicht gleich, aber sie sind und werden ihm in ihrem Dienst angeglichen, wenn sie im Glauben mit ihrer Taufe leben und an der verliehenen Priesterschaft festhalten.

Man kann mit Luther die Betätigung dieses Priestertums in drei Verben zusammenfassen: beten, opfern, lehren. Die Glieder des neuen Gottesvolkes benötigen keinen irdischen Priester, der ihnen den Zugang zum Gnadenthron Gottes vermittle. „Durch Jesum Christum", ihren Hohenpriester, steht ihnen der Zugang zum Vater im Himmel offen in der Gestalt des gemeindlichen gottesdienstlichen Gebetes, aber auch in der Gestalt des persönlichen Gebetes des einzelnen. Priesterlich ist dieses Gebet vor allem in der Gestalt der Fürbitte, die den Nächsten, aber auch die Gemeinde und die Kirche Gottes mit ihren Dienern umfaßt ebenso wie alle Menschen, die der Fürbitte bedürfen, eingeschlossen die von Gott gesetzten irdischen obrigkeitlichen Mächte. — Im Mittelpunkt des priesterlichen Dienstes stehen Opferdarbringungen, nunmehr Darbringung geistlicher Opfer, wie der gottesdienstliche Lobpreis und die Homologie des Kyriosnamens, vor allem aber die Darbringung der gesamten leibhaften Existenz des dem Kyrios in der Taufe übereigneten Gliedes des Gottesvolkes. Solches Opfer schließt Teilhabe an dem Opferweg Christi ein. Opfer und Kreuzesnachfolge und die darin beschlossenen Leiden gehören eng zusammen. — Zum Priestertum der Gläubigen gehört auch das *docere*, das heißt, die Vermittlung und Bezeugung des Evangeliums in den mannigfachen mitmenschlichen Beziehungen wie in Haus und Beruf.

Dieses Priestertum des Volkes Gottes ist Antwort auf die Gabe der Taufe. Der Christ steht sein ganzes Leben hindurch in einem responsorialen Verhältnis zu seiner Taufe[72]. Die Intensität dieses Responsoriums ist verschieden. Die Antwort kann verkümmern, sie kann sogar abgebrochen werden, sie kann aber auch wieder lebendig werden. Bei der Prüfung der Geeignetheit dessen, der auf die Ordination zugeht, dürfen die Prüfenden nicht an der Frage vorbeigehen, ob der zu Prüfende lebendigen Anteil an dem Priestertum der Gläubigen hat, wenngleich das Finden der rechten Antwort auf diese Frage wieder eine nicht leicht zu nehmende Problematik einschließt. Das Vorhandensein eines bestimmten Grades echter theologischer Erkenntnis ist zweifellos eine entscheidende Voraussetzung für die Geeignetheit dessen, der ordiniert werden will. Aber jene zweite, in einem besonderen Sinn geistliche Dimension darf dabei unter keinen Umständen wegfallen. Eine Verengung der Prüfung auf eine gute oder ausreichende theologische Bildung darf nicht eintreten. Ist sie aber nicht weithin eingetreten? Die Prüfung hinsichtlich der Teilhabe an dem allgemeinen Priestertum der Gläubigen verlangt freilich bei den Prüfenden selbst eine Gabe, die sich nicht von selbst versteht. Denn diese in einer spezifisch geistlichen Dimension sich vollziehende Prüfung ist im wesentlichen ein pneumatischer Akt, in dem etwas von dem Charisma der Unterscheidung der Geister wird zur Wirkung kommen müssen. Sollte die gegenwärtige Krise der Ordination nicht auch — vielleicht sogar in entscheidender Weise — ihren Grund haben in der Verkümmerung des pneumatisch-charismatischen Momentes in der Prüfung der Geeignetheit des Kandidaten?

Damit hängt die Frage zusammen, wie es zur Erwählung des für das Amt der Kirche Geeigneten kommt. Ausschlaggebend dafür ist gewiß die Tatsache, daß dieses Amt von dem zu Erwählenden erstrebt wird (1 Tim 3,1). Aber wie kommt es zum echten Amtsbegehren? Eine sehr problematische Situation dürfte in der Regel dann vorliegen, wenn dieses Streben allein in einem einsamen Entschluß gründet. Dieses Streben sollte unbeschadet der persönlichen Entscheidung in einem gewissen Sinn ein passives Moment enthalten, das in die persönliche Entscheidung, die niemandem abgenommen werden kann, eingeht. Luther spricht in diesem Zusammenhang häufig davon, daß der für das Amt Geeignete aus dem Haufen *hervorgezogen werden* soll. Die Gemeinde sollte, auch wenn sie keine Propheten mehr in ihrer Mitte hat, die auf den zu Erwählenden mit ihrem Wort hindeuten, auf Grund des in ihr

---

[72] Vgl. die wichtige Abhandlung von J. J. v. Allmen „Die Ordination in der Sicht und Praxis der reformierten Kirche" in: Theologisch-praktische Quartalschrift (Linz) Bd. 118 (1970) 141-153, hier S. 152f. im Blick auf die Frage: „Hat die Ordination in ihrem konsekratorischen Moment einen responsorialen Charakter?" Vgl. dazu unten S. 131.

waltenden Geistes ihrerseits den für das Amt Geeigneten finden, ihn gewiß nicht nötigen, ihm aber den Anstoß für seine Entscheidung, nach dem Amt zu streben, geben. Es ist sicher schwer, sich vorzustellen, wie dies heute geschehen könnte, zumal die Gemeinden über ihre Verantwortung für die Hervorrufung künftiger Boten des Evangeliums nur selten unterwiesen werden. Auf jeden Fall hat aber der Hirte der Gemeinde hier eine ihm durch seine Ordination übertragene Aufgabe. Er hat sorgfältig darauf zu achten, ob unter den Gliedern der ihm anvertrauten Gemeinde sich nicht *eines* findet, das er in der rechten Weise zu jener persönlichen Entscheidung des Strebens nach dem Amt hinführen, ermuntern und darin bestärken könnte, wozu freilich die Gaben vernünftiger und geistlicher Urteilskraft gehören. In der Verkümmerung der Mitwirkung der Gemeinde an der Erwählung eines Geeigneten und somit an dem Zustandekommen seines echten Strebens nach dem Amt liegt ebenfalls ein Grund für die schwierige Situation, in die der Prozeß, der zur Ordination führt, hineingeraten ist.

II
Zeit und Ort der Ordination

Wann der Weg, der zur Ordination führt, beendigt ist, hängt auch davon ab, ob die zentralen Funktionen des Amtes alsbald nach empfangener Ordination ausgeübt werden können oder nicht. Wenn nicht, dann ist Wartezeit geboten. Denn der Zielpunkt, auf den hin ordiniert wird, liegt keineswegs darin, daß der Ordinand in einen besonderen, gleichsam „ontologisch" in sich selbst ruhenden geistlichen Stand erhoben wird, sondern darin, daß das Evangelium durch die Tätigkeit des Ordinierten in einer örtlichen Ekklesia in mündlicher Verkündigung und Darreichung der Sakramente zu den Menschen kommt. Andererseits ist aber die Zeit zur Ordination dann gekommen, wenn der, der das Amt erstrebt hat und dafür als geeignet befunden wird, mit dem Dienst der öffentlichen Verkündigung und der Sakramentsverwaltung beauftragt werden soll. Es ist nicht möglich, auch nur für eine begrenzte Zeit in die Ausübung von Evangeliumsverkündigung und Sakramentsverwaltung mit einer bloßen Beauftragung einzusetzen, ohne an dem Beauftragten im Gemeindegottesdienst mit Gebet und Handauflegung jene Handlung vollzogen zu haben, die wir Ordination nennen. Dies ist auch dann nicht möglich, wenn der Betreffende nicht in ein eigenständiges Pfarramt eingewiesen wird, sondern einem Pfarrer als Hilfspfarrer, aber mit selbstverantwortlicher Sakramentsverwaltung zugeordnet wird, wie zum Beispiel in Wittenberg 1525 Georg Rörer neben dem Stadtpfarrer Bugenhagen als Diakonus eingesetzt und dazu von Luther in der zum Gottesdienst versammelten Gemeinde mit Handauflegung ordiniert wurde und wie Apol XIII, 11 den Diakonus hinsichtlich der Ordination nicht anders stellt als den Träger des Predigtamtes. Wenn wir fragen, in welcher örtlichen Gemeinde der Gottesdienst mit Ordination stattfinden soll, so haben sich in den Reformationskirchen zwei Antworten herausgebildet, die man — einem Vorschlag J. J. v. Allmen folgend[73] — als Parochial- und Kathedral-Ordination unterscheiden kann. Die dogmatische Frage lautet: Welche der beiden Antworten ist dem Wesen der Ordination am besten angemessen? Für die Angemessenheit jeder der beiden Lösungen lassen sich Gründe anführen. Unsere Überlegungen über die Zeit der Ordination haben den sachlich notwendigen Bezug der Ordination auf die örtliche Gemeinde sichtbar gemacht, in der das übertragene Amt ausgeübt werden soll. Daher liegt es nahe, in dieser in Aussicht genommenen Ortskirche die Ordination vorzunehmen, und zwar in der Weise, daß die einmalige Handlung der Ordination verbunden wird mit den wesentlichen Elementen einer Installationsordnung. Dagegen läßt sich einwenden, daß durch die Verbindung von Ordination und Installation ein wichtiger Gehalt der Ordination zwar nicht ausgelöscht wird, aber stark zurücktritt, nämlich der Bezug des in der Ordination übertragenen Amtes zur *ecclesia universalis*. Denn dieses Amt steht in einem universalen ekklesialen Horizont. Diesen verliert das Amt keineswegs dadurch, daß es in einer parochialen Begrenzung ausgeübt wird. Wenngleich im Gottesdienst jeder Gemeinde, sei sie noch so klein, die eine allumfassende Kirche Gottes gegenwärtig ist, so wird doch durch die Hereinnahme der Installation in die Ordination die parochiale Grenze so stark betont, daß der ekklesiale universale Bezug verdunkelt wird.

Dies spricht für die andere Lösung. Dabei ist zu bedenken, daß der Ordinator Träger eines übergeordneten episkopalen visitatorischen Amtes ist. In der Regel liegt das Ordinationsrecht beim Bischofsamt oder bei dem ihm entsprechenden kirchenleitenden geistlichen Amt, wobei der Bischof oder der Träger des ihm entsprechenden geistlichen Amtes den Vollzug einer Ordination an ein anderes episkopal-visitatorisches Amt delegieren kann, an einen Generalsuperintendenten, einen Propst, einen Kreisdekan, einen Superintendenten, einen Dekan. Diejenige Gemeinde,

---

[73] Ebd. S. 150.

der der Ordinator selbst zugeordnet ist, wird in der Regel der am besten geeignete Ort für die Vornahme einer Ordination sein. Die Loslösung des Ordinationsortes von dem zukünftigen Dienstort ist ein deutlicheres Zeichen dafür, daß das in der Ordination übertragene Amt in der Weite der *ecclesia universalis* seinen Standort hat, von dem aus erst der begrenzte parochiale Standort seinen ekklesialen Sinn erhält. Das Amt, in das durch Ordination eingesetzt wird, ist — grundsätzlich betrachtet — nicht das kirchenrechtlich definierte Pfarramt, sondern das apostolische Amt der DIAKONIA TOU LOGOU, es ist daher prinzipiell das Bischofsamt selbst, das freilich auch nach dem Ordinationsformular in einer parochialen Begrenzung ausgeübt wird. Diese Überlegung führt uns unmittelbar zum nächsten Punkt.

III
Die Fülle des in der Ordination übertragenen Amtes und seine Einschränkung um der Liebe und Einigkeit willen

Um Mißverständnisse zu vermeiden, sei einleitend kurz das Problem „Amt und Ämter" gestreift. Allenthalben hat sich die Erkenntnis durchgesetzt, daß es weder dem geistlichen Wesen der Gemeinde noch den Anforderungen gegenwärtiger gesellschaftsbedingter Zeitverhältnisse entspricht, wenn in einer Gemeinde der Pfarrer allein in einem amtlichen kirchlichen Dienst stünde. Unsere Agenden enthalten neben dem Ordinationsformular und dem Installationsformular für den Pfarrer noch Einführungsformulare für Ämter und Dienste, die neben und mit dem durch Ordination übertragenen Amt ihre Dienste ausüben[74]. Man könnte diese begleitenden Ämter zusammenfassen mit der Bezeichnung „mitdienende Ämter". Dazu gehören zum Beispiel das Amt des Lektors, der auch Lesegottesdienste halten kann und nach einer entsprechenden Weiterbildung mit Prüfung auch als Prediger im Wortgottesdienst eingesetzt werden kann; ferner das Amt des Diakons, das sehr vielfältig ausgeformt sein kann, oder das Amt des Katecheten und Lehrers unter anderen. Hier wäre auch der Ort, um dem amtlichen Dienst der Frau in der Kirche die rechte Gestalt zu verleihen[75]. Diese und ähnliche mitdienende

---

[74] Dem Pfarrer ist dadurch eine nicht leichte, aber echt episkopale Funktion im Bereiche seiner Parochie zugewachsen, die im Sinne von 1 Petr. 5,3 auszuüben ist, sich aber keineswegs auf „Koordination" beschränkt.

[75] Eine Erörterung der Frauenordination fand auf der Tagung in Friedewald vom 1.-4. April 1974 nicht statt. Dazu wäre gewiß eine eigene Tagung nötig. Die Grundlagen meiner Abhandlung „Das Hirtenamt und die Frau" (Pro Ecclesia I, 310-338) werde ich auch heute noch vertreten müssen.

Ämter können auf Zeit übertragen oder nebenamtlich ausgeübt werden. Solche Ämter können auch in einem Gottesdienst übertragen und ihre Träger zu ihrem Dienst eingesegnet werden. Daß unter diesen mitdienenden Ämtern auch solche anzutreffen sind, die eindeutig wichtige Funktionen des Ministerium verbi übernehmen, wie Verkündigung des Evangeliums im Wortgottesdienst oder Unterweisung der Katechumenen oder seelsorgerliche Betreuung, ist nicht zu bestreiten.

Von diesem Hintergrund her ist nun das Spezifische des durch Ordination übertragenen Amtes ins Auge zu fassen. Dieses Amt umfaßt in der einen Person seines Trägers jene Fülle von Funktionen, die uns berechtigt, dieses Amt das apostolische zu nennen. Ich rufe die zentralen Funktionen dieses Amtes in Erinnerung, vornehmlich im Anschluß an CA XXVIII mit Einbeziehung von Melanchthons Tractatus, und füge kurze interpretierende Bemerkungen hinzu.

1. Das Evangelium öffentlich verkündigen.
2. Die Sakramente, Taufe und Abendmahl, verwalten und darreichen, wobei zu beachten ist, daß die Feier des Abendmahles ein Gemeindegottesdienst ist, in welchem der Minister verbi einen Auftrag und eine Funktion wahrnimmt, die keineswegs einem der mitdienenden Ämter übertragen werden kann, wie das zum Beispiel bei dem Predigt- und Unterweisungsdienst geschehen kann.
3. Sünden vergeben und behalten entsprechend Joh 20,21-23, also Beichte entgegennehmen und, wenn nichts dagegen steht, Absolution erteilen.
4. Die Verantwortung für die Erhaltung der Reinheit der Evangeliumsverkündigung wahrnehmen und eine dem in der Schrift gegebenen apostolischen Evangelium entgegenstehende Irrlehre durch öffentliche Verurteilung abweisen, was selbstverständlich nicht ausschließt, daß die Amtsträger zu einer Synode zusammentreten und gemeinsam das Urteil über falsche Lehre fällen, wobei Mitwirkung der „lebendigen Steine" des Hauses Gottes keineswegs auszuschließen, sondern einzubeziehen ist.
5. *Sine vi humana, sed verbo* — wenn nötig — die Exkommunikation zu vollziehen, was wiederum nicht ausschließt, daß an der Vorbereitung dieses Aktes Glieder der Gemeinde, aber auch andere ordinierte Amtsträger mitwirken, wenngleich die letzte Entscheidung in der Verantwortung des Hirten der Gemeinde wird liegen müssen.
6. *Prae-esse ecclesiae* gehört nach Tr. 60 und 61 ebenfalls zu den Amtsfunktionen, womit nicht nur das mit der Evangeliumsverkündigung ge-

gebene *Gegenüber* im Sinne von Lk 10,16 oder 2 Kor 5,20 gemeint ist, sondern auch eine leitende Funktion im Blick auf die „Ordnung", *ut res ordine in ecclesia gerantur* (CA XXVIII, 53), was wiederum nicht ausschließt, daß mindestens die Zustimmung der Gemeinde zu solchen Ordnungen eingeholt wird, da Ordnungen um der Ordnung willen nicht mit der Kraft eines sie stiftenden Mandatum Dei geboten werden können. Ihre Annahme und Befolgung hat es aber zu tun mit dem Gebot der Liebe und des Friedens, wobei die Grundvoraussetzung die ist, daß keine Ordnung gesetzt werden darf, die im Widerspruch zum Evangelium steht; Ordnung der Kirche muß dem Evangelium gemäß sein.

7. Schließlich ist durch die Ordination dem Minister verbi auch Verantwortung für die Weiterzeugung des ihm übertragenen Amtes auferlegt. Die Vollmacht zur Amtseinsetzung liegt ja kraft göttlichen Gebotes bei der Ecclesia. In besonderen Situationen kann es geboten sein, daß der Pastor einer örtlichen Ecclesia an der Befolgung dieses göttlichen Auftrages entscheidend mitwirkt. Wenn die Kirche das apostolische Amt durch Ordination überträgt, so tut sie das *adhibitis suis pastoribus*, indem sie also die Ministri „dazu nimmt", „dazu verwendet". Der Plural ist hier bedeutungsvoll. Bei der Ordination ist nicht ein einzelner Amtsträger tätig, sondern ein Kollegium von Amtsträgern. Es könnte aber auch eine besondere Notlage vorkommen, in der auch ein einzelner Pastor ordinieren muß. Auch in diesem Falle gilt der Satz: Ordinatio a pastore in sua ecclesia facta jure divino rata est (Tr. 65).

Ein Amt, das durch diese siebenfältige *potestas* bestimmt ist, wird man sachgemäß das apostolische Amt nennen dürfen, das *eine* Amt der Kirche, das aus der *diakonia* der Apostel entsprungen ist. Wenn man gegenüber der bei Hieronymus und im Ambrosiaster greifbaren These von der Gleichheit oder Identität von *presbyterus* und *episcopus*, die Jahrhunderte hindurch als rechtmäßige Lehre tradiert wurde[76], einen Unterschied zwischen beiden betonen will, dann wird man sagen müssen, daß ein Amt, in dem jene sieben genannten Vollmachten beschlossen sind, das Bischofsamt ist[77].

Diese Feststellung schließt nicht aus, daß der in einer örtlichen Ecclesia wirkende Träger dieses Amtes bestimmte Amtsfunktionen nicht ausübt,

---

[76] Vgl. dazu J. Lécuyer, Aux origines de la théologie thomiste de l'Episcopat, Gregorianum 35 (1954) 56-89.
[77] Die evangelischen Agenden kennen kein Ordinationsformular für das oberhirtliche Bischofsamt. Ein solcher Bischof wie etwa der Landesbischof wird nicht ordiniert, er wird in sein Amt eingeführt in einer gottesdienstlichen Handlung, die trotz mancher Entsprechungen zu einer Ordination doch deutlich davon unterschieden wird und daher auch in den Agenden „Einführung" genannt wird.

sie vielmehr einer übergeordneten Gestalt dieses Amtes überläßt. Drei untereinander zusammenhängende Momente machen in der Tat eine solche Unterscheidung zwischen *pastor* und einem übergeordneten *episcopus* „nötig", nötig nicht auf Grund eines stiftenden Gebotes Gottes, sondern weil *chreia, taxis* und *koinonia* sie fordern.

a) Chreia. Es gibt in der Sache begründete, elementare Bedürfnisse, die das übergeordnete Bischofsamt fordern. So kann zum Beispiel die Prüfung der Eignung eines nach dem Amt Strebenden nicht nur in einer vorläufigen Form in seiner Heimatgemeinde stattfinden (auch abgesehen von der Mobilität unserer Gesellschaft), sie muß vielmehr in endgültiger Form durch eine mehreren Ecclesien übergeordnete Stelle vorgenommen werden. Daraus folgt, daß die Entscheidung über eine zu vollziehende Ordination an der gleichen Stelle fällt, so daß der Vollzug der Ordination auch von ihr verantwortet werden muß. Die Exkommunikation eines Irrlehrers wird ein einzelner Pastor nicht vollziehen können, selbst wenn jener Glied seiner Gemeinde sein sollte, weil es sich hier um eine Angelegenheit handelt, die weit über eine örtliche Ecclesia hinausreicht. Apg 6,3 zeigt, wie chreia unmittelbar zu einem mit Personen zu besetzenden amtlichen Dienst wird. Was für die dortigen „Diakonen" gilt, gilt auch für den Bischof, der den Gemeinden einer größeren Region mit ihren Amtsträgern übergeordnet ist.

b) Taxis. Taxis ist hier zu verstehen als ein Gestaltungsprinzip für das Miteinander in der Kirche, sowohl in der lokalen Einzelkirche als auch im Verhältnis vieler Kirchen zueinander. Taxis wäre demnach die Wirkungskraft, die in der Erkenntnis von der kirchlichen Notwendigkeit umgreifender Ordnungen entspringt. Auch diese Ordnungen entsprechen einer Chreia. Solche Ordnungen, so nötig sie sind, dürfen zwar kein sie stiftendes Mandatum Dei in Anspruch nehmen, aber für eine fruchtbare Ausrichtung des Predigtamtes sind sie praktisch unentbehrlich, sie sind diesem Dienst ersprießlich, förderlich, dienlich, gut und nützlich. Ordnungen, die über die Einzelgemeinde hinausgreifen und alle Gemeinden einer größeren Region umfassen, dienen dem Frieden. „Denn Gott ist nicht ein Gott der Unordnung, sondern des Friedens." Daher kann es sogar solche An-ordnungen geben, die „in allen Gemeinden der Heiligen" gelten sollen (1 Kor 14,33).

c) Koinonia. Die Erkenntnis von der Bedeutung einer die Einzelgemeinden umgreifenden Ordnung führt unmittelbar zur Erkenntnis, welche Bedeutung das übergeordnete episkopale Amt als Zeichen und Kraft für die Verwirklichung von Koinonia in der Kirche und zwischen den Kirchen hat. Es gehört zum Wesen der Kirche, daß keine Einzelgemeinde für sich bleibt. Eine kongregationalistische Independenz widerspricht dem geistlichen Wesen des Volkes Gottes. Das übergeordnete Bischofsamt ist unmittelbar auf eine Vielheit von einzelnen Gemeinden mit ihren Hirten bezogen, es faßt diese Vielheit sichtbar zu einer Einheit zusammen und vermittelt diese Einheit zeichenhaft an die anderen unter einem Bischof zusammengefaßten Einheiten. Gewiß ist das Bischofsamt nicht das einzige Zeichen für die universale ekklesiale Koinonia. Eph 4,4-6 nennt noch tiefer bindende Zeichen und Kräfte dieser Koinonia. Aber sofern in jenem Amt die Fülle der oben genannten Funktionen des Amtes ohne Begrenzung zur Erscheinung kommt, wird dieses Amt zu einem ausgezeichneten Zeichen für die Apostolizität der Kirche und dadurch auch für ihre Einheit.

Daß die altkirchliche bischöfliche Verfassung der Kirche in einem hohen Maße dem Wesen der Kirche angemessen und gut und hilfreich für den ihr aufgetragenen Dienst ist, haben die lutherischen Kirchen nie bestritten. „Mit guter und nutzbringender Absicht" haben die Väter die altkirchliche episkopale Ordnung geschaffen (Apol XIV, 1). Wenngleich das Stiftungsgebot Gottes sich allein auf das eine Amt bezieht, das in der Ordination übertragen wird und nicht auf den zwischen *presbyterus* und *episcopus* geschichtlich gewordenen und somit *humana auctoritate* geschaffenen Unterschied im *gradus*, so kommt diesem „historischen" Episkopat doch ebenfalls ein Gebot entgegen, das zu seiner Annahme und Erhaltung führt, das Gebot der Liebe und der Einigkeit. „Umb der Liebe und Einigkeit willen"[78] sind die lutherischen Kirchen bereit, in die Besonderheit eines übergeordneten Bischofsamtes, in dem die Fülle des apostolischen Amtes erscheint, und damit in den Gradunterschied zwischen der presbyterialen Gestalt des apostolischen Amtes und seiner episkopalen Gestalt einzuwilligen, vorausgesetzt freilich, daß jene Funktionen tatsächlich das apostolische Evangelium in Wort und Sakrament ohne fremden Zusatz rein vermitteln.

Das Ergebnis dieser Überlegung läßt sich so zusammenfassen. Das Amt, das in der Ordination weitergegeben wird, ist das apostolische Amt in der siebenfältigen Fülle seiner Funktionen. Dieses Amt verdient die Bezeichnung Bischofsamt. In der Ordination wird durch den Hinweis auf die Ordnung der Kirche sichtbar gemacht, daß der Ordinierte aus Gründen, die mit den Worten *chreia*, *taxis* und *koinonia* angedeutet sind, auf die Ausübung bestimmter, in dem ihm übertragenen Amt inbegriffenen Funktionen um der Liebe und Einigkeit willen verzichtet. Mit

---

[78] Schmalk. Art. Teil III, 10; vgl. oben S. 59f.

einem Wort: Das in der Ordination übertragene apostolische Amt wird in seiner parochialen Begrenzung ordentlicherweise zugunsten seiner Vollgestalt als presbyteriales Amt ausgeübt. Die presbyteriale Gestalt der Ausübung hebt aber den tatsächlichen geistlichen Empfang des einen, unverkürzten apostolischen Amtes nicht auf. Daher kann jener Verzicht in bestimmten notvollen Situationen im Gehorsam gegen das Mandatum Dei zurückgenommen werden. Nam ubicunque est ecclesia, ibi est jus administrandi evangelii... Ubi est igitur vera ecclesia, ibi necesse est esse jus eligendi et ordinandi ministros (Tract. 67).

IV
Die auf Antwort harrende Frage nach der Legitimität evangelischer Ordinationen

Das Amts- und Ordinationsverständnis der Reformationskirchen, wie es uns in den Bekenntnisschriften und Ordinationsformularen begegnet und wie es hier in III verdeutlicht wurde, wirft die Frage nach der Legitimität der evangelischen Ordinationen auf. Dieses Amts- und Ordinationsverständnis ist von vornherein auf diese Frage und ihre Antwort ausgerichtet, denn seine Darlegung und Begründung ist zugleich Apologie, Rechenschaft und Verteidigung der vollzogenen Ordinationen. Diese Rechenschaft und Verteidigung der Reformationskirchen beruht auf folgenden Grundgedanken.

a) In Lehre und Praxis der den Reformatoren begegnenden spätmittelalterlichen Kirche des Abendlandes liegt eine tiefgreifende, das Wesen der Kirche anrührende Entstellung der Predigt des Evangeliums und der einsetzungsgemäßen Verwaltung des Altarssakraments vor. Um des der Kirche von ihrem Herrn erteilten Auftrags willen und darum zugleich um des Heiles der Menschen willen darf in diese Entstellung nicht eingewilligt werden. Wird eine solche Einwilligung von den Bischöfen als eine conditio sine qua non für die Erteilung einer Ordination gefordert, dann können wir von ihnen um des Glaubens und des Gewissens willen keine Ordinationen mehr entgegennehmen. Diese Situation ist eingetreten, deutlich seit dem Reichstag 1530.

b) Um des der Kirche erteilten Auftrages willen und darum zugleich um des Heiles der Menschen willen darf die öffentliche Verkündigung des Evangeliums und die einsetzungsgemäße Darreichung der Sakramente nicht aufhören. Dazu bedarf es aber der durch Ordination in das apostolische Ministerium verbi eingesetzten Diener. Mag die überkommene hierarchische Ordnung der Kirche zumal in ihrer altkirchlichen Gestalt noch so gut und förderlich sein, das Gewicht der Fortpflanzung des Amtes, das aus der *diakonia* der Apostel entsprungen ist, wiegt schwerer als die Bewahrung einer an sich guten, aber in dem geschichtlichen Prozeß verzerrten Ordnung, wenn durch sie jene Entstellungen nicht nur geduldet, sondern als rechte Lehre auferlegt werden. Der Anspruch des Mandatum Dei überragt den Anspruch einer geschichtlich gewordenen Amtsgestalt in diesem Fall mit zwingender Notwendigkeit. Darum fällt in dieser Situation die der Kirche kraft göttlichen Rechtes eingestiftete Vollmacht zur Ordination, die bisher den Bischöfen eingeräumt war, an die Kirchen zurück und muß, solange diese Situation andauert, von der Kirche ohne jene Bischöfe ausgeübt werden. Hier, in Wittenberg und anderswo, ist in Wahrheit Kirche — die Entscheidungsfrage meldet sich! —, darum ist hier auch Ordinationsvollmacht.

c) Obwohl diese der Kirche erteilte Vollmacht soweit reicht, daß in einer extremen Notlage, etwa in einem Konzentrationslager, eine Schar von Christen, die keinen Ordinierten in ihrer Mitte haben, als eine im Namen Jesu zum Gottesdienst versammelte Gemeinde aus ihrem Kreis ein geeignetes Glied auswählen und unter Gebet und Handauflegung zum apostolischen Amt ordinieren kann, auf daß sie nunmehr auch die Eucharistie feiern kann, so wollen *wir* die Gestalt der uns notgedrungen aufgedrängten Ordination aus guten Gründen so weit wie möglich jener bischöflichen Gestalt der Ordination angleichen (freilich in einer liturgisch gereinigten Gestalt „hindangesetzt alle Larven und Gespenste unchristlichs Wesens und Gepränges" [Schmalk. Art. III, 10]). Daher ordinieren in unseren Kirchen nur Ordinierte, und zwar soweit wie möglich als ein Kollegium. Dabei stellen sie den Kern der Ordinationshandlung, Gebet und Handauflegung, klar heraus.

In der heutigen Lage der Christenheit darf die Frage nach der geistlichen Legitimität dieser reformatorischen Entscheidung nicht mehr länger unbeantwortet bleiben. Auch darf die Antwort, wenn sie gegeben wird, nicht in einem Zwielicht bleiben. Offenbar kann das Urteil, jene reformatorische Entscheidung, die Weitergabe des apostolischen Amtes in der Gestalt einer sogenannten presbyterialen Ordination zu vollziehen, habe nur die Nichtigkeit der evangelischen Ordinationen bewirkt, nicht mehr aufrechterhalten werden. Was hat aber die reformatorische Entscheidung hinsichtlich der Amtsweitergabe bewirkt? Läßt sich in dieser Sache die Defectustheorie noch halten? Wenn tatsächlich die zentralen Funktionen des apostolischen Amtes durch die evangelischen Ordinationen zur Ausübung übertragen werden, kann dann der — notwendig gewordene — Ausfall einer Mitwirkung des historischen Episkopats einen solchen Defekt hervorrufen, der die Reformationskirchen der eucharistischen Präsenz des Leibes und Blutes Jesu Christi im Abendmahl beraubt?

V

Ordination als pfingstliches Geschehen im Kommen des Reiches Gottes und die sacerdotale Dimension des Amtes

Die pfingstliche Ausgießung des Heiligen Geistes kennzeichnet den endzeitlichen Charakter des Gottesvolkes im Neuen Bund. Die Kirche Gottes lebt von dem Pfingstgeschehen und somit an der Schwelle der Parusie Jesu. Die Ordination zum apostolischen Amt ist von der Mitteilung des Geistes, die bis zum Jüngsten Tag währt, durch und durch geprägt. Sie ist eine endzeitliche Handlung und in vielfacher Hinsicht auf die Erscheinung des Erzhirten ausgerichtet. Wie in dem gesamten Dienst der Kirche, so ist auch in dem Akt der Weitergabe des apostolischen Amtes die Ausrichtung auf das Kommen der Basileia Gottes mit prägender Macht gegenwärtig. Diese Amtseinsetzung erfolgt um der eschatologischen Rettung der Menschen willen, sie geschieht dazu, daß die Mittel der Gnade durch konkreten geschichtlichen Vollzug in der Menschheit am Werk sind, um das heilige Volk, das Volk des königlichen Priestertums hervorzurufen, zu sammeln und zu bewahren bis zum Ende. Die Fortzeugung des der Kirche eingestifteten Amtes ist, recht verstanden, heilsnotwendig. Eben dadurch ist dieser Akt aber auch auf das Ende, das kommende Gericht, auf die Vollendung im Eschaton und somit auf das Kommen der Basileia Gottes ausgerichtet. Die soteriologische und die eschatologische Dimension des Ordinationsgeschehens liegen ineinander: weil ausgerichtet auf das definitive Kommen des Reiches Gottes am Jüngsten Tag, darum ausgerichtet auf die hier und jetzt zu vermittelnde Rettung; weil auf den gegenwärtigen Empfang des Christusheiles zielend, darum ausgestreckt nach dem Kommen des Reiches Gottes.

Man wird wohl sagen dürfen, daß die eschatologische Ausrichtung der Ordination häufig nicht hinreichend erkannt wird und darum auch im Verständnis und vielleicht auch in der Gestalt der Ordination nicht hinreichend zur Geltung kommt. Die Blickrichtung auf den präsentischen Heilsempfang der Menschen steht begreiflicherweise im Vordergrund. Unser Blick darf aber nicht hängenbleiben an der soteriologischen Bedeutung der Ordination, er muß die Ausrichtung von Ordination und Amt auf das Kommen der Basileia als das eigentliche Ziel vor Augen haben. Erst dadurch wird das zu übertragende Amt recht erkannt.

Ein Beispiel verdeutliche diese geforderte Ausweitung unseres Blickes. Wir neigen wohl alle immer wieder unwillkürlich dazu, die vier letzten Bitten des Vaterunsers dringlicher und gesammelter zu beten als die drei ersten. Es ist aber gewiß kein Zufall, daß die drei ersten Bitten mit dem *Dein* die erste Stelle einnehmen vor den vier letzten mit dem *Uns*. Ähnlich, wie wir am Herrengebet lernen müssen, das *Dein* an erster Stelle stehen zu lassen und ihm das *Uns* nicht vorzuordnen, verhält es sich auch mit den beiden in Ordination und Amt beschlossenen Dimensionen. Daß *Gott* durch die Heilsbotschaft zu seinem Recht an uns kommt, daß *für ihn* die Bürger seines Königsreiches zubereitet und gesammelt werden, daß er zu der ihm gebührenden Verherrlichung durch die Kreatur kommt, daß ihm, was ihm vom Ursprung an gehört, als sein Eigentum vermittels des Dienstes an Wort und Sakrament zurückgegeben und *dargebracht* wird, das ist das „Letzte" und das Eigentliche, worum es bei der Fortpflanzung des apostolischen Amtes geht. Sollte nicht das Vaterunser als Basileiagebet mit dem Gefälle von den drei ersten Bitten zu den vier letzten tatsächlich das grundlegende, mit aufgelegten Händen zu betende Ordinationsgebet (Konsekrationsgebet) sein, das in dem nachfolgenden Gebet entfaltet wird?

Wenn diese Ausrichtung von Ordination und Amt auf das Kommen der Herrschaft Gottes gilt, dann hat dies für die Amtsausübung wichtige Folgen. Denn nun wird in der Amtsausübung nicht nur die heilsvermittelnde Dimension sichtbar, sondern eben darin zugleich eine unmittelbar auf Gott bezogene sacerdotale Dimension. Durch den apostolischen Dienst werden Menschen, die in das Volk Gottes hineingenommen werden, dadurch zugleich *Gott dargebracht* als sein Eigentum von Uranfang an. Das geschieht grundlegend in der Taufe, ist das Ziel aller Evangeliumsverkündigung und ereignet sich immer neu in Absolution und Herrenmahl. Zweifellos sind Taufe, Predigt des Wortes, Absolution und Herrenmahl rein von Gott her, auf den Menschen zukommende, Heil spendende Bewegungen der Gnade Gottes. Aber für den, der durch die Ausübung des ihm in der Ordination übertragenen Amtes diese heilshafte Offenbarungsbewegung von Gott her auf den Menschen hin je und je aktualisiert, ist die Ausrichtung dieses Geschehens auf das eschatologische Endziel und damit auf Gott hin keineswegs nebensächlich, sondern für die Erkenntnis des geistlichen Gehaltes seines Amtes wesentlich.

Diese Überlegung führt noch einen Schritt weiter. Wenn die ausschließlich von Gott her auf den Menschen zukommenden Mittel der Gnade im Glauben empfangen werden, lösen sie mit pneumatischer Notwendigkeit eine Tätigkeit in der *Congregatio fidelium* aus, die nun *per dominum nostrum Jesum Christum* unmittelbar auf Gott selbst hingerichtet ist, die Anbetung, das Dank- und Lobopfer, die den Namen des dreieinigen Gottes bekennende und preisende Homologie, das gottesdienstliche Gebet in seinen vielfachen Gestalten, sie alle sind im Geist vollzogene Darbringungen der Gemeinde vor dem Thron Gottes. In diesem Geschehen bekommt die Amtsfunktion des *praeesse ecclesiae* einen neuen, bedeutungsvollen Inhalt. Der Minister verbi wird in diese pneumatische Bewegung der Gemeinde auf Gott hin gleichsam von Amts wegen auch seinerseits hineingenommen. In dieser pneumatischen Bewegung der glaubenden Gemeinde auf Gott hin wird der Minister verbi zum Mund der Gemeinde.

An *einer* Stelle und nur an einer geschieht dies kraft göttlichen Mandats, an allen andern Stellen um der Ordnung willen als von der Gemeinde delegiert. Jene eine Stelle, an der der Diener mittels göttlicher Anordnung in die danksagende und flehende geistliche Bewegung der Gemeinde auf Gott hin hineingenommen wird, ist das Herrenmahl. Zur rechten Verwaltung und Darreichung dieses Sakramentes gehört das danksagende, anamnetische und Segen erflehende Gebet, das mit dem Mahl verbunden ist. Die Einbettung dieser Gebetsbewegung auf Gott hin in die rechte Verwaltung dieses Sakramentes verlangt den, der kraft Ermächtigung durch Ordination an Christi Statt stehend das eucharistische Gebet darbringt, es sei denn, daß der Gemeinde ein echter Prophet geschenkt würde, der auch ohne Ordination unmittelbar von Gott zu diesem Dienst berufen wäre. Solange der Gemeinde kein Prophet gegeben ist, der als solcher ausgewiesen und erkennbar geworden ist, liegt bei dem durch Ordination übertragenen Amt der Auftrag und die Bevollmächtigung, die mit dem Abendmahl verbundene *eucharistia* zu vollziehen. Die Darbringung dieses *sacrificium eucharistikon*, das kein *sacrificium propitiatorium* ist, macht sichtbar, daß das durch Ordination übertragene Amt auch eine sacerdotale Funktion einschließt, die in einem Mandatum Dei gründet. Von da aus erklärt es sich, daß, solange die prophetische Gebetsgabe in unseren Gemeinden erstorben ist und das Charisma freien Betens in der zum Gottesdienst versammelten Gemeinde offenbar ungewöhnlich selten betätigt werden kann, der mit dem *praesse ecclesiis* Beauftragte von der Gemeinde als ihr Mund in Anspruch genommen wird, um stellvertretend für sie durch seinen Mund ihr Mitbeten vor Gott laut werden zu lassen. In diesem Bereich des amtlichen Dienstes ist in der Tat die Teilhabe der Gemeinde an der heiligen Priesterschaft des Gottesvolkes der tragende Grund für diesen Dienst. Die auch unabhängig vom Abendmahl darzubringenden geistlichen Opfer des Lobes und des Dankes wie überhaupt das Hintreten vor Gottes Thron in dem durch Jesus Christus dargebrachten Gebet sind Funktionen des allgemeinen Priestertums der Gläubigen. Im Gottesdienst der Gemeinde sind diese Funktionen zu einem großen Teil im Blick auf das Lautwerden in der Regel an den delegiert, dem auch im Gottesdienst ein recht verstandenes *praeesse ecclesiae* aufgetragen ist. Das Prinzip „Ordnung" ist bei dieser Delegierung ebenfalls mit Recht wirksam. Der Ordinierte bleibt demnach nicht nur für sich persönlich als Gemeindeglied eingegliedert in das Priestertum aller Gläubigen, sondern in seinem amtlichen Dienst sind ebenfalls von diesem Priestertum her sacerdotale Funktionen mitgesetzt. Die Tatsache, daß der Ordinierte nicht zuletzt auf Grund seines persönlichen responsorialen Verhältnisses zu der in der Taufe geschenkten Teilhabe an dem Priestertum des heiligen Gottesvolkes erwählt, berufen und ordiniert wurde, wird den Vollzug seines ganzen Dienstes mitbestimmen. Seine Existenz als Amtsträger wird und soll in der Tat eine Konkretion der Teilhabe an der heiligen Priesterschaft der Gläubigen sein, die geistliche Opfer darbringt.

Indem die Ordination den Ordinanden durch den ihm aufgetragenen Dienst an Wort und Sakrament in die heilshafte Bewegung der Gnade Gottes auf den Menschen hin instrumental hineinnimmt, nimmt sie ihn zugleich hinein in die pneumatisch-eschatologische Bewegung auf Gott hin, wie sie in dem geistlichen Wesen der Gemeinde und an einer zum Zentralen gehörenden Stelle auch in seinem amtlichen Dienst beschlossen liegt. Es dürfte sich gezeigt haben, wie die soteriologische Dimension des Dienstes im apostolischen Amt und seine pneumatisch-eschatologische Dimension unlöslich ineinander liegen. Darum sind auch die exhibitiven Funktionen dieses Amtes in der Darreichung von Wort und Sakrament ebenso unlöslich verbunden mit den sacerdotalen Funktionen dieses Dienstes. Beide Dimensionen, die vorwiegend soteriologisch institutionelle wie die vorwiegend eschatologisch-pneumatische, liegen derart ineinander, daß ohne Ausrüstung durch den pfingstlichen Geist das Amt nicht wahrgenommen werden kann. Als ein Geschehen im Kommen des Reiches Gottes ist der Dienst im apostolischen Amt in allen seinen Bereichen auf die Gabe der Endzeit, den ausgegossenen Geist mit seinen Gaben, angewiesen. Das Mandatum Dei, in dem die Ordination gründet, verheißt, daß diese Gabe des Geistes in der unter Gebet und mit Handauflegung vollzogenen Ordination in der Erhörungsgewißheit des Glaubens tatsächlich geschenkt wird.

VI
Gebet und Handauflegung als Kern der Ordination

Die Ordinationshandlung ist in sich selbst ein fortschreitender Prozeß. Dieser Prozeß führt gleichsam Schritt für Schritt ansteigend an eine Stelle, an der das Entscheidende geschieht, das die Ordination zur Ordination macht. Ist diese Stelle durchschritten, so führt die Handlung mit einem kurzen Abstieg zurück zu dem Hauptgottesdienst der Gemeinde, in dem nun die Abendmahlsfeier folgt. Jene entscheidende Stelle ist, was die Rubrik anlangt, gekennzeichnet durch das Niederknien des Ordinanden. Im Handlungsvollzug des Ordinators besteht dieser Wesenskern der Ordination aus Gebet und Handauflegung. Bei einer Erörterung der Frage, ob Ordinationen, die in solchen Kirchen vollzogen wurden, in denen *presbyterium sive ministerium ... non sit undiquaque purum et ab omnibus erroribus liberum*, anerkannt werden könnten, begründet Johann Gerhard die Bejahung dieser Frage mit folgender These: *Ubicunque substantialia alicujus ritus observantur, de ritus integritate nulla debet esse dubitatio.* Diese *substantialia* der Ordination sind aber *preces solennes ecclesiae et impositio manuum*. Sind diese Substantialia bei der Ordination vollzogen, dann kann über die Integrität dieser Handlung kein Zweifel bestehen, eine mit Gebet und Handauflegung vollzogene Ordination darf nicht wiederholt werden, ... *ordinatio pro rata habenda ac proinde non est iteranda*. Johann Gerhard weiß, daß die Handauflegung nicht auf einem ausdrücklichen Mandatum Dei beruht, ihr also keine *necessitas absoluta* zukommt, daß sie aber aus wichtigen Gründen nicht wegfallen darf, Gründe, die so wichtig sind, daß dieser Bestandteil der Handlung zusammen mit den Gebeten zu den Substantialia der Ordination gehört[79]. Versuchen wir nun unsererseits diese Verbindung von Gebet und Handauflegung etwas zu erhellen.

Es kann keine Frage sein, daß bei der Ordination den *preces solennes*

---

[79] J. Gerhard, Loci, a.a.O., 156 (Preuss, S. 107). Die Feststellung Gerhards dürfte von aktueller Bedeutung sein für die Frage nach der Anerkennung der Ämter zwischen solchen Kirchen, die wegen Lehrunterschiede nicht in rechtlicher Kirchengemeinschaft verbunden sind.

ecclesiae eine zentrale Bedeutung, sozusagen eine absolute Bedeutung zukommt. Zwischen den Gebeten und dem Gestus der Handauflegung besteht in dogmatischer Hinsicht kein Gleichgewicht. Zu den Gebeten tritt in einem bestimmten Fall der Gestus hinzu, nicht umgekehrt. Diese Gebete entspringen der Glaubensüberzeugung, daß der dreieinige Gott in, mit und unter der ganzen Ordinationshandlung selbst handelnd, auswählend, berufend, ermächtigend, segnend und sendend gegenwärtig ist. Dieser Glaubensüberzeugung entspricht die Bitte, Gott möge die Verheißung dieser seiner handelnden Gegenwart nun auch jetzt hier in Erfüllung gehen lassen, und zwar insbesondere im Blick auf den jetzt hier zu Ordinierenden. Im Vertrauen darauf, daß Gott zu seiner Verheißung steht, ruft die Kirche bei der Ordination Gott um das Geschenk seiner gnädigen handelnden Gegenwart an.

Diese Gebete haben ihre Mitte in der Bitte um die Verleihung des Heiligen Geistes für die Ausrüstung des Ministerium verbi im universalen ekklesialen Horizont, insbesondere aber in der Ausrichtung auf die Person dessen, der jetzt in dieses Ministerium eingesetzt werden soll. Diesen Bitten liegt die Überzeugung zugrunde, die im vorigen Abschnitt angedeutet wurde, daß nämlich der Dienst in diesem Ministerium von dem eschatologischen Charakter des neuen Gottesvolkes geprägt ist und nur in der Kraft der endzeitlichen Gabe des Geistes recht ausgeführt werden kann. Das Pfingstliche der Ordinationshandlung kommt in diesen Gebeten zum Ausdruck, und zwar in besonderer Akzentuierung auf die Person des Ordinanden.

Nicht alle Gebete der Ordinationshandlung sind mit der Handauflegung verbunden. Die Weise, wie Handauflegung mit Gebet verbunden wird, mag mehrere Formen haben. Die beste und darum auch das Zeichen am deutlichsten ausdrückende Form dürfte die sein, die wir Apg 6,6 entnommen haben: *orantes imposuerunt eis manus*. Das Gebet, das mit Handauflegung verbunden ist, wird durch diese Verbindung besonders hervorgehoben, seine besondere Funktion wird dadurch kenntlich gemacht. Die Handauflegung ist gleichsam die Marke dafür, daß in, mit und unter diesem Gebet von Gott her kraft seiner der Kirche gegebenen Verheißung an dem mitbetenden Ordinanden das geschieht, was der Gebetsbitte nach Gottes Wohlgefallen entspricht. So wird die Handauflegung zum Zeichen der Erhörungsgewißheit der im Glauben an Gottes Verheißung betenden Kirche. Dieses Zeichen gilt allen, der Gemeinde, dem Ordinator und seinen Assistenten, dem anwesenden Kollegium der Amtsträger, aber vor allem und insbesondere gilt es dem knienden Ordinanden, an dem es vollzogen wird. Für ihn hat dies Zeichen eine Bedeutung für sein ganzes Leben. Es ist ihm ein tröstliches Zeichen der Versicherung, daß *Gott* ihn auserwählt hat zum amtlichen Dienst an Wort und Sakrament, daß Gottes geist- und kraftspendende handelnde Gegenwart ihm persönlich gilt und an ihm wirkt, ihn in seiner persönlichen Existenz jetzt tatsächlich trifft.

Handauflegung ist ferner die Gebärde des Segens. Hier wären die Grundzüge einer Theologie des Segens heranzuziehen, die unter anderem auch von dem realen exhibitiven Charakter des Segenswortes zu handeln hat[80]. In Verbindung mit dem durch Handauflegung ausgezeichneten Gebet wird die Handauflegung als Segensgebärde zum Zeichen dafür, daß das Herabflehen des Geistes durch Gottes Treue sich an dem Ordinanden als Segensgabe erfüllt. Indem so die Bitte des Gebetes zu Gott aufsteigt, wendet sie sich zugleich als Segensgabe dem zu, für den sie vor Gott gebracht wird. Die Handauflegung bringt zum Ausdruck, daß das im Glauben an Gottes Verheißung aufsteigende Gebet zugleich eine auf den Ordinanden selbst sich niederlassende pneumatische Wirklichkeit einschließt. Was der Ordinand für die Ausrüstung seines im ekklesialen eschatologischen Horizont auszuübenden Amtes braucht, wird ihm in der Zwei-Einheit von Gebet und Handauflegung vermittelt, dargereicht und geschenkt. Möge er dieses unbezweifelbaren Geschehens stets eingedenk sein! Möge er sorgsam mit der ihm zugeteilten Gabe umgehen, daß sie nicht verkümmere oder gar wie ein glimmender Docht zu verlöschen drohe. Wie die durch die Taufe vermittelte Teilhabe an der Priesterschaft der Gläubigen ein responsoriales Verhalten des Christen zu dieser Gabe verlangt, so auch diese in der Ordination verliehene Gabe des Geistes von seiten des Ordinierten.

Wir sind damit bereits in den Aussagenbereich der Pastoralbriefe eingetreten, unter denen 1 Tim 4,14 und 2 Tim 1,6 für unseren Fragekreis im Mittelpunkt stehen. Zwar sind einige nicht unwichtige exegetische Fragen noch im Stadium der Diskussion begriffen[81]. Doch in dem Punkt,

---

[80] Ich darf verweisen auf meinen Aufsatz „Der Segen als dogmatisches und liturgisches Problem" in Pro Ecclesia II,339-351.

[81] Bei der Auslegung von 1 Tim 4,14 sollte der Beitrag von E. Dekkers, ΠΡΟΦΗΤΕΙΑ-PRAEFATIO, in: Mélanges offertes à Mademoiselle Christine Mohrmann, Utrecht-Anvers 1963, 190-195, nicht übersehen werden. Anknüpfend an Ch. Mohrmanns Untersuchung über die Geschichte von praefari—praefatio in Vigiliae Christianae 7 (1953) S.1-15 und unter Bezug auf synonyme Entsprechungen zwischen προφήτης und praefator kommt E. Dekkers zu dem Ergebnis, in 1 Tim 4,14, aber auch in 1,18 bedeute propheteia praefatio im Sinne eines konsekratorischen Gebetes. 1 Tim 4,14 erhält folgende Übersetzung: „Ne néglige pas le don spirituel qui est en toi, qui t'a été conféré (lors de ton ordination) par la prière consécratoire accompagnée de l'imposition des mains du collège des presbytres." Entsprechend wird in 1 Tim 1,18 κατὰ τὰς προαγούσας ἐπὶ σὲ προφητείας über-

auf den es in unserem Zusammenhang ankommt, besteht ein wohl einhelliger Konsens unter den Exegeten. Nach den Pastoralbriefen wird dem Ordinanden ein auf die Ausübung seines Amtes bezogenes Charisma durch die Auflegung der Hände verliehen. „Diese stellt also nicht nur ein begleitendes Zeichen dar, sondern dient zur Übermittlung der Gabe, mit der Gott den Amtsträger ausstattet[82]." Aber nicht eine vom Wort isolierte Handauflegung übermittelt diese Gabe. In 1 Tim 4,14 ist gerade das Prophetenwort zusammen mit der begleitenden Handauflegung als das Mittel betont, durch das jene Gabe verliehen wird. Die Stelle des Prophetenwortes nimmt für uns das Ordinationsgebet ein. Durch die Zwei-Einheit von Gebet und Handauflegung wird als Gabe des Geistes ein spezifisches Charisma verliehen, dasjenige Charisma, das eine fruchtbare Ausübung des übertragenen amtlichen Dienstes ermöglicht. Der Empfang dieses Charismas hat offenbar eine wichtige, in vieler Hinsicht entscheidende Bedeutung für die konkrete Verwirklichung des Amtsauftrages. So wird durch die Handauflegung bei der Ordination deutlich, daß der Amtsträger nicht nur jener Charismen teilhaftig ist, die aus seiner Taufe und damit aus seiner Teilhabe an dem Priestertum aller Gläubigen entspringen, sondern als Amtsträger zugleich Charismenträger in einem besonderen Sinne, gleichsam in einem „amtlichen" Sinne ist, insofern dieses Charisma eigens auf das übertragene Amt bezogen ist. Die Handauflegung ist demnach nicht nur eine öffentliche Bestätigung dafür, daß der Ordinand auf Grund einer echten charismatischen Geeignetheit, wie sie aus der Teilhabe am allgemeinen Priestertum der Gläubigen entspringt, ein *rite vocatus* ist, sondern die

---

setzt: „... en accord avec les prières consécratoires jadis prononcées sur toi" (S. 192). Diese Auslegung scheint sehr weit hergeholt zu sein. Gegen sie spricht, daß bei der Übersetzung ins Lateinische nur das Lehnwort prophetia gebraucht wurde. Ferner weist Apg 13,1-3 darauf hin, daß die herkömmliche Bedeutung „prophetisch übermittelte göttliche Weisung" gerade bei der Aussonderung des Timotheus zu seinem besonderen Dienst am Platze ist. Andererseits ist aber zu bedenken, daß in 1 Tim 4,14 im Unterschied zu Apg 13,1-3 das Prophetenwort aufs engste mit der Handauflegung verbunden ist, ihr also nicht vorausgegangen sein kann wie in Apg 13. Auch ist in 1 Tim 4,14 das Prophetenwort deutlich das entscheidende Mittel, durch das das Amtscharisma gegeben wird, während die Handauflegung hier das begleitende Moment ist. Vgl. W. Bauer, Wörterbuch (1963), Sp. 1008. Daß eine Propheteia ein Gebet sein kann, dürfte außer Frage stehen. Vgl. G. Friedrich, ThW 6,854. Hinzu kommt, daß nach 1 Kor 14,16 das vom Amen der Versammelten aufgenommene Dankgebet des Propheten sehr wohl die Eulogie bei dem Abendmahl sein kann. Auf diesen Sachverhalt dürfte auch Did 15,1 in Verbindung mit 10,7 hinweisen. Eine Propheteia als Eulogie beim Herrenmahl entspricht aber genau den Besonderheiten, die für eine Präfation gelten. Eine Prae-fatio ist ein Gebet mit einer proklamatorischen, segnenden, konsekratorischen Funktion. Daß mit dem Prophetenwort in 1 Tim 4,14 ein solches Ordinationsgebet gemeint sein könnte, ist nicht auszuschließen.

[82] E. Lohse, RGG³ IV, Sp. 1672 und ThW IX, 423,7.

Handauflegung ist vor allem ein Zeichen dafür, daß der Ordinand jetzt durch die Ordinationshandlung von Gott ein neues Charisma empfängt, das ihm als Träger des apostolischen Amtes verliehen wird und das nun als zu seiner Person gehörig mit ihm in seinen Dienst geht.

Ein Letztes: Es sei erinnert an die typologische Auslegung des alttestamentlichen Aufstemmens der Hände auf das Opfertier, die bei den Reformatoren wohl allenthalben ähnlich, wie sie in dem in Teil A angeführten Melanchthonzitat zum Ausdruck kommt, gang und gäbe war und auch in übertragener Bedeutung auf die Handauflegung in der Ordination angewandt wurde. Hier wird die Handauflegung ein Zeichen dafür, daß der Ordinand gleichsam in den göttlichen Dienst der DIAKONIA TOU LOGOU hineingegeben, diesem Dienst dargebracht und überantwortet wird. Indem er aber diesem göttlichen Dienst dargebracht wird, wird er zugleich in einer spezifischen Weise *Gott dargebracht* für den Dienst, den Gott selbst durch Menschen ausrichtet. Die Handauflegung wird zum Zeichen dafür, daß der Diener in dem angegebenen Sinne ein Ausgesonderter, ein für *Gottes* Dienst Ausgesonderter ist. Was bedeutet diese Darbringung und Aussonderung anderes als dies, daß der Ordinierte ein für den durch das Amt geschehenden Dienst Geweihter ist. Luther überschrieb in den Schmalkaldischen Artikeln den von der Ordination handelnden Text „Von der Weihe ..."[83]. Und er wußte, was er damit sagte[84]!

Die Entfaltung der Lehre von der Ordination ist mit diesen Überlegungen keineswegs abgeschlossen; sie ist ein Fragment geblieben. Wichtige Fragen warten noch auf eine dogmatische Behandlung, vor allem die Frage nach dem Verhältnis zwischen Ordination und apostolischer Sukzession und die Frage nach der Sakramentalität der Ordination. Zu diesen beiden Problemkreisen enthält das Vorstehende nur Andeutungen, die allenfalls in die Richtung deuten, in der die Antwort gesucht wird. Daß diese Antworten hier noch ausstehen, hängt auch mit den Bedingungen zusammen, unter denen diese Beiträge zur Lehre von der Ordination entstanden sind. Es waren Bedingungen, wie sie für eine Arbeitstagung gegeben sind, und diese bedeuten auch eine Begrenzung des Ausführbaren.

---

[83] Vgl. dazu auch die oben S. 58 in Anm. 8 angeführten Texte mit den Verben devovere, mancipare, consecrare.
[84] Wie die Lehre von der Ordination in einem lutherischen Ordinationsformular in Zukunft zum Ausdruck kommen sollte, habe ich zu zeigen versucht in meinem Aufsatz: „Ein Vorschlag für die Ordination in Kirchen lutherischen Bekenntnisses", in: ThLZ 100 (1975), Sp. 173-188.

Hermann Kunst

ZUR ORDINATION UND ORDINATIONSKRITIK

Es ist weder zufällig noch verwunderlich, daß im Zusammenhang mit und im Vollzuge der - zumal unter jungen Theologen, aber nicht nur bei ihnen - verbreiteten Kirchenkritik auch die Ordination in ihrem überlieferten Verständnis und in der herkömmlichen Weise und Form ihres Vollzuges kritisch unter die Lupe genommen und beurteilt wird. Ordinationskritik erscheint sowohl als Teil und Ausschnitt wie als Anlaß und Ansatz der Kirchenkritik. In der Ordination, wie immer sie verstanden und geübt wird, laufen die theologischen Linien trinitarischer, christologischer, pneumatologischer, ekklesiologischer und sakramentaler Provenienz und Prägung zusammen; die Fragen nach der Rolle des kirchlichen Amtes in Kirche und Gemeinde, nach der gegenseitigen Zuordnung von Amt und Gemeinde, nach der Stellung und Aufgabe des Pfarrers in der Kirche heute und in der modernen Gesellschaft stehen in Rede und spielen mit unterschiedlicher Gewichtung und Wertung in der Ordinationsdiskussion eine Rolle. Zugleich brechen in dieser Diskussion die Pluralität theologischer Meinungen und Standpunkte in der Frage, was Kirche und das Amt der Kirche sei, und die Unterschiedlichkeit in den Auffassungen der Kirchen (evangelisch - katholisch) und der Konfessionen (lutherisch - reformiert) auf.

Die Ordinationskritik junger Theologen (Ordinanden) wurde zuerst 1968 laut - sicher nicht ohne strukturellen Zusammenhang mit den studentischen Unruhen und der darin aufbrechenden allgemeinen Gesellschaftskritik - und machte die Ordinationsgespräche zu den schwierigsten Aufgaben kirchenleitender Männer. Inzwischen ist die kritische Welle abgeebbt und die Diskussion sachlicher geworden.

Eine systematische Auswertung des vorliegenden Materials erbringt folgendes Bild der von den Predigtamtskandidaten geltend gemachten kritischen Einreden an der Ordination:

1) Die Ordination wird kritisiert, weil sie nach Meinung ihrer Kritiker in ihrem herkömmlichen Verständnis und Vollzug einen quasi sakramentalen Akt darstellt, der dem Ordinierten eine besondere Amtsgnade verleiht und ihn in einen besonderen Stand (Ordo) versetzt.

In einem Brief an Bischof D. Scharf vom 19. Juni 1970 erklärten Berliner Kandidaten: „Wir lehnen es ab, den Pfarrer als Träger eines besonderen *Standes* zu verstehen, und sehen unsere Ordination nicht als Ordination in einen Stand an.
Wir sind der Ansicht, daß nicht nur Pfarrer ordiniert werden sollten. Schon in Eph. 4 werden Apostel, Propheten, Evangelisten, Hirten und Lehrer nebeneinander genannt. Wir bitten die Kirchenleitung anläßlich unserer Ordination darauf hinzuwirken, daß das Recht auf Ordination nicht Pfarrern vorbehalten wird. U. E. ist das derzeitige Ordinationsformular auch im Hinblick auf die Ordination anderer Mitarbeiter in den Gemeinden grundlegend zu ändern."
1972 erklärten Berliner Ordinanden zum Ordinationsvorhalt: „Wir verstehen unsere Ordination nicht als eine Weihehandlung und nicht als Einführung in einen besonderen Stand."
Für die Abschaffung der Ordination trat der Ordinationsausschuß der Vereinigung württembergischer Vikare bei einem Hearing am 11. September 1969 ein.
Den radikalsten Vorschlag für eine Neuordnung der „Ordination" im Sinne der bloßen Begründung eines Dienstverhältnisses und der Dienstverpflichtung eines Beamten legte Professor Dr. Otto-Mainz der Synode der Evangelischen Kirche in Hessen und Nassau vor. In den „Arbeitsthesen zur Ordination" des Ausschusses „Kirchenreform der Kritischen Kirche" (Evangelische Landeskirche in Württemberg) vom 20. Mai 1969 heißt es:

... § 2
Der einzige *geistliche Stand*, den die evangelische Kirche kennt, ist das „königliche Priestertum" derer, die Gott aus der Finsternis in sein Licht geholt hat, damit sie seine Taten sehen und der Welt sichtbar machen können (1. Petr. 2,9f). In diesen Stand sind *alle* versetzt, die durch die Nachricht von Jesus Christus Glieder seiner Gemeinde geworden sind.
§ 4
Daraus folgt für das besondere Gemeindeamt des Pfarrers:
b) Der Stand des Pfarrers ist nicht *der* geistliche Stand in der Gemeinde. Die evangelische Kirche kennt keinen Unterschied von Klerus und Laien.
§ 5
Das Pfarramt ist keine besondere geistliche Einrichtung, sondern es ist eine praktische Einrichtung der christlichen Gemeinde. ...
§ 6
Es gibt also keine besonderen „Rechte des geistlichen Standes" ...

§ 9
Zu den Voraussetzungen zur Begründung des Dienstverhältnisses ... gehört ...
Nicht gehört zu diesen Voraussetzungen die Ordination, verstanden als ein quasi sakramentaler Akt, der dem Bewerber eine besondere Amtsgnade verleiht.
§ 10
Wir verstehen unter Ordination nicht eine Voraussetzung, sondern die von beiden Seiten vollzogene öffentliche Bestätigung eines Dienstverhältnisses zwischen der christlichen Gemeinde (Landeskirche) und dem Pfarramtsbewerber. ...
§ 11
Die Ordination unterscheidet sich von der Investitur nur dadurch, daß statt in den Dienst einer Einzelgemeinde in den Dienst der Landeskirche eingeführt wird.

2) Die Ordination wird kritisiert, weil sie nach Meinung ihrer Kritiker in ihrem herkömmlichen Verständnis und Vollzug, indem sie nur dem Pfarrer erteilt wird, ein unbiblisch und unreformatorisch verengtes Verständnis des Amtes vertritt und fördert und verkennt, daß es neben dem Pfarramt andere gemeindebezogene Funktionen gibt.
In den „Arbeitsthesen zur Ordination" des Ausschusses „Kirchenreform der Kritischen Kirche" (Evangelische Landeskirche in Württemberg) vom 20. Mai 1969 heißt es:
§ 1
Das einzige *geistliche Amt*, das die evangelische Kirche kennt, ist der „Dienst der Versöhnung" (2. Kor. 5,18). In dies Amt sind *alle* eingesetzt, denen durch die Nachricht von Jesus Christus selber die Versöhnung mit Gott widerfahren und die Versöhnung der Menschen mit Gott und miteinander zur Aufgabe geworden ist.
§ 4
Daraus folgt für das besondere Gemeindeamt des Pfarrers:
a) Das Pfarramt ist nicht *das* Amt der Gemeinde. Es ist eine Weise unter anderen, den „Dienst der Versöhnung auszuüben".
§ 5
Das Pfarramt ist keine besondere geistliche Einrichtung, sondern es ist eine praktische Einrichtung der christlichen Gemeinde. Die Gemeinde braucht Männer und Frauen, die sich auf der Grundlage einer theologischen Ausbildung hauptberuflich um den öffentlichen Gottesdienst,

den Religionsunterricht der Jugend, die Seelsorge, das theologische Gespräch und die theologische Beratung der Aktionen der Gemeinde annehmen. Gerade auch durch die Einrichtung des Pfarramts bietet die christliche Gemeinde Christen und Nichtchristen den „Dienst der Versöhnung" an.

§ 6
Es gibt also keine besonderen „Rechte des geistlichen Standes". Dem Pfarrer sind seine Rechte und Pflichten nicht unabhängig von der Gemeinde, sondern durch die Gemeinde verliehen. Wie die Einrichtung des Pfarramts selber, so ist auch die Beauftragung des Pfarrers mit den sog. Amtshandlungen (bisher: öffentliche Predigt, Taufe, Abendmahl, kirchliche Trauung, Beerdigung usw.) ein Akt der Gemeinde. Die Gemeinde kann die Aufgaben, mit denen sie in der Regel den Pfarrer betraut, grundsätzlich auch anderen Gemeindegliedern übertragen, wenn ein praktisches Bedürfnis dafür vorliegt.

§ 7
Sollte eine grundsätzliche Neuordnung aller Strukturen des kirchlichen „Dienstes der Versöhnung" einschließlich des Pfarramts nötig erscheinen, so steht ihr also jedenfalls theologisch nichts im Weg. Ist einmal klar, daß nicht die Gemeinde durch das Pfarramt, sondern das Pfarramt durch die Gemeinde entsteht, dann ist auch klar, daß die Gemeinde bei der Bestimmung des pfarramtlichen Aufgabenbereichs völlige Freiheit hat. Sie wird sich bei der Frage, welche Aufgaben der Gemeinde speziell der Pfarrer zu besorgen hat, nicht von einer „Theologie des Pfarramts" leiten lassen, die es in der evangelischen Kirche gar nicht gibt. Sondern sie wird sich allein von dem praktischen Gesichtspunkt leiten lassen,
1. welche Aufgaben in der Hand eines theologisch ausgebildeten hauptberuflichen Mitarbeiters der Gemeinde am besten aufgehoben sind,
2. welche Aufgaben genausogut oder besser anderen Händen anvertraut werden können, und
3. welche der althergebrachten Aufgaben des Pfarrers vielleicht überhaupt wegfallen können, weil sie heute nicht mehr zur Aufgabe der Gemeinde gehören.

3) Die Ordination wird kritisiert, weil sie nach Meinung ihrer Kritiker eine Zuordnung von Amt und Gemeinde vornimmt und fördert, die dem reformatorischen Verständnis theologisch widerspricht und weder der kirchlichen Wirklichkeit heute noch den Erfordernissen einer Strukturreform auf allen Ebenen des kirchlichen Lebens entspricht.

Amt und Gemeinde werden in dem herkömmlichen Ordinationsverhalt und den tradierten Ordinationsformularen als ein Gegenüber verstanden und beschrieben; daraus werden eine monarchische Auffassung von Gemeindeleitung und ein monopolistisches Verständnis der Wahrnehmung des geistlichen Dienstes abgeleitet. Die im Ordinationsverhalt und im Ordinationsformular traditioneller Art begegnende Rede vom Pfarramt als Hirten- und Wächteramt ist ein eindeutiges Indiz dafür.

Die Ordinanden aber — hier ist ein enger Zusammenhang mit der Ablehnung der Ordination als Einführung in einen besonderen Stand — wollen weder *über* der Gemeinde noch ihr *gegenüber*, sondern *in* der Gemeinde und in einem partnerschaftlichen Verhältnis zu ihr und zu den Mitarbeitern in der Gemeinde stehen. Das soll im Ordinationsvorhalt und im Vollzug der Ordination klar zum Ausdruck gebracht werden.

Deshalb geben die Ordinanden der Evangelischen Kirche Berlin-Brandenburg seit Jahren im Ordinationsgottesdienst eine Erklärung zum Ordinationsverhalt („Konkretes Amen") ab.

Am 30. Januar 1972 erklärten sie: „Mit der Verkündigung des Evangeliums sind alle Christen beauftragt; deshalb wollen wir uns mit der Gemeinde bemühen, die bestehenden Bekenntnisse und Ordnungen zu unserer Wirklichkeit in Beziehung zu setzen. Das kann auch die Suche nach neuen Wegen erforderlich machen ... Die öffentliche Wortverkündigung tragen wir zusammen mit der ganzen Gemeinde, mit allen Mitarbeitern und Ältesten."

Im Juni 1972 erklärten die Kandidaten in ihrem „Konkretes Amen": „Wir verstehen unsere Ordination als Auftrag zu einem besonderen Dienst neben und zusammen mit den Diensten der anderen Mitarbeiter in der Kirche. Damit wenden wir uns gegen vorhandene, sachlich nicht gerechtfertigte Formen der Über- und Unterordnung von Diensten in der Gemeinde.

Die Verantwortung für die öffentliche Wortverkündigung ist der ganzen Gemeinde aufgetragen. Unseren Beitrag hierzu sehen wir auch darin, daß wir den Gemeinden mit unserem Wissen und unserer Erfahrung als Interpreten der christlichen Überlieferung zur Verfügung stehen, um sie zu selbständiger Verantwortung ihres Glaubens zu befähigen und zu ermutigen."

4) Die Ordination in ihrem herkömmlichen Verständnis und Vollzug wird kritisiert, weil darin nach Meinung der Kritiker die Verpflichtung von Kirche, Pfarrer und Gemeinde zu politischem und gesellschaftlichem Engagement nicht deutlich genug herausgestellt oder gar verschwiegen wird.

In ihrem „Konkretes Amen" vom 30. Januar 1972 erklärten die Ordinanden: „Mit der Ordination haben wir uns darauf verpflichtet, die Gebote Gottes im öffentlichen Leben zu bezeugen. Um der Gebote Gottes willen gilt es, sich zusammen mit den Gemeinden dort einzusetzen, wo Menschen gegen andere Gewalt anwenden, wo Haß geschürt wird und wo Ungerechtigkeit herrscht. Dort also, wo die Gebote Gottes mit Füßen getreten werden, hat die Gemeinde Jesu Christi den Willen ihres Herrn zu verkünden. An einem konkreten Beispiel wollen wir zeigen, wie wir diese Verpflichtung verstehen. Wir erleben zur Zeit eine Jagd auf eine politisch radikale Gruppe. Trotz Großfahndung konnte sich die Gruppe immer wieder der Strafverfolgung entziehen. Die Situation hat sich verschärft. So muß bei der Jagd auf diese Gruppe ständig damit gerechnet werden, daß weitere Menschenleben zu beklagen sind. Die Bevölkerung ist aufgebracht; einschlägige Presseorgane fordern zur bedingungslosen Menschenjagd heraus und gefährden gerade dadurch das Leben der Polizisten, das Leben der Gruppenmitglieder und das Leben von Unbeteiligten. Wir meinen, zu diesen Vorgängen der Hysterisierung darf die Gemeinde Jesu Christi nicht schweigen, weil die Hetzjagd zur weiteren Radikalisierung und Brutalisierung führt. Sie hat hier ihre Stimme zu erheben, da Menschenleben und das Leben miteinander in Gefahr sind ...
Zu diesen Vorgängen dürfen wir alle nicht schweigen, weil wir alle die Gebote Gottes für das öffentliche Leben zu bezeugen haben."
Das „Konkrete Amen" zur Ordination am 4. Juni 1972 erklärt: „Ziel der Liebe Gottes ist der ganze Mensch; deshalb ist es unsere Aufgabe, den Menschen in all seinen Lebensbezügen wie in seiner gesellschaftlichen Bedingtheit ernst zu nehmen und dafür einzutreten, daß er sein Leben in persönlicher Verantwortung führen kann. Dabei stehen wir zusammen mit den Gemeinden in einem Lernprozeß, der von der Entwicklung der gesamten Gesellschaft nicht zu trennen ist."

5) Die Ordination in ihrem herkömmlichen Verständnis und in ihrem Vollzug als Einzelordination wird kritisiert, weil sie den Ordinanden vereinzelt, indem sie ihn in eine solistische Arbeit anstatt in die Gemeinschaft der Amtsträger und in eine Teamarbeit ordiniert.

Pfarramtskandidaten der Evangelischen Kirche in Hessen und Nassau baten in einem Schreiben an das Leitende Geistliche Amt der EKHN vom 23. Februar 1973 darum, gemeinsam ordiniert zu werden. Sie begründeten ihre Bitte folgendermaßen:
„— Die gemeinsame Ordination schließt sinnvoll die miteinander erlebte Ausbildungszeit ab,
— sie unterstreicht die Verpflichtung zu gemeinsamer Arbeit in der Kirche."
Daß die Kritik der Ordinanden nicht völlig unberechtigt war und nicht a limine abzulehnen, sondern ernst zu nehmen ist, geht unter anderem daraus hervor, daß der Theologische Ausschuß der VELKD ein Votum „Kirchliches Amt und Ordination" erarbeitete, das auf die Ordinationskritik eingeht, vor allem aber, daß die in Zusammenarbeit erstellten Ordinationsformulare der Arnoldshainer Konferenz und der VELKD den kritischen Einreden Rechnung getragen und den Ordinationsverhalt umformuliert haben. Die veraltete Sprache früherer Agenden ist überwunden; an ihre Stelle ist eine sachlich-nüchterne, zugleich der gottesdienstlichen Handlung angemessene Sprache getreten, die billige Modernismen vermeidet. Es wird gesagt, daß der künftige Pfarrer „in der Gemeinschaft aller Mitarbeiter" steht, daß alle getauften Christen zum Zeugnis und Dienst in der Welt verpflichtet sind und die Gemeinde für die öffentliche Verkündigung des Evangeliums verantwortlich ist. Daß die Ordination nicht mehr in dem gleichen Maße wie vor einigen Jahren der Kritik ausgesetzt ist, hat seinen Grund mit größter Wahrscheinlichkeit in diesen neuen Ordnungen.

Peter Bläser

SINN UND BEDEUTUNG DER ORDINATION NACH DEN IN DER EVANGELISCHEN KIRCHE DEUTSCHLANDS GELTENDEN ORDINATIONSFORMULAREN

I

Im Gespräch zwischen der katholischen und der evangelischen Theologie der letzten Jahre hat die Frage nach dem geistlichen Amt immer größeres Gewicht bekommen. Sah es längere Zeit so aus, als ob man im ökumenischen Dialog den Problemkreis „Kirche" ganz ausklammern könnte, so zeigten sich doch bald die harten Grenzen solch einer mehr auf das Individuum und einzelne Gruppen hin orientierten Verfahrensweise.

Vor allem das Drängen auf Abendmahlsgemeinschaft ließ die Frage nach der ekklesiologischen Bedeutung des geistlichen Amtes dringlich werden. Zwar war im innerevangelischen Bereich diese Frage, wenn es um Abendmahlsgemeinschaft ging, nie akut gewesen. Hier hatte fast ausschließlich die Frage nach der Gegenwart Christi im Sakrament die Auseinandersetzungen bestimmt. Sobald aber die katholische Kirche als ökumenischer Gesprächspartner auftrat und es um die Abendmahlsgemeinschaft zwischen katholischer und evangelischer Kirche ging, mußte — von der Sache her — die Frage nach Sinn und Bedeutung des Amtes sich unüberhörbar zu Wort melden. Denn für die katholische Kirche bilden Amt und Eucharistie eine innere, unauflösliche Einheit, insofern der gültige Vollzug der Eucharistiefeier an ein besonderes Amt gebunden ist. Im Ökumenismus-Dekret hat das Zweite Vatikanische Konzil diesen schon vom Trienter Konzil konstatierten Konnex eindeutig bestätigt und zugleich ein (aus katholischer Sicht) negatives Urteil sowohl über das geistliche Amt wie über den Inhalt der Abendmahlsfeier in der evangelischen Kirche gefällt. Im Ökumenismus-Dekret II, 23 heißt es im Blick auf die evangelische Gemeinschaft: „Obgleich bei den von uns getrennten kirchlichen Gemeinschaften die aus der Taufe hervorgehende volle Einheit mit uns fehlt und obgleich sie nach unserem Glauben vor allem wegen des Fehlens des Weihesakramentes die ursprüngliche und vollständige Wirklichkeit des eucharistischen Mysteriums nicht bewahrt haben, bekennen sie doch bei der Gedächtnisfeier des Todes und der Auferstehung des Herrn im Heiligen Abendmahl, daß hier die lebendige Gemeinschaft mit Christus bezeichnet wird, und erwarten seine glorreiche Wiederkunft. Deshalb sind die Lehre vom Abendmahl des Herrn, von den übrigen Sakramenten, von der Liturgie und von den Ämtern der Kirche notwendig Gegenstand des Dialogs."

Zwei Dinge sind in dieser Feststellung von Bedeutung:
1. In den evangelischen Kirchen fehlt das Weihesakrament.
2. Vor allem weil ihnen das Weihesakrament fehlt, haben sie die volle Wirklichkeit des eucharistischen Mysteriums nicht bewahrt.
Die Interpretation, daß mit „sacramenti ordinis defectum" im lateinischen Text des Dekretes nicht das „Fehlen des Weihesakramentes", sondern eine Unvollständigkeit in bezug auf das Weihesakrament gemeint sei, geht total an dem vom Konzil intendierten Sinn vorbei[1]. Denn einmal wird in den zahlreichen Vätervoten zu diesem Passus „defectus" immer im Sinn von „Fehlen, Nicht-Dasein" verstanden. Und zweitens begegnet dasselbe Wort im selben Satz noch einmal, allerdings nicht als Substantiv, sondern als Verb (quamvis deficiat plena nobiscum unitas). Hier aber kann es nur im Sinne eines totalen „Nichtexistierens" verstanden werden. Denn hier ist von der *vollen* Gemeinschaft die Rede; die aber kann nur dasein oder fehlen; ein Mehr oder Minder gibt es dabei nicht.
Nach dem Wortlaut des Ökumenismus-Dekrets ist eine Anerkennung des in den evangelischen Gemeinschaften existierenden geistlichen Amtes, jedenfalls was seine Bedeutung für den Vollzug der Eucharistie betrifft, nicht möglich. Es sei denn, das Konzil habe die Wirklichkeit des geistlichen Amtes, wie es in der evangelischen Kirche existiert und wie es von der evangelischen Kirche selber verstanden wird, und das müßte heißen: als eine Wirklichkeit, die sachlich mit dem Weihesakrament identisch ist, nicht richtig erkannt und sei so zu einem Fehlurteil gelangt. Solche Fehlurteile über konkrete Tatsachen und Auffassungen sind in der Kirchengeschichte und auch in der Geschichte der Konzilien nicht selten gewesen. Ein Verdienst der ökumenischen Theologie besteht gerade darin, daß sie Mißverständnisse und Fehlurteile, die oft jahrhundertelang die Beziehungen getrennter Kirchen schwer belastet haben, aufdeckt und so Hindernisse beiseite schafft, die der Einheit im Wege stehen. Ob es sich bei dem summarischen Urteil des Konzils über

---

[1] Diese Auffassung ist anscheinend zum ersten Mal in den lutherisch-katholischen Gesprächen, die in den USA über Amt und Eucharistie geführt wurden, vorgetragen worden. (Eucharist and Ministry = Lutherans and Catholics in Dialogue, 4. Washington 1970). Seitdem wird sie unkritisch an zahlreichen Stellen wiederholt.

das Fehlen des Weihesakramentes in den evangelischen Kirchen um solch ein Fehlurteil handelt, das von falschen Voraussetzungen ausgeht und die eigentliche Wirklichkeit des evangelischen Amtes verkennt, ist eine Frage, die von manchen katholischen Theologen mit einem glatten Ja beantwortet wird[2]. Sieht man sich allerdings die Argumentation derer, die für eine Revision dieses angeblich falschen Urteils plädieren, einmal näher an, dann wird schnell sichtbar, daß sie im allgemeinen mehr durch Emotion als sachliche Begründung bestimmt ist. Das hindert aber nicht daran, daß die Frage als solche berechtigt ist und auch von katholischer Seite einer eingehenden Untersuchung bedarf. In der Frage der Rechtfertigungslehre hat die neuere katholische Theologie einen wesentlichen Beitrag dazu geleistet, daß eine Lehrdifferenz, die die Spaltung der Reformation wenn nicht verursacht, so jedenfalls mitbewirkt hat und die lange Zeit als der eigentliche Kern aller Glaubensdifferenzen galt, nicht mehr als kirchentrennend bewertet wird und, was ihre eigentliche Intention angeht, als genuin katholisches Glaubensgut verstanden werden kann[3]. Es stellt sich deshalb die Frage, ob diese Methode einer sachlich-objektiven Wertung, die jedwede Kontroverse beiseite läßt und die eigentliche Intention der reformatorischen Aussage zu erreichen sucht, auch für den Problemkreis „geistliches Amt" angewendet werden kann und vielleicht zu ähnlich positiven Ergebnissen führen wird.

Auf einer anderen Ebene scheint solch ein Verfahren schon erfolgreich zu sein. Gedacht ist an das Gespräch zwischen der anglikanischen Gemeinschaft und der römisch-katholischen Kirche über Amt und Eucharistie. Durch die Enzyklika Apostolicae curae aus dem Jahre 1896 war formell entschieden worden, daß die anglikanischen Weihen ungültig seien. Die Entscheidung wurde begründet mit Defekten in der Weitergabe des Bischofsamtes an einer bestimmten Stelle der englischen Reformation. Schon 1896 gab es eine Reihe von angesehenen katholischen Theologen, die diese Entscheidung ablehnten, weil sie auf falschen Voraussetzungen beruhe[4]. Durch J. J. Hughes[5] hat die Auffassung, daß in Apostolicae

---

[2] So vor allem in „Reform und Anerkennung kirchlicher Ämter. Ein Memorandum der Arbeitsgemeinschaft Ökumenischer Universitätsinstitute". München, Mainz 1973.
[3] Vgl. vor allem O. H. Pesch, Theologie der Rechtfertigung bei Martin Luther und Thomas von Aquin. Mainz 1967.
[4] Vgl. P. Bläser, Zum anglikanisch-römisch-katholischen Gespräch, in: Catholica 27 (1973) 31–44.
[5] Absolutely null and utterly void. The papal condemnation of Anglican orders 1896. London 1968; Zur Frage der anglikanischen Weihen. Ein Modellfall festgefahrener Kontroverstheologie. Freiburg, Basel, Wien 1973.

curae ein Fehlurteil über die Gültigkeit der anglikanischen Weihen gefällt worden sei, zahlreiche Anhänger gefunden. Trotzdem geht es bei den laufenden Verhandlungen zwischen römisch-katholischer Kirche und anglikanischer Gemeinschaft über das geistliche Amt primär nicht um die Revision dieses seit der Reformation praktizierten und in Apostolicae curae nur konfirmierten Urteils, sondern zur Debatte steht, ob *heute* die Auffassungen über das geistliche Amt in beiden Gemeinschaften soviel Gemeinsamkeit aufweisen, daß eine gegenseitige Anerkennung des Amtes möglich erscheint.

Wie die letzten Verhandlungsprotokolle[6] zeigen, ist das anscheinend der Fall. Angewandt auf den Dialog zwischen katholischer und evangelischer Theologie über das geistliche Amt, müßte das Ziel sein, festzustellen, ob *heute* die Übereinstimmung über Wesen, Sinn und Bedeutung des geistlichen Amtes in den beiden Kirchen so groß ist, daß eine Basis für eine gegenseitige Anerkennung gegeben wäre. Auch hier würde es primär nicht um den Nachweis gehen, ob sich die Auffassung der Reformatoren beziehungsweise der Bekenntnisschriften mit der katholischen Auffassung zur Deckung bringen läßt, sondern es wäre zu untersuchen, wie heute die evangelische Kirche (und nicht nur einige evangelische Theologen) über das geistliche Amt denkt und wie sie es praktiziert und ob solches Verständnis mit dem katholischen Verständnis wenigstens in den wesentlichen Punkten übereinstimmt.

Zum Thema „Amt" in der evangelischen Kirche gibt es eine reiche Literatur, die von den verschiedensten Gesichtspunkten aus dieses vieldiskutierte Problem angeht. Ein Aspekt, der sicher nicht von geringem theologischen Gewicht ist, ist dabei kaum zur Sprache gekommen: die Ordination. Amt und Ordination gehören zusammen. In den Auffassungen über das Amt sind wesentliche Aussagen über Sinn und Bedeutung der Ordination impliziert. Und umgekehrt: die Vorstellungen über die Ordination prägen auch unweigerlich die Auffassung vom geistlichen Amt. Um die heutige Auffassung der evangelischen Kirche über das geistliche Amt kennenzulernen, gibt es deshalb einen legitimen Zugang, den auch dieses Referat beschreiten will: den Weg über die Ordination. Auch hier geht es nicht in erster Linie um die Feststellung, was die Reformatoren oder die Bekenntnisschriften zur Ordination gesagt haben, sondern darum, wie die evangelische Kirche heute zur Ordination steht.

---

[6] Veröffentlicht in: One in Christ 10 (1974) 53-70 u. d. T.: Ministry and Ordination.

Wenn irgendwo, dann scheint in den geltenden Ordinationsformularen die authentische Aussage dessen, was die evangelische Kirche von der Ordination denkt, gegeben zu sein. Denn obwohl das Axiom: lex orandi est lex credendi gerade nicht zu den Standard-Theologumena der evangelischen Theologie gehört, so ist doch unbestritten, daß die Agenden, und dazu gehören auch die Ordinationsformulare, nicht nur deshalb Gewicht haben, weil sie amtliche Erlasse der jeweiligen Kirchen darstellen, sondern vor allem deshalb, weil in ihnen das Selbstverständnis der Kirchen sich ausspricht, wobei jedoch zu berücksichtigen ist, daß Agenden hinter den jeweiligen Entwicklungen zurückbleiben können oder auch bestimmte Prozesse einseitig aufnehmen und nicht mehr für das Ganze repräsentativ sind. Gerade die neueren Ordinationsformulare bieten reiches Anschauungsmaterial für diesen Tatbestand.

Zur Diskussion stehen die *geltenden* Ordinationsformulare. Seit der Mitte der Sechzigerjahre — damals begann in der evangelischen Theologie und Kirche eine zum Teil sehr heftig geführte Diskussion über Sinn und Berechtigung der Ordination — haben fast alle Kirchen und Kirchengruppen neue Ordinationsformulare geschaffen. Für einen Außenstehenden ist es kaum möglich, festzustellen, welche Formulare in welchen Kirchen schon in Kraft gesetzt sind und wo die formelle Bestätigung noch aussteht. Ohne die „amtliche" Qualifikation zu berücksichtigen, werden folgende Ordinationsformulare zur Untersuchung herangezogen:

Agende für die Evangelische Kirche der Union, 2 = Die kirchlichen Handlungen. Witten 1964

Ordination. Gottesdienstordnungen für Ordination und Einführung, vorgelegt v. d. Arnoldshainer Konferenz. Gütersloh 1972

Agende für evangelisch-lutherische Kirchen und Gemeinden, 4 = Ordinations-, Einsegnungs-, Einführungs- u. Einweihungshandlungen. Hrsg. v. d. Kirchenleitung der VELKD. Berlin ²1966

Ordinations- u. Einführungshandlungen, Tl 1,2 - Entwurf. Hrsg. v. d. Kirchenleitung der VELKD. Hannover 1973

Gesetz über die Ordination zur öffentlichen Wortverkündigung und Sakramentsverwaltung v. 10. 11. 1972 mit Anlage I u. II - Ordination, in: Amtsblatt der Vereinigten Protestantisch-Evangelisch-Christlichen Kirche der Pfalz (Pfälzische Landeskirche). Speyer 1973, Nr. 3

Kirchenbuch für die evangelische Kirche in Württemberg, 2 = Handlungen. 1971

Verwiesen wird gelegentlich auf den Entwurf eines Ordinationsformulars der Evangelischen Kirche in Hessen und Nassau und der Badischen Kirche, zitiert in: F. Schulz, Evangelische Ordination. Zur Reform der liturgischen Ordnungen, in: Jahrbuch für Liturgik und Hymnologie 17 (1972) 1—54

Vielleicht ist es auch hilfreich, vor allem für katholische Leser, den Aufbau eines evangelischen Ordinationsformulars kurz zu skizzieren. Der Ordinationsritus besteht gewöhnlich aus folgenden Teilen:

1. Vorstellung der Kandidaten, Ansprache des Ordinierenden, Gemeindelied;
2. Schriftlesungen, Anrede an die Kandidaten mit Fragen (sog. Vorhalt), Antwort der Ordinanden;
3. Fürbitte der Gemeinde, Sendung durch den Ordinierenden mit Sendungsformel unter Handauflegung, Segensvotum der Assistierenden (meist stillschweigend und unter Handauflegung), Segnung durch den Ordinierenden mit Handauflegung, Gemeindelied.

II

Als offizielle Dokumente von Kirchen beziehungsweise Kirchengemeinschaften enthalten die Ordinationsformulare Anweisungen und Texte für den rechten Vollzug einer liturgischen Handlung, die Ordination. Sie bieten jedoch keine theoretischen Aussagen über den Sinn dieser Handlungen, das heißt keine Lehre von der Ordination. Worum es in der Ordination geht, muß aus den Anweisungen und Texten selber abgeleitet werden.

Wie schon ein flüchtiger Blick auf ihren Inhalt zeigt, ist der Text der Formulare oft unscharf und läßt Raum für ganz verschiedene Interpretationen. Klarheit über das, was gemeint ist, gewinnt man manchmal nur durch die entsprechende Kirchen- oder Lebensordnung oder gar nur durch besondere Kirchengesetze, auf die in der Kirchenordnung verwiesen wird; und auch da muß man manchmal, wenn man die Sinnaussage nicht verfehlen will, auf die Verhandlungen und Diskussionen der entsprechenden Synoden zurückgreifen. Das gilt sowohl für den Text der Kirchenordnung wie den Wortlaut der Ordinationsformulare. Primäre Bedeutung erhält natürlich das Ordinationsformular. Es kann allerdings nicht die Absicht dieses Referates sein, das Gesamtproblem Ordination anhand der Ordinationsformulare darzulegen; sondern nur einige wenige Aspekte, die für den evangelisch-katholischen Dialog über das Amt von besonderer Bedeutung sind, sollen eingehender untersucht werden. Folgende Fragen müßten dabei gestellt werden:

A
"Was bedeutet die Ordination?"

In allen Ordinationsformularen werden zur Kennzeichnung dessen, was in der Ordination geschieht, Worte verwandt, die eine Beauftragung zum Ausdruck bringen: ordnen, bevollmächtigen, ermächtigen, bestellen, machen, senden. Wie diese Beauftragung im einzelnen von den Formularen selbst näher bestimmt und verstanden wird, ist für die Qualifizierung der theologischen Bedeutung der Ordination von größter Wichtigkeit. Die inhaltliche Auffüllung des Begriffes „Ordinieren" findet sich in den Agenden gewöhnlich im *Vorspruch* vor den Schriftlesungen, im sogenannten *Vorhalt* und in der *Sendungsformel*. Aber auch schon die Ankündigung kann für die nähere Bestimmung des Ordinationsinhaltes von Bedeutung sein. So lautet zum Beispiel die Ankündigung in der Agende der EKU von 1964: „In diesem Gottesdienst soll N. N. unter Gebet und Auflegung der Hände zum *Predigtamt* ordiniert werden." In der Agende der VELKD von 1966 jedoch heißt es in der Ankündigung: „Es ist hier gegenwärtig der Kandidat des Predigtamtes ... der heute unter Gebet und Auflegung der Hände zum Amt der Kirche geordnet werden soll."

Wenn in den zwei Formularen einmal das Predigtamt und dann das Amt der Kirche als Ziel der Ordinationshandlung genannt wird, dann kann das sachlich dasselbe sein, insofern Predigtamt und Amt der Kirche als identisch angesehen werden. Die terminologische Differenz kann aber auch eine sachliche Unterscheidung beabsichtigen, insofern das Amt der Kirche einen größeren Aufgabenbereich umfaßt als nur das Predigtamt. Im Ordinationsformular der Arnoldshainer Konferenz heißt die Ankündigung: „Liebe Gemeinde. In diesem Gottesdienst soll der Pfarramtskandidat N. N. ordiniert werden." Die Abstinenz, die die Agende in der näheren Beschreibung des Zieles der Ordination übt, kann verschieden interpretiert werden. Sie kann bedeuten, daß der Sinn der Ordination als bekannt vorausgesetzt wird und deshalb keiner näheren Ergänzung bedarf. Sie kann aber auch bedeuten, daß eine Diskussion über den Sinn der Ordination vermieden werden soll, und man es deshalb bei dem Terminus „Ordinieren" bewenden läßt. Wahrscheinlich ist eine sachliche Überlegung für die Abstinenz maßgebend: Sowohl die früheren Agenden der EKU wie die der VELKD sprechen im Zusammenhang mit der Ordination fast ausnahmslos vom „Amt", vom „Amt der Kirche" beziehungsweise „Predigtamt". Da jedoch der herkömmliche Begriff der „Ordination zum Predigtamt" als Verengung auf das Predigtamt allein verstanden werden kann, der Terminus „Amt der Kirche" dem Tatbestand der vielfachen Ämter und Dienste nicht gerecht wird, hat man das Problem am einfachsten dadurch gelöst, daß man auf diese Bestimmung ganz verzichtet hat.

Dabei waren jedoch auch noch andere Motive maßgebend: Der Terminus „Amt" selber galt vielen als durch Mißverständnisse und Mißbrauch belastet. Deshalb ersetzte man ihn durch „Dienst", „Dienst der öffentlichen Verkündigung"[7]. Es ist jedoch zu fragen, ob die totale Ausmerzung des Begriffes Amt und seine Ersetzung durch Dienst nicht weitreichende Konsequenzen für das theologische Verständnis der Ordination hat. Der Wechsel von Amt zu Dienst wird sicher zu Recht damit begründet, daß das Wort Amt im profanen Bereich mit Herrschaft zu tun hat und gerne dort verwandt wird, wo es Herrschende und Untertanen gibt. Dienst aber ist eher mit der Vorstellung einer selbstlosen Hingabe an Menschen und Aufgaben verbunden.

Vom Neuen Testament her ist der Wechsel im Sprachgebrauch sicher zu begrüßen. Aber es gibt auch andere Motive für den Wechsel: Amt hat mit Autorität und Vollmacht zu tun. Wenn man von Amt spricht, denkt man an etwas Dauerndes, Institutionelles, das nicht in den einzelnen Handlungen aufgeht, während sich bei „Dienst" unwillkürlich der Gedanke an Funktion einstellt. Und gerade diese auf die reine Funktion abzielende Definition des Ordinationsauftrags scheint für einige neuere Agenden charakteristisch zu sein — im Unterschied zu den Agenden vor der großen Krise in der Ordinationsfrage.

Als Belege für die älteren Agenden seien wieder zitiert die Agende der EKU von 1964 und die der VELKD von 1966. Gemäß der Agende der EKU spricht der Ordinator nach der Schriftlesung: „Lieber Bruder. Aus Gottes Wort hast du vernommen, daß unser Herr Jesus Christus das Predigtamt eingesetzt und ihm seinen Segen verheißen hat. Er beruft und segnet seine Boten. Er gibt durch seinen Heiligen Geist Vollmacht, das Evangelium zu verkündigen. Seiner Gnade und seines Beistandes darfst du dich getrösten." Die Vollzugsformel lautet: „Weil wir, im Heiligen Geiste versammelt, Gott durch unseren Herrn Jesus Christus angerufen haben und nicht zweifeln, daß unser Gebet erhört ist, so senden wir dich zum Dienst an Wort und Sakrament. N. N., ich übertrage dir kraft der Vollmacht, die Jesus Christus seiner Gemeinde gegeben hat, das Predigtamt."

Gemäß der Agende der VELKD spricht der Ordinator vor der

---

[7] Vgl. K. Herbert, Ordination nach evangelischem Verständnis, in: Una Sancta 28 (1973) 303-313, S. 309.

eigentlichen Ordinierungshandlung: „Knie nieder, daß wir dich ordnen zum Dienst an Wort und Sakrament und zu dem Amt, das die Versöhnung predigt, indem wir dir die Hände auflegen und über dich beten." Die Vollzugsformel lautet: „Kraft der Vollmacht, die Jesus Christus seiner Gemeinde gegeben hat, überantworten wir dir durch Gebet und Auflegung unserer Hände das Amt der Kirche; wir segnen, ordnen und senden dich zum Dienst an Wort und Sakrament..."

Bei einer Analyse dieser beiden Texte lassen sich etwa folgende Thesen über die in der Ordination verliehene Beauftragung oder Bevollmächtigung eruieren:

a) Beauftragt wird zu einem bestimmten Amt, dem Amt der Kirche. Dieses Amt ist „von Jesus Christus eingesetzt" und hat die Verheißung seines Segens.

b) Jesus Christus hat seiner Gemeinde die Vollmacht gegeben, das Amt der Kirche einzelnen zu überantworten. Diese Überantwortung geschieht in der Ordination. Ihre geistliche Qualität wird bestimmt durch die drei Verben: Segnen, Ordnen, Senden. Eigens wird betont: die Gemeinde betet für den Ordinanden und ist gewiß, daß Gott ihr Gebet erhört hat; der Ordinand darf sich der Gnade und des Beistandes des Heiligen Geistes getrösten.

Von hier aus ist es ganz klar, daß eine rein juridische Definition des Übertragungsaktes dem geistlichen Gehalt der Ordination nicht gerecht würde.

c) Obwohl die Beauftragung und Sendung zum Amt kraft der Vollmacht der Kirche und im Auftrag der Kirche geschieht, ist sie doch nicht ein rein kirchlicher Akt und bedeutet nicht die Delegierung der der ganzen Gemeinde verliehenen Vollmacht auf den einzelnen, sondern in diesem Akt „beruft und sendet Jesus seine Boten". Er gibt auch durch den Heiligen Geist „die Vollmacht, das Evangelium zu verkündigen".

Auf die Frage: Was bedeutet die Ordination? läßt sich anhand der beiden zitierten Formulare etwa folgende Antwort geben: Die Ordination ist die Aktualisierung der Sendung Christi; sie geschieht auf ein besonderes, von Christus eingesetztes Amt, das Predigtamt oder Amt der Kirche, hin; sie ist Beauftragung durch die Kirche, zugleich aber Bevollmächtigung durch den Heiligen Geist. In der Ordination wird die Gnade und der Beistand des Heiligen Geistes für den Ordinanden erfleht in der Gewißheit, daß Gott das Gebet erhört. Insofern könnte gesagt werden: Die Ordination ist nicht nur Beauftragung und Bevollmächtigung, sondern auch geistliche Befähigung zu dem Amt, in das der Ordinand gesendet wird. In das Schema, daß es nur das allgemeine Priestertum gibt, aber kein besonderes von Christus eingesetztes Amt und keine besondere Berufung und Bevollmächtigung zu diesem Amt, paßt die Umschreibung der Ordination, wie sie in den beiden Formularen geboten wird, auf keinen Fall hinein. Sie steht eindeutig auf dem Boden von CA V und CA XIV, die besagen, daß Gott das Predigtamt eingesetzt hat und es zur Ausübung dieses Amtes einer besonderen Berufung durch Christus und die Kirche bedarf.

Vergleicht man mit diesen beiden Texten die Ordinationsformulare, wie sie im oben genannten Entwurf der VELKD von 1973 und für die EKU in der Vorlage der Arnoldshainer Konferenz von 1972 greifbar sind, so zeigt sich ein gewaltiger Unterschied, jedenfalls was die theologische Deutung der Ordination anbetrifft. Beide Entwürfe stimmen im sogenannten Vorhalt wörtlich überein. Das Charakteristikum dieses Vorhaltes besteht darin, daß zunächst vom allgemeinen Priestertum aller Gläubigen gesprochen wird und dann fast ohne Übergang von der Ermächtigung zum Predigtamt. Wörtlich: „Auf Grund der Taufe sind alle Christen zum Zeugnis und Dienst in der Welt verpflichtet. Der Erfüllung dieses Auftrages dienen alle Ämter der Kirche. Die Gemeinde ist dafür verantwortlich, daß Menschen, die dazu willig und vorbereitet sind, das Evangelium verkündigen. Lieber Bruder, du wirst nun ermächtigt, zu predigen, zu taufen und das Abendmahl auszuteilen." Wenn man logisch denkt, scheint sich folgender Gedankengang aus der Satzfolge zu ergeben:

a) Grundlegend ist der Auftrag zu Dienst und Zeugnis, der auf der Taufe beruht und allen Christen ohne Unterschied gilt.

b) Alle Ämter der Kirche stehen unter diesem generellen Auftrag und suchen ihn auf je eigene Weise zu erfüllen.

c) Zu diesen Ämtern gehört auch das Amt, das Evangelium öffentlich zu verkündigen. Die Kirche ist verantwortlich, daß Menschen, die dazu willens und fähig sind, es auch tun.

d) Der Ordinand wird ermächtigt, das Evangelium öffentlich zu verkündigen, und das heißt konkret: zu predigen, zu taufen und das Abendmahl auszuteilen.

Das große Vorzeichen, unter dem der ganze Vorhalt steht, ist das allgemeine Priestertum aller Getauften, das in sich die Pflicht und die Vollmacht hat, Zeugnis zu geben von Christus. Die öffentliche Verkündigung des Evangeliums stellt nur eine besondere Funktion oder Konkretion der Pflichten und Aufgaben dieses allgemeinen Priestertums dar. Sie wird nicht begründet mit einem besonderen Mandat Gottes, sondern es wird nur gesagt, die Gemeinde ist dafür verantwortlich, daß Menschen, die dazu willig und vorbereitet sind, das Evangelium öffentlich verkündigen. Zwar wird ohne Bindung und Verbindung unmittelbar angefügt: „Lieber Bruder, du wirst nun ermächtigt, zu predigen, zu taufen und das Abendmahl auszuteilen", aber es wird in keiner Weise erklärt, wie dieses „Ermächtigen" zu verstehen ist. Auch dieses „Ermächtigen" kann, und nach dem Zusammenhang müßte es eigentlich, innerhalb des Systems: „allgemeines Priestertum aller Getauften", interpretiert werden. Das würde bedeuten: Obgleich alle Getauften die gleiche Pflicht und Vollmacht haben, das Evangelium zu verkündigen, ist die Gemeinde berechtigt und verpflichtet, um der Ordnung willen einzelne zu diesem Dienst zu bestimmen und zu ermächtigen. Solche Ermächtigung hätte dann freilich rein kirchlichen Charakter und begründete nicht die Einsetzung in ein besonderes, von Christus gestiftetes Amt. Auffällig ist, daß als Voraussetzung für die Ermächtigung nur die Bereitschaft und die Vorbereitung des Kandidaten genannt werden, jedoch jedweder Hinweis auf eine besondere Berufung fehlt. So wie der Text lautet, läßt sich die Auffassung von der Ordination als Berufung und Bevollmächtigung zu einem besonderen Dienst, der durch ein besonderes Mandat Gottes von den Rechten und Pflichten des allgemeinen Priestertums unterschieden ist, nur schwer aus den beiden Formularen ableiten. Ob der Text überhaupt für solch eine Interpretation offen ist, ist schwer zu sagen. Viel hängt bei dieser Frage allerdings auch davon ab, wie die Perikopen, die zu Beginn der Ordinationshandlung gelesen werden, verstanden werden sollen oder müssen. Auffällig ist jedenfalls, daß die bekannten und von alters her verwandten Schriftstellen aus den Pastoralbriefen restlos gestrichen sind. Der Grund dafür dürfte kaum in ihrer geringer eingeschätzten kanonischen Geltung liegen, sondern vielmehr in ihrem Inhalt — und hier vor allem in dem Gewicht, das dem Apostelamt in ihnen zuerkannt wird. Die Schriftlesungen, die an ihre Stelle getreten sind (Mt 28,18-20; 2 Kor 5,19.20; Eph 4,1-13), werden in der Praxis oft als „Schriftbeweise" für das allgemeine Priestertum angesehen; und es könnte sein, daß dieses Motiv auch in den Ordinationsformularen eine Rolle gespielt hat. In die gleiche Richtung weist auch die Tatsache, daß die am Schluß der Ordinationshandlung schon seit Luthers Zeiten übliche und auf 1 Petr 5,2-4 basierende Vermahnung an den Ordinierten, die Herde Christi recht zu weiden, ersatzlos gestrichen worden ist. Gerade die Vorstellung von „Hirt und Herde" und die damit verbundene Auffassung besonderer Autorität und Leitungsvollmacht fügt sich nur schwer ein in das

System vom allgemeinen Priestertum als der grundlegenden und einzigen Struktur der Kirche; sie gehört ohne Zweifel in das System eines besonderen Amtes, in das Christus einzelne Gläubige beruft und einsetzt. Man geht deshalb kaum fehl mit der Vermutung, daß 1 Petr 5,2-4 gerade deshalb ersatzlos gestrichen worden ist.

Diese Vermutung wird dadurch bekräftigt, daß es eine Reihe von Ordinationsformularen gibt, die strukturell eine gewisse Verwandtschaft mit den letztgenannten Formularen der EKU und der VELKD aufweisen und denen man, auch bei wohlwollender Interpretation, kaum die Intention zubilligen kann, die Ordination als Bevollmächtigung zu einem besonderen von Christus gestifteten Amt zu verstehen und zu praktizieren. Man braucht dabei gar nicht auf den Entwurf eines Ordinationsformulars zurückzugreifen, den der Ausschuß „Amt und Gemeinde" 1970 für die Kirchen der EKU vorgelegt hat[8] (der dann allerdings von der Synode nicht angenommen wurde). Ein deutliches Beispiel bietet das Ordinationsformular der Vereinigten Protestantisch-Evangelisch-Christlichen Kirche der Pfalz: „Durch die Taufe ist jeder Christ von Jesus Christus beauftragt zum Dienst der Verkündigung in Wort und Tat. Die Gemeinde bedarf zur Erfüllung ihres Auftrags besonderer Dienste. Hierzu beruft sie einzelne Glieder. Unter diesen Diensten gibt es keine Rangordnung. Unterscheidungen ergeben sich lediglich aus den Aufgabenbereichen. In diesem Gottesdienst soll N. N. zum Dienst als Pfarrer ordiniert werden. Die Aufgabe der Verkündigung der christlichen Botschaft in Wort und Tat bedeutet für ihn insbesondere die Auslegung des Alten und Neuen Testaments, die Spendung der Sakramente, ..." und so weiter. Auf den ersten Blick wird sichtbar, daß durch die Identität der Formulierung (Verkündigung in Wort und Tat) die Identität der Aufgabe für „jeden Christen" und den Ordinierten betont werden soll.

In dem Entwurf des Ordinationsformulars der Evangelischen Kirche von Hessen und Nassau aus dem Jahre 1970 ist die Struktur der Anrede und des Vorhalts umgeformt in einen Dialog zwischen Kirchenpräsident und Ordinanden. Man muß wohl den ganzen Text zitieren, um

---

[8] Veröffentlicht in: Gemeinde — Amt — Ordination. Gütersloh 1970, 21ff. Den Tenor dieses Entwurfes erkennt man ganz klar an folgender Formulierung: „Die öffentliche Bestätigung der Berufung und die Erteilung von Auftrag und Befugnis sind sinnvoll, weil die Wahrnehmung der allen geltenden Sendung durch Christus (Matth. 28) in unterschiedlichen Formen des Handelns und brüderlicher Arbeitsteilung erfolgt und zusammenstimmen und vor Willkür bewahrt werden muß." Praktische Erwägungen, aber nicht das Mandat Christi bilden hier in bekannter Terminologie die einzige Begründung für die Ordination und die Beauftragung einzelner zu bestimmten Funktionen.

nicht in den Verdacht zu kommen, durch Auswahl bestimmter Passagen seine Aussageintention zu verfälschen.

„Synodalpräses: Die EKHN, vertreten durch Kirchensynode und Kirchenleitung, begrüßt die hier versammelten Pfarrvikare und dankt ihnen für ihre Bereitschaft, sich am Dienst der Kirche für die Welt zu beteiligen. Kirchenpräsident: ‚Die EKHN verpflichtet sich durch ihren Kirchenpräsidenten:

die neuen Mitarbeiter kollegial aufzunehmen und ihren künftigen Weg zu begleiten;
Hilfen für die Erfüllung dieses Dienstes anzubieten und Fortbildung zu ermöglichen;
Arbeitsplätze bereitzustellen und die Fürsorge für die Mitarbeiter nicht zu vernachlässigen.
So soll der Geist des Evangeliums in unserem Verhältnis zueinander walten. Dabei geht die Kirchenleitung davon aus, daß die Treue zu Gottes Wort Vorrang gegenüber jedem innerkirchlichen Gehorsam hat.'
Ordinandensprecher: ‚Namens der hier versammelten Ordinanden erkläre ich, daß wir uns bei unserem Eintritt in den Dienst der EKHN verpflichten:

für die Kraft des Evangeliums Jesu Christi jeder an seinem Platz einzutreten und an ihrer Verwirklichung zum Wohle aller Menschen mitzuhelfen;
dabei die Auslegung der Heiligen Schrift im Dialog mit menschlichem Sachverstand als Grundlage anzusehen, die Kirchenordnung zu beachten und die kritische Hilfe des Grundartikels der EKHN zu bedenken.
In unserem Verhältnis zur EKHN gehen wir davon aus, daß der Geist des Evangeliums um seiner Wirksamkeit willen in der Welt auf den Dienst von Kirchenleitung und Kirchenverwaltung angewiesen ist. Aber die Treue zu Gottes Wort hat den Vorrang gegenüber jedem innerkirchlichen Gehorsam.'
Alle Ordinanden: ‚Dazu verpflichten wir uns.'"
Zur Beurteilung dieses Formulars darf ich wohl zitieren, was F. Schulz, ein sicher neutraler Fachmann auf diesem Gebiet, sagt:

„Von Predigt, Seelsorge, Sakramentsverwaltung ist nicht die Rede, wohl aber vom Geist des Evangeliums, der in der Welt wirksam werden will und von der Kraft des Evangeliums zum Wohl, nicht zum Heil der Menschen. Das Ganze ist ein Beispiel für eine nicht von der biblischen Weisung und der evangelischen Überlieferung geprägte Konzeption, bei der an die Stelle des Predigtamtes ein ‚Tatamt' tritt. Es muß gefragt werden, ob diese partnerschaftliche Vereinbarung als Ordination bezeichnet werden kann[9]."

Verschwiegen werden darf allerdings auch nicht, daß andere Entwürfe aus den letzten Jahren eindeutige Zeugnisse für die Konzeption der Ordination als Bevollmächtigung zu einem Dienst mit einem besonderen Mandat Gottes darstellen. In diesem Zusammenhang wären vor allem die Entwürfe für Kurhessen-Waldeck[10] und Baden[11] zu nennen. Bei dem badischen Entwurf läßt sich vielleicht sogar die Genese des Formulars der Arnoldshainer Konferenz feststellen. Nach dem badischen Formular begann der Vorhalt nach der Schriftlesung mit dem Satz: „Lieber Bruder, aus diesen Worten der Heiligen Schrift hast du gehört, welchen Auftrag der Herr seiner Kirche gegeben hat", und unmittelbar anschließend heißt es: „Du wirst nun berufen, das Evangelium zu predigen, zu taufen und das Abendmahl auszuteilen." Zwischen diesen beiden Sätzen hat die Arnoldshainer Vorlage die oben zitierte Aussage über das allgemeine Priestertum auf Grund der Taufe und über die Verpflichtung der Kirche, Prediger zu bestellen, einfach eingeschoben, ohne Bindung und Verbindung. Nach der badischen Fassung ist die Ordination als echte Bevollmächtigung und als Einsetzung in das von Christus gestiftete Amt zu interpretieren; nach der Arnoldshainer Vorlage ist solch eine Interpretation aber sehr schwierig, wenn nicht gar unmöglich.

Vielleicht ist aber auch noch eine andere Lösung des Problems denkbar: Da die Vorlagen der VELKD und der Arnoldshainer Konferenz von beiden Kirchen beziehungsweise Kirchengruppen ratifiziert werden (z. T. sind sie es schon) und man nicht annehmen kann, daß die bis in die Mitte der Sechzigerjahre in den Ordinationsformularen vorherrschende Auffassung von der Ordination als Bevollmächtigung zu einem von Christus eingesetzten besonderen Amt ganz ausgestorben sei, bleibt eigentlich nur die Möglichkeit übrig, zu unterstellen, daß für die Vertreter der überkommenen Auffassung der Text der neuen Formulare so weit ist, daß sie ihre eigene Auffassung darin wiederfinden können; desgleichen wäre er auch weit genug für diejenigen, die alles auf das allgemeine Priestertum abstellen und für die Verteilung der Aufgaben und Dienste nur den Aspekt der rechten Ordnung gelten lassen. Dann würde allerdings für diese Vorlagen gelten, was H. Dombois schon zu dem Entwurf eines Ordinationsformulars für die EKU geschrieben hat: „Die Kritik braucht also nur den vorliegenden Text beim Worte zu nehmen und sich auf einen Streit über Ordinationstheologie gar nicht einmal

---

[9] Schulz, 29-31.   [10] Schulz, 32.   [11] Schulz, 31.

einzulassen. Die Handlung ist so zweideutig, daß jedermann daraus entnehmen kann, was er will, ein Predigtamt im traditionellen Sinne und die Stellung als Mitarbeiter zu einem unbestimmten und unbestimmbaren, nur positiv auslegbaren Anteil am Handeln der Kirche. Schwerlich ist diese Form mit dem Amtsverständnis der reformatorischen Bekenntnisschriften zu vereinen[12]."

Im Effekt würden die Ordinationsformulare der VELKD und der Arnoldshainer Konferenz ein gemeinsames und einheitliches Ordinationsverständnis anzeigen, das es so in der Wirklichkeit gar nicht gibt. Auf das letztere hat schon H. Conzelmann in seinem Sondervotum zum sogenannten Malta-Papier hingewiesen. Auch hier war in den lutherischen Partien des Schlußberichtes von einer einheitlichen Auffassung des Luthertums vom Amt gesprochen worden. Dagegen stellt Conzelmann fest: „In manchen Punkten besteht keine einheitliche ‚lutherische' Meinung, zum Beispiel über Wesen und Bedeutung des Kirchenrechts, des Apostelamts, darüber hinaus des Amtes überhaupt, der Ordination usw.[13]."

Man darf bezweifeln, daß die neuen Ordinationsformulare der VELKD und der Arnoldshainer Konferenz einen gelungenen Versuch darstellen, die unterschiedlichen Auffassungen über Amt und Ordination im deutschen Protestantismus nicht nur verbal, sondern in der Sache zu überwinden.

B
„Wozu wird ordiniert?"

Von Luther kennen wir die Antwort: „Ordiniren soll heissen und sein beruffen und befehlen das Pfarramt" (WA 38, 238). In der badischen Kirchenordnung § 47 (1) heißt es noch ähnlich: „Durch Ordination beruft die Landeskirche im Gehorsam gegen den Befehl Jesu Christi in das Pfarramt." Die meisten Kirchenordnungen allerdings sehen Ordinationen nicht nur für Pfarrer, sondern auch für Vikare, Vikarinnen und Predigthelfer vor, während für andere Dienste, wie Katecheten, Organisten, Gemeindediakone und so weiter nur eine feierliche Einsegnung und Einführung vorgesehen ist. In der Kirchenordnung der Evangelischen Kirche im Rheinland von 1959 figurieren allerdings — ein Kurio-

---

[12] H. Dombois, Analyse des Ordinationsentwurfes für die Evangelische Kirche der Union, in: A. Völker-K. Lehmann-H. Dombois, Ordination heute. Kassel 1972, 83-103, S. 101.
[13] Vgl. Schlußbericht der lutherisch-katholischen Studienkommission „Das Evangelium und die Kirche" — Malta 1971, in: Una Sancta 27 (1972) 11-25, S. 24.

sum? — die Predigthelfer in beiden Kategorien. Nach Artikel 67 (1) sollen sie ordiniert werden; nach Artikel 91 aber werden sie zu den Katecheten, Organisten und Rendanten gezählt, die nicht ordiniert, sondern nur eingesegnet werden. Dabei bestimmt freilich Artikel 92 auch, daß solche Gemeindeglieder, die die Gabe der Wortverkündigung haben, auf Antrag des Presbyteriums oder des Kreissynodalvorstandes von der Kirchenleitung für die Verkündigung des Wortes Gottes und die Verwaltung der Sakramente zu Predigthelfern bestellt werden können. Daß sie zu diesem Beruf dann auch ordiniert werden sollen, wird nicht gesagt und auch wohl kaum stillschweigend vorausgesetzt[14].

Die im 16. Jahrhundert weitverbreitete und vor allem von Bugenhagen verteidigte Übung, daß Ordination und Installation nicht nur zeitlich zusammenfielen, sondern auch als ein einziger Akt verstanden wurden und nur als Beauftragung für eine bestimmte Gemeinde gedacht waren, existiert heute, abgesehen von dem EKU-Entwurf von 1970 wohl nur noch in der württembergischen Vorlage von 1971. Diese trägt den Titel: „Einführung in den Pfarrdienst". Das Wort Ordination steht nur in Klammern und könnte ebensogut fehlen. Dem entspricht, daß die Einführung bei jedem Stellenwechsel zu wiederholen ist. Von „Unwiederholbarkeit" der Ordination kann hier keine Rede sein. Obwohl die Kirchen der Arnoldshainer Konferenz in der Praxis die Einmaligkeit der Ordination gelten lassen, sahen sie sich doch nicht in der Lage, diese Einmaligkeit zum Grundsatz zu erklären. Bezeichnend ist hier das Urteil von K. Herbert, der maßgebend an dem Ordinationsformular der Arnoldshainer Konferenz und der „Stellungnahme zu Rechtsfragen der Ordination" mitgewirkt hat: „Wird es also im Regelfall bei der Einmaligkeit bleiben, kann sie — unbeschadet anderslautender Stimmen einzelner lutherischer Theologen — angesichts des reformatorischen Ansatzes und der in einzelnen Kirchen jahrhundertelang geübten Praxis erneuter Ordination bei Antritt einer neuen Stelle — nicht zum Glaubenssatz erhoben werden[15]." Ganz im Gegensatz zu dieser „funktionalen" Interpretation der Ordination steht zum Beispiel die Stellungnahme einer Studiengruppe der Badischen Landeskirche zur Ordination: „Die Ordination beruft in das Predigtamt als einen zeitlich und örtlich nicht begrenzten Dienst an und in der Kirche Jesu Christi. Die Investitur überträgt und führt ein in das Hirtenamt als einen örtlich und normalerweise auch zeitlich begrenzten Auftrag in einer bestimmten Gemeinde

---

[14] H. Merzyn, Das Verfassungsrecht der Evangelischen Kirche in Deutschland und ihrer Gliedkirchen. Hannover 1957, VI 1, S. 11.
[15] Herbert, 311.

oder einem bestimmten Arbeitsbereich"; und: „Eine Redordination ist im Grunde so unmöglich wie eine Wiedertaufe[16]." Es versteht sich von selbst, daß die katholische Auffassung vom character indelebilis, der durch den ordo verliehen wird — vor allem wenn man ihn im Sinne einer totalen und unaufhebbaren Inanspruchnahme des Ordinanden durch Jesus Christus versteht —, mit dieser letzteren Konzeption vielleicht in Einklang gebracht werden kann, auf keinen Fall jedoch mit der Auffassung, die die Ordination nur als räumlich und zeitlich begrenzte Beauftragung für eine Lokal- oder Landeskirche versteht.

Die Aufgaben, die im einzelnen in den Ordinationsformularen als Inhalt der in der Ordination verliehenen Vollmacht genannt werden, variieren. Vor allem wird da die Predigt des Evangeliums genannt oder die öffentliche Verkündigung, wobei offensichtlich, wenn diese allein genannt wird, die Verwaltung der Sakramente als Konkretisierung der öffentlichen Verkündigung gewertet wird. Öfter wird jedoch die Verwaltung der Sakramente eigens erwähnt. Gemeint ist damit nach dem Wortlaut der Agenden die Taufe und die Feier des Abendmahles. Soviel ich sehe, ist nur in der Agende der Michaelsbruderschaft[17] und in dem Revisions-Entwurf der Kirche von Kurhessen-Waldeck[18] ausdrücklich gesagt, daß es zum Amt des Ordinierten gehört, „der Gemeinde bei der Feier des Abendmahles vorzustehen" (Michaelsbruderschaft) beziehungsweise „die Feier des Heiligen Abendmahls in der Gemeinde zu leiten" (Kurhessen-Waldeck). Während die meisten Agenden nur auf die Pflicht der Wahrung des Beichtgeheimnisses hinweisen, nennen diese beiden Agenden auch das, worum es wohl primär geht: „die Vergebung der Sünden"[19]. Es wäre wohl eine zu extensive Interpretation, wenn man den fehlenden Hinweis auf die Sündenvergebung in den meisten Agenden in der Weise erklären wollte: Die Sündenvergebung gehört selbstverständlich zur Sakramentsverwaltung und wird deshalb nicht eigens erwähnt.

Wenn von dem Inhalt des Ordinationsauftrags gesprochen wird, so muß auch die Frage gestellt werden: Worin besteht das Proprium der Ordination? Besteht es darin, daß zu bestimmten Handlungen, die nicht allen Christen offenstehen, einige bevollmächtigt und berechtigt werden, oder liegt das Proprium der Ordination darin, daß zu bestimmten

---

[16] Die Ordination, in: Materialdienst der Ökumenischen Centrale 21 (1970), Nr. 3, S. 2.
[17] Vgl. Entwurf von 1972 in: Schulz, 30.
[18] Schulz, 32.
[19] „Die Vergebung der Sünden sollt ihr auf Verlangen zusprechen" (Kurhessen-Waldeck); ähnlich die Agende der Michaelsbruderschaft.

Handlungen, die an sich jeder Christ tun kann und darf, aus welchen Gründen auch immer einigen Christen ein besonderer Auftrag und eine besondere Bevollmächtigung verliehen wird? Nach CA XIV scheint die erste Alternative gefordert zu sein, jedenfalls, wenn man das rite vocatus mit der Ordination gleichsetzen oder wenigstens in innere Beziehung setzen darf. Denn hier wird klar gesagt, „quod nemo debeat in ecclesia publice docere aut sacramenta administrare nisi rite vocatus".

In der Realität des kirchlichen Lebens scheint dieser Grundsatz jedoch nicht immer eingehalten zu werden, auch nicht in den Kirchen, die mit besonderer Intensität sich für die theologische Unterscheidung zwischen besonderem Amt und allgemeinem Priestertum einsetzen. Denn in den Agenden gibt es neben den Ordinationsformularen auch Formulare, die keine Ordination zum Inhalt haben, sondern Einsegnung und Einführung von Diakonen und Diakonissen, von Katecheten, Kirchenältesten, Synodalen, Kirchenmusikern und Beauftragten für besondere Zweige der kirchlichen Arbeit[20]. Die Morphologie dieser Einführungsbeziehungsweise Einsegnungshandlungen entspricht weitgehend der einer Ordination: Vorstellung, Schriftlesung, Vorhalt, Verpflichtung, Bevollmächtigung, Segen. Zum Teil werden die gleichen Schrifttexte verwendet wie bei der Ordination. Und auch die anderen Texte sind oft fast gleichlautend mit denen des Ordinations-Formulars, zum Beispiel bei der Einsegnung einer Vikarin nach Agende IV: „Knie nieder, damit ich dich ordne zum Dienst in der Kirche unseres Herrn Jesus Christus." Darauf folgt das Vaterunser genauso wie im Ordinations-Formular. Das Einsegnungsgebet lautet: „Allmächtiger Gott und Vater, du hast uns durch deinen lieben Sohn befohlen, daß wir dich bitten sollen, treue Arbeiter in deine Ernte zu senden. Darum bitten wir dich, du wollest dieser unserer Schwester deinen Heiligen Geist verleihen, daß auch durch ihren Dienst dein Wort mit aller Freudigkeit verkündigt und deine Kirche erbaut werde auf dem einen Grund, den du gelegt hast, Jesus Christus."

Die Vollzugsformel ist einfacher gehalten als bei der Ordination, und statt des „Berufen und Senden" des Ordinationsformulars wird hier von Einsegnung gesprochen. Diese Einsegnung geschieht unter Handauflegung wie bei der Ordination. Das Entscheidende ist aber wohl, daß auch der Dienst der Vikarin ausdrücklich als Verkündigung des Wortes Gottes bezeichnet wird. Hier drängt sich unwillkürlich die Frage auf: Gibt es zwei Arten von Verkündigung des Wortes Gottes, sozusagen eine

---

[20] s. Agende IV — VELKD, Inhaltsverzeichnis.

private und eine öffentliche? Hat Verkündigung von seinem Wortsinn her es nicht immer mit der Öffentlichkeit zu tun? Und wenn eine Unterscheidung gemacht wird zwischen öffentlicher Verkündigung und nicht-öffentlicher Verkündigung, wo liegt dann das Charakteristikum des „Öffentlichen"? Ist es räumlich zu verstehen oder ist damit - etwa im Sinne der Proklamation — an eine besondere Qualität, das heißt, Autorität des Verkündens gedacht? P. Althaus hat eine Lösung darin gesehen, daß er kirchliches Amt einschließlich Ordination und allgemeines Priestertum gleichsam an zwei verschiedene Objekte verweist. Das allgemeine Priestertum sei an den „Nächsten" gewiesen, das kirchliche Amt dagegen ist auf die Gemeinde bezogen. Das kirchliche Amt habe sein Ziel in der Lebendigkeit des allgemeinen Priestertums, aber es sei aus dem allgemeinen Priestertum nicht herzuleiten; denn, so Althaus wörtlich:

„Jeder Christ soll und darf seinem Bruder, der dessen bedarf, das Evangelium sagen, aber nicht auch die Sakramente reichen[21]." Andere, die solche oder ähnliche Unterscheidungen nicht mitvollziehen können — und deren gibt es anscheinend eine ganze Menge —, ziehen andere Konsequenzen. Entweder sagen sie: alle Dienste in der Kirche haben es mit der *einen* Verkündigung des Evangeliums zu tun, und im Grunde sind alle Einsegnungs- und Einführungshandlungen Ordinationen und sollen als solche auch verstanden und formuliert werden[22]. Andere folgern umgekehrt: da es nur *eine* Verkündigung gibt und alle Christen in gleicher Weise auf Grund ihrer Taufe zur Verkündigung des Evangeliums verpflichtet sind, soll nicht durch einen Ritus, eben den Ordinations-Ritus, eine künstliche Scheidung vollzogen werden. So ähnlich die bayerischen Vikare in ihrer Eingabe an die Landessynode 1969:

„Die Wahrnehmung des einen Amtes der Kirche geschieht durch eine Auffächerung in verschiedene Ämter... Die verschiedenen Ämter in der Gemeinde sind auf Grund des gemeinsamen Auftrages gleichwertig. Es gibt kein Amt, das auf besondere Weise, zum Beispiel durch die Ordination, von den anderen abgehoben werden kann. Die Verteilung der Aufgaben richtet sich allein nach Notwendigkeiten und Möglichkeiten des Dienstes, ohne daß dadurch Vorrechte begründet werden, zum Bei-

---

[21] Die christliche Wahrheit II. Gütersloh ⁴1958, 197f.
[22] In diese Richtung geht vor allem das Votum der schon einmal genannten Studiengruppe der Badischen Landeskirche: „Da es das eine und das gleiche Evangelium ist, durch dessen Verkündigung die Gemeinde zum Zeugendienst zugerichtet wird, kann es auch nur die eine und gleiche Ordination für alle geben, die es verkündigen: Pfarrer, Religionslehrer, Diakone im Gemeindedienst, Prädikanten, Lektoren und dgl." Vgl. Die Ordination, in: Materialdienst der Ökumenischen Centrale 21 (1970), Nr. 3, S. 4.

spiel das Vorrecht der Sakramentsverwaltung[23]." Die bayerische Synode hat den Antrag der Vikare mit großer Mehrheit abgelehnt. Aber für den Außenstehenden drängt sich doch die Frage auf: Wird nicht tatsächlich in vielen evangelischen Kirchen das praktiziert, was die Vikare fordern, nämlich: Verkündigung des Evangeliums und Verwaltung der Sakramente ohne die Bevollmächtigung durch die Ordination? Man braucht nur H. Merzyn, Das Verfassungsrecht der Evangelischen Kirche in Deutschland und ihrer Gliedkirchen[24], durchzusehen, um schnell festzustellen, daß es kaum eine Kirche noch gibt, die nicht durch Kirchenordnung oder Kirchengesetz allgemeine Regelungen geschaffen hat für Evangeliumsverkündigung und Sakramentsverwaltung ohne vorhergehende Ordination.

Die bayerische Synode, die gegen den Antrag der Vikare so betont die Auffassung von dem göttlich eingesetzten Amt und der Notwendigkeit der Ordination verteidigt hat, hat auf der gleichen Synode in Coburg mit überwältigender Mehrheit dem „Entwurf eines Kirchengesetzes über die Änderung des Artikels 8 der Kirchenverfassung und der Ordnung des kirchlichen Lebens in der Evangelisch-Lutherischen Kirche in Bayern" zugestimmt. Wesentlicher Punkt (wörtlich): „Auf Grund einer besonderen Berufung und Lehrverpflichtung kann kirchlichen Mitarbeitern der Auftrag zur Wortverkündigung und Sakramentsverwaltung für einen bestimmten Dienstbereich übertragen werden[25]." Diese Übertragung kann, wie die Mitte März 1974 beschlossene Kirchenordnung vorsieht, auch für einen Pfarrbereich und auf Lebenszeit geschehen. Sie geschieht durch die Kirchenleitung. Wohlgemerkt – *ohne* Ordination. Erschwerend fällt dabei ins Gewicht, daß in Einzelfällen sogar von der Vorschrift der „Einsegnung" als Voraussetzung für öffentliche Wortverkündigung und Sakramentenspendung abgesehen werden kann. Im sogenannten Theologinnen-Gesetz ist für Theologinnen, die als Pfarrvikarinnen auf Lebenszeit ernannt werden, die „Einsegnung" vorgesehen. Nach § 14 (1) dieses Gesetzes kann der Landeskirchenrat jedoch von dem Erfordernis der Einsegnung aus besonderen Gründen absehen. Ausdrücklich wird jedoch in § 16a erklärt: „Der Landeskirchenrat kann bestimmen, daß mit einer örtlich gebundenen Planstelle für eine Pfarrvikarin auf Lebenszeit Predigtdienst und Sakramentsverwaltung verbunden sind[26]."

Daß nach der Kirchenordnung der Evangelischen Kirche im Rheinland

---

[23] Dokumente zur Diskussion über Amt und Ordination in der Evangelisch-Lutherischen Kirche in Bayern I. München 1970, S. 36.
[24] Vgl. Anm. 14.   [25] Dokumente I . . ., 8.   [26] Dokumente I . . ., 34.

Christen, die die Gabe der Wortverkündigung haben, von der Kirchenleitung mit der Verkündigung des Wortes und der Verwaltung der Sakramente betraut werden können - ohne Ordination, wurde schon gesagt. Es würde zu weit führen, alle Belege im einzelnen zu nennen. Von grundsätzlicher Bedeutung ist das Votum des Theologischen Ausschusses der Arnoldshainer Konferenz vom 28. 2. 1970 mit dem Titel: „Überlegungen zur Ordination heute"[27]. Darin heißt es wörtlich: „So wie der nichtordinierte Kandidat unter Verantwortung seines Mentors an der Wortverkündigung beteiligt ist, sollte er es auch an Sakramentsverwaltung und Amtshandlungen sein... Auf jeden Fall sollten Gemeindeglieder an der Austeilung des Abendmahls beteiligt werden[28]."
Die Bedeutung dieses Votums muß vor allem darin gesehen werden, daß es durch die Arnoldshainer Vollkonferenz gebilligt wurde und „auf dieser Grundlage ein gemeinsames Ordinationsformular durch den Theologischen Ausschuß erarbeitet werden konnte, das wiederum von der Vollkonferenz verabschiedet und allen angeschlossenen Kirchen mit der Bitte um Annahme zugeleitet wurde"[29]. Hierbei handelt es sich um das mehrfach zitierte Ordinationsformular der Arnoldshainer Konferenz. Da in dem Votum des Theologischen Ausschusses — jedenfalls, was die inhaltliche Seite angeht — zwischen dem Dienst des allgemeinen Priestertums und dem Dienst eines besonderen Amtes keinerlei Unterschied gemacht wird, kann auch für das darauf bauende Ordinationsformular kein Unterschied zwischen beiden Realitäten behauptet werden — was unsere frühere Analyse des Ordinationsformulares eindeutig bestätigt.
Amt ohne Ordination im eigentlichen Sinn und Ausübung des Predigtamtes und der Sakramentsverwaltung ohne vorhergehende Ordination sind Realitäten in der evangelischen Kirche, mit denen man rechnen muß. Über das Ausmaß dieses Usus oder Abusus läßt sich kaum diskutieren, da statistische Angaben fehlen. Schwerwiegender als die Praxis erscheint jedoch die grundsätzliche Ermöglichung solcher Praxis in den meisten evangelischen Kirchen. Daß sie jedoch nicht von allen Kreisen der evangelischen Christenheit gebilligt wird, beweisen die zum Teil harten Diskussionen über Amt und Ordination innerhalb der evangelischen Kirche selber. Es gibt auch genügend Stimmen, die entschieden für eine Abschaffung dieses Zustandes plädieren[30].

---

[27] Abgedruckt in Herbert, 304-308.
[28] Herbert, 308.
[29] Herbert, 308.
[30] Vgl. dazu z. B. epd Nr. 128 vom 9. 7. 1974: „Straßburg, 9. 7. 1974. Über 70 Pfarrer und Dozenten aus 27 Ländern und acht Konfessionen nahmen am 8. Internationalen Ökumenischen Seminar in Straßburg über das Thema ‚Das

Für die Frage der Anerkennung des evangelischen Amtes durch die katholische Kirche kann dieses Problem natürlich nicht ausgeklammert werden. Wenn man allerdings die katholischen Beiträge zu diesem Thema liest, könnte es fast so aussehen, als ob dieses Problem gar nicht existierte. Denn hier wird immer vorausgesetzt, daß das heute in der evangelischen Kirche vorbefindliche und sich betätigende Amt immer auf der Ordination beruhe und von dort her seine besondere Vollmacht und seinen Auftrag herleite; die entscheidende Frage lautet dann nur: „Ist die Ordination, auch wenn sie nur in der Form der presbyteralen Sukzession verstanden werden kann, ein legitimer und gültiger Weg zu dem von Christus der Kirche eingestifteten geistlichen Amt[31]?" Auch wo die Ordination praktiziert wird, stellt sich die Frage, ob damit immer die Basis für eine Anerkennung des Amtes gegeben ist. Denn wenn die Ordination nicht als geistliche Bevollmächtigung zu dem von Christus eingesetzten Amt, sondern als rein kirchlicher Akt im Sinne einer Arbeitsteilung und Aufgabenverteilung verstanden wird, dann scheint doch der Unterschied zu dem, was die katholische Kirche unter dem sacramentum ordinis versteht, ziemlich groß und die Möglichkeit einer gewissen Gleichstellung von ordo und Ordination ziemlich gering zu sein.

Natürlich müßte an dieser Stelle auch ein Thema angesprochen werden, das in den bisherigen Ausführungen noch gar nicht genannt wurde: die Frage nach dem besonderen Priestertum, speziell die Frage, ob für die Anerkennung des Amtes auch die Anerkennung eines besonderen menschlichen Priestertums notwendig sei. Die Ordinationsformulare sprechen nie davon, nicht einmal in negativer Form. Für sie ist das Thema anscheinend längst erledigt. Für die katholische Theologie ist diese Frage jedoch höchst aktuell, weil sich hier neue Erkenntnisse, vor allem aus dem Neuen Testament, ergeben haben, die die alte Streitfrage in einem neuen Licht erscheinen lassen. Es würde jedoch zu weit führen, diese Thematik hier aufzugreifen[32].

---

kirchliche Amt im Kontext von Einheit und Erneuerung' teil. Von den Teilnehmern kamen acht aus der DDR, unter ihnen Bischof Dr. Hempel aus Dresden. Es wurde übereinstimmend die Meinung vertreten, daß alle mit der Wortverkündigung und Sakramentsverwaltung beauftragten Kirchenmitglieder ordiniert werden sollten, unabhängig davon, ob sie ein volles Theologiestudium absolviert haben oder von ihrer Kirche hauptamtlich als Pfarrer angestellt werden."

[31] So vor allem in „Reform und Anerkennung kirchlicher Ämter..." und in „Eucharist and Ministry..."
[32] Siehe P. Bläser, Amt und Eucharistie im Neuen Testament, in: Amt und Eucharistie. Paderborn 1973, 33–47.

Eine letzte Frage sei allerdings noch gestellt, die für unser Thema von nicht geringer Bedeutung ist; die Frage lautet:

"Gehört die Handauflegung zum Wesen des Ordinationsaktes?" Diese Frage ist schon sehr alt, so alt wie die Reformation selber. Schon Johann Freder, der Schwager des Justus Jonas, hat sie entschieden verneint und die Handauflegung verweigert. Manche, die heute die Ordination verweigern oder jedenfalls die Handauflegung ablehnen, tun es deshalb, weil sie in der Handauflegung einen mythischen Akt sehen, durch den einem Menschen eine besondere Weihe verliehen werden soll.
Fragt man nach der Praxis der Agenden, so ist leicht festzustellen, daß bis in den Anfang der Sechzigerjahre alle Agenden die Handauflegung bei der Ordination als selbstverständlich ansehen und vorschreiben. Aber seitdem sieht die Praxis etwas anders aus. In den neueren Agenden ist sie oft nur noch fakultativ. Die Handauflegung wird meistens nur noch in Klammern genannt, zum Beispiel im Entwurf der VELKD. In der Arnoldshainer Vorlage wird zwar im Rubrum die Handauflegung sowohl für den Ordinator wie für die beiden Assistenten vorgeschrieben. Aber am Schluß des Formulars werden noch einige Hinweise genannt, und einer dieser Hinweise lautet:
„Wenn Handauflegung und Niederknien nicht üblich sind, unterbleiben sie."
Das Kirchenbuch der Evangelischen Kirche in Württemberg gibt im Rubrum die Anweisung: „Der folgende Segensspruch geschieht in der Regel unter Handauflegung." Da nach herkömmlicher Auffassung die Handauflegung der Ritus ist, mit dem die Idee der apostolischen Sukzession in besonderer Weise verbunden ist, stellt sich die Frage, ob durch den Ausfall der Handauflegung auch die apostolische Sukzession, wenn sie nicht nur als Sukzession des Glaubens verstanden wird, in Gefahr gerät oder sogar verlorengeht.
Im Rückblick auf die bisherigen Ausführungen läßt sich wohl folgende Schlußfolgerung ziehen: Die Ordinationsformulare bieten kein einheitliches Bild von Sinn und Bedeutung der Ordination im evangelischen Raum. Die Differenzen berühren nicht nur unwesentliche Aspekte. Auch dort, wo gemeinsame Formeln gefunden wurden, scheinen oft die sachlichen Unterschiede weiter zu bestehen. Ob sie freilich kirchentrennende Bedeutung haben, müssen die betreffenden Kirchen selber beurteilen. Neben den Formularen stehen Kirchenordnungen und Kirchengesetze, die die theologische Bedeutung der Ordination in der Praxis stark herabsetzen. Wegen dieses komplexen Sach-

verhaltes innerhalb der evangelischen Kirche selber ist die Frage der Anerkennung des geistlichen Amtes durch die katholische Kirche und Theologie komplexer und diffiziler, als es in den bisherigen Diskussionen oft erscheinen mag. Auf keinen Fall wird es möglich sein, daß die katholische Kirche Realisierungen des geistlichen Amtes in der evangelischen Kirche anerkennt, denen nach der Auffassung weiter Kreise in der evangelischen Theologie und Kirche selber jedwede Legitimation und Bevollmächtigung fehlt.

Reinhard Mumm

KURZER BERICHT VON DER TAGUNG ÜBER ORDINATION UND AMT

Die Fragen um das Amt der Kirche gehören zu den schwierigsten und umstrittensten Verhandlungspunkten bei ökumenischen Beratungen. Eben darum hatte sich der ökumenische Arbeitskreis evangelischer und katholischer Theologen bei seiner Tagung Anfang April 1974 in der evangelischen Sozialakademie Friedewald dieses Thema vorgenommen. Wenn die Kirchen einander näher kommen wollen, kann die Amtsfrage nicht ausgeklammert bleiben. Sie läßt sich freilich auch nicht rasch lösen, sondern sie muß gründlich und vielseitig geklärt werden. In den Vorsitz teilten sich Kardinal *Jaeger* (Paderborn) und Bischof *Kunst* (in der Nachfolge von Bischof *Stählin*), die Verhandlungen wurden von Kardinal *Volk* (Mainz) und Prof. *Schlink* (Heidelberg) geleitet.
Obwohl die Referenten dieser Tagung, die Professoren *Brunner* (Heidelberg) und *Lehmann* (Freiburg), Landesbischof *Lohse* (Hannover) und B. *Lohse* (Hamburg), dazu P. *Bläser* (Paderborn) gründliche Vorarbeit geleistet hatten, war es gar nicht sicher, daß der Kreis im Verlauf der dreitägigen Verhandlungen zu einem gemeinsamen Ergebnis kommen würde. Zu viele Probleme geschichtlicher Art, Unterschiede im theologischen Verständnis und eine im evangelischen Raum nicht ganz einheitliche Praxis werfen Fragen auf, die beantwortet sein wollen. Daß es schließlich nach mancherlei Kontroversen doch gelang, zu einem einmütigen Ergebnis zu kommen, wurde von den Teilnehmern als ein kleines Wunder empfunden. Die einstimmig beschlossene Stellungnahme enthält zwar keine grundstürzenden Neuigkeiten; aber sie bedeutet angesichts der leidenschaftlichen Auseinandersetzungen um das Memorandum der sechs ökumenischen Universitätsinstitute doch einen erfreulichen Fortschritt.
Die Stellungnahme des Ökumenischen Arbeitskreises geht davon aus, daß die Fragen um die rechte Lehre vom Amt nicht nur zwischen den Kirchen, sondern auch innerhalb der Konfessionen strittig sind. Gerade darum haben wir Anlaß, gegenseitig aufeinander zu hören. Weiter ist es wichtig, nicht nur theologische Ansichten auszutauschen, sondern die in den Kirchen gültigen Ordnungen der katholischen Priesterweihe und der

evangelischen Ordination zu untersuchen und zu vergleichen. Denn nach diesen Ordnungen handeln die Kirchen, in ihnen spricht sich der Glaube der Kirche aus.

Ein solcher Vergleich ergibt eine Reihe von Elementen, in denen die Kirchen miteinander verbunden sind. Die katholischen Theologen erkennen in den evangelischen Ordinationsformularen wesentliche Momente ihres Verständnisses von der Priesterweihe und vom priesterlichen Amt. Das festzustellen, ist nicht selbstverständlich, wenn man bedenkt, wie oft auf beiden Seiten die Unterschiede in der Lehre und Ordnung des kirchlichen Amtes betont worden sind. Beide Seiten sind sich darin einig, daß die Kirche als ganze geeignete Personen in das Amt ruft. Sie handelt durch den Ordinator, die mitwirkenden Amtsträger und die versammelte Gemeinde. Der Ordinator ist in der Regel ein Träger eines bischöflichen Amtes. Zu solchen Trägern des bischöflichen Amtes gehören auf der evangelischen Seite auch die Präsides, General- und Landessuperintendenten, Kreisdekane und Prälaten. Die Gemeinde ist beteiligt durch ihre Fürbitte und ihr Zeugnis. Weiter ist man sich einig darüber geworden, daß das allgemeine Priestertum der Gläubigen, an dem alle getauften Christen Anteil haben, und der Dienst der öffentlichen Verkündigung zu unterscheiden sind. Das geistliche Amt steht in einem geschichtlichen und sachlichen Bezug zu dem besonderen Auftrag, der den Aposteln um Blick auf die ganze Kirche zuteil wurde. Die zentralen Aufgaben des Amtes bestehen in der an Schrift und Bekenntnis ausgerichteten Verkündigung, in der Verwaltung und Darreichung der Sakramente, im Zuspruch der Vergebung der Sünde und in der Verantwortung für die Einheit im Glauben an Christus. Das heute von manchen nicht mehr geschätzte Bild des Hirten bleibt als Hinweis auf das Leitungsamt wichtig. Weitere Ämter und Dienste ergänzen den Dienst der ordinierten Amtsträger.

Die Ordination wird, abgesehen von Notfällen, in einem Gemeindegottesdienst vollzogen. Dabei wird dem Ordinanden vorgehalten, daß das Amt seine ganze Person fordert. Er wird auf das Bekenntnis der Kirche verpflichtet. Die Ordination wird getragen von dem Glauben, daß durch das gehorsame Tun der Menschen Gott an dem Ordinanden handelt. Das kommt besonders zum Ausdruck im Gebet um die Gaben des Geistes und durch das Auflegen der Hände. Der alte und in ökumenischer Weite geübte Brauch der Handauflegung ist als Zeichen der Einheit des Amtes unersetzbar. Der Auftrag des Herrn wird ein für allemal auferlegt. Darum wird die Ordination grundsätzlich nicht wiederholt.

Bedenkt man diese gemeinsamen Aussagen, so enthalten sie ein beträchtliches Maß an Übereinstimmung. Jeder Kundige ist sich freilich darüber im klaren, daß eine Reihe von gewichtigen Fragen noch offen geblieben sind: In welchem Verhältnis stehen Episkopat und Presbyterat einander gegenüber? Wie steht es mit der viel berufenen apostolischen Sukzession? In welchem Sinn läßt sich die Ordination als ein Sakrament bezeichnen? Darüber finden sich ja Aussagen in den lutherischen Bekenntnissen. Ist es nach den Zeugnissen des Neuen Testamentes berechtigt, die Träger des geistlichen Amtes Priester zu nennen? Diese und weitere Fragen wie die nach dem geistlichen Dienst der Frau und nach der Art, wie konvertierte Pfarrer in der anderen Kirche in ein Amt eingesetzt werden sollen, konnten bei dieser Tagung nicht näher erörtert werden. Doch hat sich der Ökumenische Arbeitskreis vorgenommen, der Frage nach dem Verhältnis des bischöflichen Amtes zu dem des Dienstes der Pfarrer nachzugehen. Das ist bei der Tagung im März 1975 in Schwerte geschehen.

Bei der Stellungnahme des Ökumenischen Arbeitskreises von 1974 handelt es sich nicht um kirchenamtliche Vereinbarungen, wohl aber um Aussagen, die angesichts der bisherigen Arbeit dieses Kreises und der Bedeutung, die seine Mitglieder in der theologischen Wissenschaft und in maßgebenden kirchlichen Ämtern haben, ihr Gewicht besitzen. Dieser Arbeitskreis, der seit 1946 regelmäßig zusammenkommt, hat in der Stille dazu beigetragen, daß das II. Vatikanische Konzil zu Ergebnissen gelangen konnte, die eine neue Epoche im ökumenischen Verhältnis der Kirchen eingeleitet haben. Eine Reihe von Referaten und Berichten aus der Arbeit des Ökumenischen Arbeitskreises sind veröffentlicht worden (siehe die Angaben im Vorwort dieses Buches). In diesen thematisch konzentrierten Sammelwerken kommt hinreichend zum Ausdruck, wie hier die Probleme gefördert werden, die zwischen den Kirchen anstehen. Glatte und rasche Lösungen können freilich nicht erwartet werden. Was durch vierhundert Jahre kontrovers war, ist nicht in wenigen Jahren zu einer völligen Übereinstimmung zu bringen. Aber Fortschritte sind unverkennbar erzielt. Vor allem ist ein Vertrauen erwachsen, das die Voraussetzung für ein gegenseitiges Lernen und für eine wachsende Gemeinschaft bildet. Das hat sich auch bei der Tagung in Friedewald gezeigt.

ANHANG

Die Mitglieder des Arbeitskreises erarbeiteten in Friedewald die nachstehende *Stellungnahme*. Sie wurde einstimmig von allen Teilnehmern angenommen und veröffentlicht.

Stellungnahme

Die Frage nach dem rechten Verständnis des kirchlichen Amtes ist nicht mehr nur zwischen den Kirchen strittig, sondern ist auch innerhalb jeder einzelnen Kirche aufgebrochen. In dieser Lage achten Christen aller Bekenntnisse sorgsamer darauf, wie ihnen auch durch das Zeugnis anderer christlicher Kirchen der Glaube an Gottes Heilswirken durch das kirchliche Amt gestärkt und das Verständnis dieses Glaubens gefördert werden kann.

Der Ökumenische Arbeitskreis evangelischer und katholischer Theologen hat auf seiner Tagung vom 1.—4. April 1974 dieser Bemühung zu dienen versucht. Er hat zu diesem Zweck u. a. eine Anzahl von Ordinationsformularen, die für die evangelischen Kirchen in Deutschland als typisch gelten dürfen, darauf befragt, welches Verständnis des kirchlichen Amtes in ihnen zum Ausdruck kommt. Nun kann von solchen Formularen nicht erwartet werden, daß in ihnen alle Elemente, die zu einer kirchlichen Lehre vom Amt gehören, vollständig aufgezählt, systematisch dargestellt oder gar aus ihren Gründen hergeleitet und in ihre Folgerungen hinein entfaltet werden. Andererseits hat das hier vernehmbare Zeugnis aus zwei Gründen besonderes Gewicht. Denn erstens handelt es sich hier nicht um die persönliche Meinung dieses oder jenes Theologen, sondern um offizielle Texte der Kirchen; zweitens aber und vor allem handelt es sich um Aussagen, in denen vor Gott und der Gemeinde so vom kirchlichen Amt gesprochen wird, daß dabei der Glaube der Kirche bezeugt wird.

Dabei zeigte sich: diejenigen Elemente, die allen behandelten Formularen gemeinsam sind, enthalten Aussagen über das kirchliche Amt, durch die nicht nur die Kirchen der Reformation, sondern die christlichen Kirchen insgesamt untereinander verbunden sind, wie auch der Vergleich mit dem Formular der Priesterweihe ergab. Evangelische und katholische Mitglieder waren sich gemeinsam bewußt, daß es sich hier nicht um eine erschöpfende Lehre vom kirchlichen Amt und der Ordination handelt, wohl aber um eine Bezeugung unerläßlicher Elemente, die Anspruch darauf haben, zu einer solchen Lehre zu gehören. Insbesondere die katholischen Mitglieder des Ökumenischen Arbeitskreises konnten feststellen, daß sie keiner dieser Aussagen widersprechen mußten, sondern in jeder von ihnen wesentliche Momente ihres eigenen Verständnisses der Priesterweihe und des priesterlichen Amtes wiedererkennen konnten. Allerdings bedürfen Fragen wie die nach dem Verhältnis von Episkopat und Presbyterat sowie nach der Sakramentalität der Ordination und der priesterlichen Funktion des Amtes noch weiterer Klärung.

Der Ökumenische Arbeitskreis evangelischer und katholischer Theologen faßt diese Elemente in folgender Weise zusammen:

1. Voraussetzungen der Ordination

a) Die Ordination setzt voraus, daß eine konkrete Möglichkeit besteht, das übertragene Amt auszuüben. Nur der auf seine Eignung Geprüfte darf ordiniert werden (vgl. 2 Tim 2,2). Nur die Kirche Gottes als ganze, die im Ordinationsgottesdienst repräsentiert ist durch den Ordinator, die mitwirkenden Amtsträger und die versammelten Gemeindeglieder, hat die Vollmacht, im Gehorsam gegen das Gebot ihres Herrn geeignete Personen in das kirchliche Amt zu berufen.

b) Der Ordinator ist selbst ordiniert und ordentlicherweise Träger eines übergeordneten episkopalen Amtes. Die zum Gottesdienst versammelte Gemeinde stimmt (nach rechtzeitiger vorhergehender Bekanntmachung) der Berufung der Ordinanden zu und nimmt durch ihr Gebet und als Zeuge an der Ordinationshandlung teil.

2. Wesenselemente des übertragenen Amtes

a) Wenngleich jeder Christ durch die Taufe in das heilige Gottesvolk des Neuen Bundes eingegliedert ist und dadurch Anteil an dem königlichen Priestertum des Gottesvolkes hat, darum auch zur Bezeugung des Evangeliums in seinem persönlichen Lebenskreis aufgerufen ist, so kann doch die öffentliche Verkündigung des Evangeliums und die Verwaltung der

Sakramente nur von dem ausgeübt werden, dem durch die Kirche das Amt übertragen ist (vgl. CA XIV). Der Dienst der öffentlichen Evangeliumsverkündigung (vgl. Apg. 6,4) ist im Unterschied zu den freien Charismen und Diensten ein Amt, das im geschichtlichen und sachlichen Bezug steht zu dem besonderen Auftrag, der den Aposteln im Hinblick auf die Kirche als ganze zuteil wurde und die gemeinsame Grundlage der Differenzierung der Ämter von Presbyter und Bischof bildet.

b) Die zentralen Funktionen, in denen dieses Amt ausgeübt wird, sind:
Die öffentliche Verkündigung des in der Schrift gegebenen und im Bekenntnis bezeugten apostolischen Evangeliums;
die Verwaltung und Darreichung der Sakramente, insbesondere des Herrenmahles sowie des Zuspruchs der Sündenvergebung;
die mit dem Verkündigungsauftrag verbundene Verantwortung für die Einheit der Gemeinde im Glauben an Christus; diese Verantwortung wird unter dem Bild des Hirten und mit dem Begriff des Leitungsamtes bezeichnet.

c) Dabei ist vorausgesetzt oder doch angestrebt, daß der Ordinierte in der Ausübung seines Dienstes von anderen Ämtern und Diensten umgeben ist, die zur Auferbauung der Gemeinde ihm und dem ihm besonders aufgetragenen Dienst zugeordnet sind.

3. Vollzugsform der Ordination

a) Die Ordination ist ein gottesdienstlicher Akt und wird, außer in dringenden Notfällen, im Gemeindegottesdienst vollzogen. Dem Ordinanden und der Gemeinde werden Wesenselemente und Aufgaben des zu übertragenden Amtes vor Augen gestellt.
Dabei wird dem Ordinanden auch vorgehalten, daß das Amt seine ganze Person fordert und daß seine persönliche Lebensführung dem entsprechen muß. Der Ordinand spricht vor Gott und der Gemeinde zu den Fragen nach seiner Bereitschaft das Jawort, das die Verpflichtung auf das Bekenntnis der Kirche einschließt.

b) Obwohl die Ordination durch Menschen vollzogen wird, handelt darin zugleich Gott selbst, indem er den Ordinanden in seinen Dienst beruft, für diesen Dienst ausrüstet und sendet; denn das zu übertragende Amt ist keine beliebige Einrichtung der Kirche, sondern beruht auf einem Auftrag Gottes, dem seine Verheißung gilt.

c) Für die Ordinationshandlung konstitutiv ist das fürbittende Herabflehen des Geistes auf die Person des Ordinanden. Dies geschieht durch Gebet in Verbindung mit Handauflegung. Eine Einsetzung der Handauflegung durch Jesus ist zwar in der Schrift nicht bezeugt. Die Handauflegung ist jedoch nicht nur wegen der Ausdruckskraft dieses Gestus, sondern vor allem wegen seines bis in die apostolische Zeit zurückreichenden Alters und seiner ökumenischen Geltung nicht ersetzbar als Zeichen der Einheit des kirchlichen Amtes.

d) Als Auftrag des Herrn ist das Amt der Person des Ordinierten ein für allemal auferlegt. Die Übertragung des Amtes ist einmalig und wird nicht wiederholt.

MITGLIEDER DES ÖKUMENISCHEN ARBEITSKREISES EVANGELISCHER UND KATHOLISCHER THEOLOGEN

Mitglieder von katholischer Seite:

1. Alt-Erzbischof Lorenz Kardinal Jaeger († 1. 4. 1975)
   479 Paderborn, Kamp 38
2. Bischof Hermann Kardinal Volk,
   65 Mainz, Am Rosengarten 2
3. P. Prof. Dr. Peter Bläser MSC,
   479 Paderborn, Leostraße 21
4. Prof. Dr. Franz Böckle,
   5301 Röttgen b. Bonn, Witterschlicker Allee, Postfach 4
5. Prof. Dr. Alfons Deissler,
   78 Freiburg/Brsg., Reinhold-Schneider-Straße 5
6. Prof. Dr. Heinrich Fries,
   8 München 21, Friedenheimer Straße 151/VI
7. Prälat Prof. Dr. Josef Höfer, Apostolischer Protonotar († 7. 4. 1976)
   479 Paderborn, Leostraße 19
8. Prof. Dr. Erwin Iserloh,
   44 Münster (Westf.), Krumme Straße 46
9. Prof. D. Dr. Karl Lehmann,
   7801 Holzhausen/ü. Freiburg/Brsg., Gartenstraße 1
10. Prof. Dr. Josef Pieper,
    44 Münster (Westf.), Malmedyweg 10
11. Prof. Dr. Joseph Ratzinger,
    8401 Pentling 29b/ü. Regensburg
12. Prof. Dr. Richard Schaeffler,
    463 Bochum-Querenburg, Auf dem Backenberg 5
13. Prof. D. Dr. Karl Hermann Schelkle,
    74 Tübingen, Österbergstraße 11
14. Prälat Prof. Dr. Joseph Ziegler,
    8706 Höchberg/ü. Würzburg, Albrecht-Dürer-Straße 112

als Protokollführer:

15. Rektor Gerhard Krems,
    584 Schwerte (Ruhr), Bergerhofweg 24, Postfach 1129

Mitglieder von evangelischer Seite:

1. Bischof D. Dr. Hermann Kunst DD,
   53 Bonn, Fritz-Ehrler-Straße 4
2. Bischof i. R., Prof. D. Dr. Wilhelm Stählin DD († 16. 12. 1975)
   821 Prien (Chiemsee), Jensenstraße 8/I
3. Landesbischof D. Dr. Hermann Dietzfelbinger DD,
   8 München 22, Himmelreichstraße 4
4. Landesbischof Prof. D. Eduard Lohse,
   3 Hannover, Haarstraße 6
5. Prof. D. Dr. Edmund Schlink DD,
   6904 Ziegelhausen/ü. Heidelberg, Am Büchsenackerhang 38
6. Prof. Dr. Wilhelm Anz,
   4813 Bethel/ü. Bielefeld, Mühlweg 8
7. Prof. D. Peter Brunner DD,
   6903 Neckargemünd b. Heidelberg, Im Vollmer 16
8. Prof. Dr. Horst Bürkle,
   813 Starnberg, Waldschmidtstraße 7
9. Prof. D. Dr. Hans Freiherr von Campenhausen DD,
   69 Heidelberg, Ladenburgerstraße 69
10. Prof. D. Gerhard Friedrich,
    23 Kiel, Steinfurther Weg 18
11. Prof. D. Heinrich Greeven DD,
    463 Bochum, Laerholzstraße 63
12. Prof. D. Ferdinand Hahn,
    6203 Hochheim, Auf der Schlicht 16
13. Oberkirchenrat Dozent Dr. Wolf-Dieter Hauschild,
    3071 Dudensen, Im Dorfe 68
14. Prof. D. Wilfried Joest,
    852 Buckenhof b. Erlangen, Im Herrenlohe 14
15. Prof. Dr. Bernhard Lohse,
    2 Hamburg 56, Wittenbergener Weg 40
16. Pfarrer i. R. Walter Lotz,
    3554 Cappel b. Marburg, Frhr.-vom-Stein-Str. 15
17. Prof. Dr. Wolfhart Pannenberg DD,
    8032 Lochham b. München, Riesheimer Straße 6
18. Prof. D. Kristen Einar Skydsgaard DD,
    Kopenhagen/Dänemark, St. Kannikestraede 11
19. Prof. Dr. Reinhard Slenczka,
    69 Heidelberg, Moltkestraße 6

20. Prof. D. Dr. Heinz Dietrich Wendland,
    44 Münster (Westf.), v.-Stauffenberg-Straße 40
21. Prof. D. Claus Westermann,
    6831 St. Leon, Kolpingstraße 2
22. Prof. D. Hans Heinrich Wolf,
    463 Bochum, Haarkampstraße 16

als Protokollführer:

23. Kirchenrat Dr. Reinhard Mumm,
    8 München 2, Herzog-Wilhelm-Straße 24

IN MEMORIAM

Paul	Simon	(† 1946)
Wilhelm	Menn	(† 1956)
Joseph	Gewiess	(† 1962)
Robert	Grosche	(† 1967)
Hans	Asmussen	(† 1968)
Viktor	Warnach	(† 1970)
Ernst	Kinder	(† 1970)
Gottlieb	Söhngen	(† 1971)
Gerhard	Krüger	(† 1972)
Otto Heinrich	von der Gablentz	(† 1972)
Bernhard	Rosenmöller	(† 1974)
Joseph	Lortz	(† 1975)
Lorenz	Kardinal Jaeger	(† 1975)
Wilhelm	Stählin	(† 1975)
Josef	Höfer	(† 1976)

Verzeichnis
der Tagungen und Referate des Ökumenischen Arbeitskreises
evangelischer und katholischer Theologen[1]

33) 20.–24. März 1972
Berneuchener Haus Kloster Kirchberg bei Horb/Württemberg
Thema: Die Verborgenheit Gottes
Richard Schaeffler: Das Verstummen der philosophischen Gottesfrage und seine Gründe
Joachim Matthes (Gast): Wird der Gottesglaube anders? Überlegungen zu einigen Ergebnissen der Umfrageforschung
Klaus Westermann: Die Verborgenheit Gottes im Alten Testament
Karl Rahner SJ: Über die Verborgenheit Gottes

34) 9.–13. April 1973
Kath. Akademie des Erzbistums Paderborn in Schwerte (Ruhr)
Thema: Was ist für den christlichen Glauben heute konstitutiv?
Das Verhältnis von Glaube, Bekenntnis und Lehre
Karl Hermann Schelkle: Was ist für den christlichen Glauben heute konstitutiv?
Heinrich Greeven und Hans Freiherr v. Campenhausen
zum gleichen Thema
Bernhard Lohse: Glaube, Bekenntnis und Lehre bei Luther
Erwin Iserloh: Wahrheit und Bekenntnis bei Martin Luther
Edmund Schlink: Was ist für den christlichen Glauben heute konstitutiv?
Josef Ratzinger: Was ist für den christlichen Glauben heute (bleibend) konstitutiv?

35) 1.–5. April 1974
Evang. Sozialakademie Friedewald bei Betzdorf/Sieg
Thema: Die Lehre von der Ordination unter Bezug auf die geltenden Ordinationsformulare

---

[1] Die Liste der Tagungen Nr. 1–23 findet sich in dem Band „Pro Veritate", herausg. von E. Schlink und H. Volk, Münster und Kassel 1963, S. 387–395; die Liste der Tagungen Nr. 24–32 in dem Sonderdruck „Abschied und Dank", Göttingen und Regensburg 1971, S. 21–24.
Eine zusammenfassende Übersicht bietet der Aufsatz „30 Jahre evangelisch-katholischer Dialog" von R. Mumm im „Deutschen Pfarrerblatt" 1975; dort s. weitere Lit. Hinweise.

Karl Lehmann zum obigen Thema[2]
Peter Brunner: Beiträge zur Lehre von der Ordination unter Berücksichtigung der geltenden Ordinationsformulare[2]
Peter Bläser MSC: Sinn und Bedeutung der Ordination nach den geltenden Formularen[2]
Eduard Lohse: Das Amt, das die Versöhnung predigt
Bernhard Lohse: Zur Ordination in der Reformation[2]
Hermann Kunst: Zur Ordination und Ordinationskritik[2]

36) 17.—21. März 1975
Kath. Akademie Schwerte
Thema: Presbyterat und Episkopat
unter Bezug auf die apostolische Sukzession
Wilfried Joest: Pfarramt und Bischofsamt in der ev.-luth. Theologie
G. Fahrnberger (Gast): Episkopat und Presbyterat in den Diskussionen des Konzils von Trient
Karl Hermann Schelkle: Amt und Ämter nach dem Neuen Testament
Gerhard Friedrich: zum gleichen Thema
Suso Frank: Episkopat und Presbyterat in der alten Kirche
Bernhard Lohse: über die Bischofswahlen in Alexandrien
Karl Lehmann: Episkopat-Presbyterat nach dem Vaticanum II
Axel Freiherr v. Campenhausen (Gast): Entstehung und Funktionen des bischöflichen Amtes in den Gliedkirchen der Evang. Kirche in Deutschland

[2] S. die Aufsätze in diesem Band.